Alfons Huckebrink
Gudula Ritz

Unterwegs zum Selbstsein

Beweggründe des Reisens

Alfons Huckebrink
Gudula Ritz

Unterwegs zum Selbstsein

Beweggründe des Reisens

Bibliografische Information der
Deutschen Nationalbibliothek
Die Deutsche Nationalbibliothek verzeichnet diese
Publikation in der Deutschen Nationalbibliografie;
detaillierte bibliografische Daten sind im Internet unter
http://dnb.d-nb.de abrufbar.

ISBN: 978-3-95407-101-2
© 2020 sonderpunkt Verlag
Marianne Evrard & Julia Kisker GbR
Bettina-von-Arnim-Straße 13
48268 Greven
Tel.: 03307-309 23 53
Fax: 02571-99 27 36
E-Mail: info@sonderpunkt-verlag.de
Internet: www.sonderpunkt-verlag.de
Druck: Augustin print & medien GmbH, Oer-Erkenschwick

Gedruckt in Deutschland

Inhaltsverzeichnis

Vorwort   11

I. Reisen – Eine philosophische Annäherung   14

II. Eine Phänomenologie des Reisens   33

  1   Wie der Vogel sein Nest verlässt – Die neue alte Lust am Reisen   33

  2   Viele Wege führen nach Rom – Reisen als Motiv der Literatur   72

    2.1   Im Innersten Italien – Sehnsucht und Landschaft bei Seume, Goethe, Moritz und einigen anderen   72
    2.2   Gut zu Fuß   87

III. Psychologie des Reisens   109

  1   Ist Reisen wissenschaftlich erklärungsbedürftig und erklärbar?   109

  2   Einführung in die Psychologie des Reisens   113

3 Allgemeine Psychologie des Reisens 118

3.1 Exkurs Philosophie und Wissenschaftstheorie: Reisen ist eine Transaktion 129
3.2 Psychologische Funktionsanalyse des Reisens 134
3.3 Die Architektur der Persönlichkeit 140
3.4 Die vier Makrosysteme beim Reisen 143
3.5 Erfahrungsgedächtnis und Identität 159

4 Reisen und Selbstmanagement 162

5 Motivation 173

6 Das Reisen als Weg zum Selbst 185

7 Reisen und Embodiment 191

8 Wahrnehmung der Natur beim Reisen 200

8.1 Landschaften 205

9 Persönlichkeitspsychologie des Reisens 210

10 Angewandte Psychologie des Reisens 213

10.1 Reiseleitung 213
10.2 Die Leitung von Gruppenreisen oder Reisegruppen: Sich gegenseitig motivieren 214

		7
IV.	**Ortsbestimmungen**	**217**
	1 Physische und psychische Präsenz	217
	2 Ästhetik des Reisens	245
V.	**Goldene Regeln des Reisens**	**260**

Anhang   **265**

Franz Kafka: Der Aufbruch   265

Franz Kafka: Heimkehr   266

Joseph von Eichendorff: Sehnsucht   267

Literatur   **269**

Die Autoren   **281**

Die Website zum Buch   **281**

Abbildungsnachweise   **282**

Die größte Sehenswürdigkeit, die es gibt, ist die Welt – sieh sie dir an.
Kurt Tucholsky

Vorwort

Seit wir vor ein paar Jahren erste Überlegungen zu diesem Buch anstellten, haben sich die Ansichten zum Thema Reisen verändert. Damals hatten wir gerade unser Buch *Autor des eigenen Lebens werden* publiziert. Wir begaben uns voller Motivation ans Schreiben über das Reisen. Denn nicht nur die autobiografische oder biografische Aufmerksamkeit, z. B. in Form von autobiografischem Schreiben, eröffnet Wege zum Selbstsein und zu mehr Selbstgespür, auch das Reisen ist ein Königsweg dahin. Seit dem Abschluss des Biografie-Buchs haben wir viele Autobiografien und Biografien gesichtet und unsere Meinung dazu in dem Webseiten-Blog www.autor-des-eigenen-lebens.de veröffentlicht. Jeden Monat empfehlen wir dort eine lesenswerte (Auto)-Biografie.

Die Arbeit am Reisebuch ruhte zwischendurch immer wieder, zum einen, weil wir reisten, anstatt zu schreiben, und zum anderen, weil wir sesshaft wurden, uns ein Haus bauten, einen kleinen Garten gestalteten und bewirtschafteten. Beides lässt sich genießen und miteinander vereinbaren, und so leben wir seit Jahren in einer Work-Life-Travel-Balance, denn arbeiten möchten wir schließlich auch noch. Wenn wir reisen, sind wir sehr gerne auf unserer kleinen Segelyacht *Calypso* in Ost- und Nordsee unterwegs, wir reisen aber auch zu Orten, die per Schiff nicht einfach zu erreichen sind. Zum Beispiel nach Tanzania, an die Côte d'Opale, nach Usbekistan oder in die Pyrenäen. Häufiges Unterwegssein soll die Lebenserwartung nachweislich erhöhen, das konnten wir kürzlich lesen. Und das haben Wissenschaftler der Universität Helsinki (Großmann, 2018) herausgefunden. Nicht immer mag man Wissenschaftlern Glauben schenken, in diesem Fall ist man dazu allzu geneigt und wünscht ihnen, dass sie bei all ihren anstrengenden Forschungen zu dem Gegenstand selbst auch noch Reisezeit erübrigen konnten.

Nicht nur das Reisen, sondern auch die Gesellschaft und die Arbeitswelt haben sich in der Zeit, in der wir an diesem Buch arbeiteten, geändert. Und das nicht zum Besseren: Immer mehr Personen müssen wegen psychischer Beschwerden krank oder arbeitsunfähig geschrieben werden. Wie der Krankenkassenverband öffentlich mitteilen ließ, haben sich Anzahl und Dauer der Krankschreibungen seit 2007 verdoppelt. Die Folgekosten der Selbstausbeutung, die lediglich eine subtile Form der Fremdausbeutung darstellt, durch immer höhere Arbeitsbelastung, sind hoch. Dabei geht es nicht nur um die Menge der Arbeit, auch das Klima in den Teams ist durch Kommunikationsprobleme belastet (Ritz et al. 2018).

Nun haben wir unsere Arbeit *Unterwegs zum Selbstsein. Beweggründe des Reisens* abgeschlossen. Das Buch will einige der angesprochenen Zusammenhänge erhellen, aber niemanden belehren. Vielmehr möchte es den Leser für eine Neuausrichtung des Reisens sensibilisieren, in der Selbstgespür eine unabdingbare Voraussetzung dafür wird, Fremdes zu erfahren, also im eigentlichen Sinn unterwegs zu sein. Wir würden uns freuen, wenn wir recht viele Leser und Leserinnen dafür begeistern können. Bereits im vergangenen Jahr konnte ich, Gudula Ritz (GR), in einem wissenschaftlichen Vortrag an der Universität Klagenfurt anlässlich einer Gastprofessur vor zwei Jahren die Inhalte dieses Buches in Grundzügen vorstellen und bin auf großes Interesse gestoßen.

Hier werden unterschiedliche Zielgruppen angesprochen: die Reisenden selbst, Psychologen, Literaturwissenschaftler und nicht zuletzt Tourismusexperten, die sich nicht nur einem ökonomischen, sondern einem nachhaltigen, sozial verträglichen und ökologischen Tourismus, dem unserer Meinung nach die Zukunft gehören soll, verschrieben haben. Nicht zuletzt schreiben wir für Erkenntnissuchende, die gerne verreisen, also Suchende in mehrfacher Hinsicht sind. Für das Suchen bleibt in unserem zielorientierten und durchgeplanten Alltag kaum

Zeit, setzt es doch eine absichtslose und nicht zweckorientierte Haltung voraus. Etwas suchen – und dabei vielleicht etwas anderes finden, zumindest sich selbst, dieses Motto teilen wir mit Patti Smith (2019). Und bei den Abschlussarbeiten zu diesem Buch entdeckten wir ein passendes Zitat in dem Buch *Flights* der frisch gekürten Nobelpreisträgerin Olga Tokarczuk (2017), die sich in ihren Essays mit dem Thema auseinandersetzt: „We experience time and space in a manner that is primarily unconscious. These are not categories we could call objective, or external. Our sense of space results from our ability to move. Our sense of time, meanwhile, is due to being biological individuals undergoing distinct and changing states. Time is thus nothing other than the flow of changes …" (S. 178). Sich bei einer Reise immer wieder selbst vergessen und hingeben und sich schließlich dabei finden, das wäre ein schönes Unterfangen.

In den vergangenen zwei Monaten wurden die Möglichkeiten, frei zu reisen, drastisch eingeschränkt, Grenzübertritte als Bestandteil der Corona-Schutzmaßnahmen verboten. Im Moment erscheint die Zukunft des Reisens wie die der Reiseindustrie mehr als ungewiss.

Holthausen, im Sommer 2020

I. Reisen –
Eine philosophische Annäherung

Der Sinn des Reisens besteht darin, die Vorstellungen mit der Wirklichkeit auszugleichen, und anstatt zu denken, wie die Dinge sein könnten, sie so zu sehen, wie sie sind.
Samuel Johnson (1709–1784)

Was kommt Ihnen zuerst in den Sinn, wenn Sie an das Reisen denken? Vielleicht persönliche Erinnerungen an besondere Reisen oder an erst kurz zurückliegende Reiseerlebnisse?

Woran ich, GR, als Erstes denke, ist abhängig davon, in welcher Situation oder Stimmung ich mich gerade befinde. Ist eher Neugier und Entdeckerfreude vorherrschend, Anregung oder ist es die unbestimmte Sehnsucht nach Freiheit? Oder die Flucht aus der Routine? Ist es die Möglichkeit des Staunens, die im durchgeplanten Alltag häufig verloren geht, ein Staunen angesichts unerwarteter Schönheit von Landschaften und neuartiger Perspektiven auf fremde Kulturen? Manchmal bedeutet für mich Reisen, die Schönheit fremdartiger Natur- und Kulturlandschaften zu genießen und Ressourcen aufzutanken. Ein anderes Mal kann Reisen für mich bedeuten, mein Leben anzureichern: Erlebnis-Reichtum zu ermöglichen. Auch kann das Reisen Distanz zu den alltäglichen Problemen und Sorgen schaffen, die, aus größerem Abstand betrachtet, ihre Aufdringlichkeit einbüßen. Die Welt ist allemal weiter als das Dorf oder die Stadt, in der sich mein Zuhause finden lässt.

Während ich diesen Text schreibe, befindet sich dieser Ort in Deutschland; es ist Januar und es steht meine Sehnsucht im Vordergrund, das „Weg von hier!" (vgl. Anhang: Kafka, S. 265). Reisen ist für mich im Moment eine innere Notwendigkeit, öffnet einen Weg aus der Erstarrung, einen Weg zu mir selbst, steht für ein Fernweh, genährt von dem beständigen

Wunsch, eigene (innere) Grenzen zu überwinden. Und diese sind im Januar in den Breiten, in denen ich lebe, enger gezogen, es gibt nur wenige Gelegenheiten zum Staunen und ich bin heilfroh, dass ich den Winter, die Farblosigkeit im Nebelgrau, die Dunkelheit überstehe. Neugier und Entdeckerfreude könnten zu anderen Zeiten und in anderen Stimmungslagen ganz oben stehen und anstelle der gerade erlebten Fluchttendenz die treibende Kraft sein.

Für mich, Alfons Huckebrink (AH), ist das Schreiben vor allem „Woanderssein" und Veränderung. Leben ist Veränderung. Mit dem Reisen überwinde ich die Beschränktheit angestammter Verhältnisse, die ich als umso enger empfinde, je länger ich mich schon an meinem Wohnsitz aufhalte, kurz, je länger die letzte Reise bereits zurückliegt. Mit dem Reisen begebe ich mich in eine aktive Erwartungshaltung, schalte einen anderen Modus ein, den des Suchens. Zwar lässt sich auch zu Hause suchen, es schlägt aber niemals in diese freudige Erregtheit um, die das Lebensgefühl auf Reisen prägt. Zu Hause weiß ich in der Regel, wonach ich suche, bin auch in dieser Hinsicht festgelegt, auf der Reise hingegen bin ich diesbezüglich frei. Ich suche und weiß nicht wirklich wonach, weshalb ich auch kaum enttäuscht werden kann. Ich versetze mich selbst, so wie ich geworden bin, in eine andere Welt, warte ab und beobachte, wie ich in ihr agiere und mit ihr ins Reine komme oder vielleicht auch nicht. Auf diese Weise erfahre ich mich selbst neu und verschaffe mir mit der Reise höchsten Genuss an meiner eigenen Persönlichkeit. Der oft zitierte neue Mensch wird wahrscheinlich nur auf Reisen sichtbar.

Reisen heißt auch Freiheit und Entdeckung von Möglichkeiten, die sich vom Bekannten abheben, bedeutet Begegnung oder Aufgehobensein in der Natur, sich überall auf dem Planeten Erde zugehörig und zu Hause zu fühlen. Sich selbst zu spüren, gerade durch die Differenzierung der andersartigen und neuen Erfahrungen, aber auch das Verbindende zu allen

Menschen trotz aller Unterschiede zu erfahren, diese dialektische Erfahrung kann Reisen ermöglichen.

Was ist das Reisen für ein rätselhaftes Bedürfnis, welche Motive liegen ihm zugrunde? Dieser Frage sind wir beim Schreiben dieses Buches nachgegangen, und zwar vor allem vor dem Hintergrund der Selbsterfahrung und Selbstentwicklung. Dabei haben wir verschiedene wissenschaftliche Zugänge genutzt: die Literaturwissenschaft, um die Vielfalt der Phänomene und Erfahrungen aufzuzeigen; die Psychologie, um das Phänomen als typisch menschliches Erleben und Handeln zu erklären und für die persönliche Entwicklung nutzbar zu machen; schließlich die Philosophie, um von dieser Vielfalt zu abstrahieren und weil wir ohnehin nach den Ursprüngen fragen und eine Meta-Perspektive benötigen.

Ähnlich wie bei unserem ersten gemeinsamen Thema, welches wir in dem Buch *Autor des eigenen Lebens werden* bearbeitet haben, geht es beim Reisen um die Suche nach sich selbst, bieten sich Chancen für das Erstellen einer inneren Balance. Ähnlich dem autobiografischen Erzählen und Schreiben (Ritz-Schulte & Huckebrink, 2012), aber auch dem fiktionalen Schreiben, hat Reisen zu tun mit Selbstvergewisserung, Erweiterung des Horizonts, Überwindung der eigenen Grenzen; es befördert das Verbindende angesichts der Vielfalt.

Das Reisen hat also etwas mit der Flexibilität zu tun, sich aus vertrauten und sicheren sozialen und räumlichen Kontexten zu lösen; eine wichtige menschliche Fähigkeit, die sicherlich auch phylogenetisch gesehen einen Überlebensvorteil dargestellt hat. Diese Flexibilität und die damit verbundenen Vorteile bilden die biologische Basis der Motivation zum Reisen. „Wie der Vogel sein Nest verlässt" – so formuliert Ibn Battuta, der große Reisende des Mittelalters, dessen Werk wir im Kapitel „Lust am Reisen" eingehender betrachten werden, beim Verlassen seiner Heimatstadt Tanger auf seine unverwechselbare Art.

Um möglichen Entfremdungserscheinungen und Enttäuschungen beim Reisen und bei der Beschäftigung mit dem Reisen entgegenzuwirken, warnen wir vor einer schematisch verengten Anwendung des in diesem Buch zusammengetragenen Wissens; es geht uns eher um die Förderung einer inneren Offenheit und Neugier, um ein Sich-Einlassen auf neue Erfahrungen. Da das Reisen noch mehr von Unmittelbarkeit geprägt ist als das Schreiben, ja von der Unmittelbarkeit selbst recht eigentlich seinen sinnstiftenden Ausgang nimmt, bekommt der geisteswissenschaftliche Begründungszusammenhang eine dominierende Rolle zugesprochen und kommt hier zuerst zu Wort.

Das Reisen ist wissenschaftlich wenig untersucht worden, möglicherweise, weil es vor allem als lustvolle Freizeitbeschäftigung mit Urlaub in Verbindung gebracht wurde. Das Phänomen des Reisens kann jedoch aus unterschiedlichen wissenschaftlichen Perspektiven betrachtet werden: der Soziologie, der Ethnologie, der Geschichtswissenschaft, der Ökologie, der Tourismuswissenschaft und – wenn man nach den motivationalen Ursprüngen des Reisens fragt – der Psychologie. In diesem Einführungskapitel geht es darum, das Reisen als erklärungswürdiges Phänomen ins Bewusstsein zu rücken, deshalb stehen zunächst philosophische Betrachtungen zum Thema im Vordergrund. Wie kommt es, dass Menschen in unserer Zeit derart gerne verreisen, dass sich hieraus eine ganze Industrie herausbilden konnte? Die Sesshaftigkeit des Menschen gibt es nur einen paläontologischen Wimpernschlag lang, nämlich erst seit etwa 5000 Jahren, seit die Viehzucht und später der Ackerbau entwickelt wurden. Davor lebten die Menschen über mehrere hunderttausend Jahre als Jäger und Sammler. Wenn es in einer Region nicht mehr aushaltbar war, z. B. weil die Ressourcen knapp wurden, zog man ins Nachbartal oder noch weiter. Vor ca. 70 000 Jahren wären die modernen Menschen als Art beinahe ausgestorben, wie neueste Erkenntnisse inzwischen bestätigen.

Das vorliegende Buch ist ein entwicklungsfähiges Konzept, vornehmlich aus erfahrungsorientiert-geisteswissenschaftlicher und psychologisch-neurowissenschaftlicher Perspektive verfasst. Es wendet sich natürlich vor allem an die Reisenden selbst, die durch Selbstexploration, historische Bezüge und zahlreiche literarische Verweise dazu animiert werden, die persönlichen differierenden Grundlagen dieser faszinierenden Beschäftigung neu zu ergründen, zu entdecken und für die persönliche Entwicklung nutzbar zu machen. Experten unterschiedlicher Disziplinen und Perspektiven möchten wir mit spezifischen Inhalten, Fragestellungen und Thesen zur Diskussion und zur weiteren Konzeptentwicklung anregen. Zudem wenden sich unsere Untersuchungen und Schlussfolgerungen auch an die Verantwortlichen in der Tourismusbranche, deren Selbstverständnis sie genauso schärfen können wie ihr Verständnis für die Bedürfnisse der Reisenden.

Wir betreiben in diesem Buch nicht die Intellektualisierung eines sich selbst genügenden Phänomens, denn eine solche würde die Reise als Erlebnis beeinträchtigen. Es geht uns um mehr Bewusstsein im Sinne von Klarheit, welches immer auch eine philosophische Dimension eröffnet.

Die Philosophie ist der Ursprung aller wissenschaftlichen Betrachtung und ist im historischen Kontext als ein Bindeglied zwischen den Wissenschaftsformen der Geistes- und Naturwissenschaften sowie zur Kunst anzusehen. Die Philosophie stellt sich gleichzeitig den unauflöslichen, gleichwohl – und zwar in steter Beschäftigung mit ihnen – sinnstiftenden Grundrätseln, jenen ewig gültigen Fragen nämlich, was wir sind, woher wir etwas wissen und was wir überhaupt wissen können. Die Philosophie als Objekt ist selbst ein psychologisches und evolutionsbiologisches Thema, denn sie skizziert den Beginn des menschlichen Bewusstseins. Ohne Bewusstsein gäbe es nicht die Versuche, unsere Existenz in einen zeitlichen und räumlichen Kontext zu stellen und die damit zusammenhängenden Aktivitäten, beispielsweise die des Reisens, zu erklären.

Das Rohmaterial sämtlicher Philosophie führt zu Fragestellungen, die durch die Entwicklung menschlichen Bewusstseins überhaupt erst formuliert werden konnten. Biografisch lichtet sich der philosophische Horizont mit dem Übergang in die Adoleszenz. Jede Jugendgeneration bemüht sich um zeitgemäße Beantwortung jener Fragen, die bereits im Mittelpunkt jeglichen Philosophierens stehen: Woher kommt der Mensch? Was ist Recht, was Unrecht? Was geschieht nach dem Tod? sowie viele andere mehr. Philosophisches Fragen ist folglich zeitlos und seit der Herausbildung des Bewusstseins etwas im eigentlichen Sinn Menschliches.

Da das Reisen ein eminenter Bestandteil der modernen Erfahrungswelt ist, stellen sich die Fragen nach dem Sinn, der Funktion und Bedeutung. „Der philosophische Grundaffekt zeigt sich schon darin, daß man mit offenem Mund vor etwas dasteht und fragt, zum Beispiel: Warum regnet es denn? Eine einfache Frage, doch bezeichnet sie den beginnenden Nachdenklichen, ja den Philosophen", konstatiert Ernst Bloch und erkennt ein „siebzehnjähriges Urstaunen" (Bloch, 1985, S. 12).

Wir wollen uns hier solchen Aspekten unmittelbar zuwenden, die das Reisen als originär menschliche Tätigkeit verständlicher machen können. Dabei wollen wir jeden Reisenden und jeden, der sich für das Thema interessiert, durchaus dazu ermuntern, eigene Infragestellungen zu entwickeln und nach geeigneten Antworten Ausschau zu halten. Unser eigentliches Ziel ist es jedoch, möglichst relevante und allgemein gültige Fragen aufzuwerfen, damit jeder Leser auf seine Weise und nach seinen Bedürfnissen über Antworten nachsinnen kann, mithin solche, über die jeder Reisende auch ohne Vorkenntnisse (und warum nicht auf Reisen) nachdenken kann, wenn er dies tun möchte. Wer dieses Bedürfnis für sich verneint, unterliegt keinem Rechtfertigungszwang und gilt uns deshalb keinesfalls als Reisender zweiter Klasse oder minderer Güte. Das Reisen hat seinen Wert vor allem in sich selbst, ist in sich selbst belohnend. Die Suche nach Erkenntnis kann für einige, und dazu gehören vermutlich die Leser dieses Buches, ähnlich bereichernd sein.

Mögliche philosophische Fragen, die das Reisen irgendwie mit ins Blickfeld rücken, sind zahlreich, solche, die aus unserer Sicht für die Aufnahme eines Diskurses relevant sind, wären die folgenden:

- Woher wüssten wir etwas über unsere Welt, wenn wir nicht die vertraute Umgebung verließen? – Die Odysseus-Erfahrung ist eine alte Geschichte, in der früheste Reise- und Entdeckungsfahrten erzählt und später aufgeschrieben wurden.
- Warum haben Orte (und nicht nur Worte) eine Semantik und wie lässt sich dieser Bedeutungsgehalt bestimmen?
- Was ist uns Schönheit (z. B. einer Landschaft) und wie umfängt sie uns?
- Was sind Zeit und Raum im Vorhandensein unseres Bewusstseins?
- Wie kann sich das Verhältnis eines Reisenden zu Natur und Kultur herausbilden und wie verändert es sich eben dadurch?
- Gibt es einen freien Willen zum Aufbruch oder gar zum Ausbruch?

„Also echtes Fragen jedenfalls beruhigt sich beim Überkommen einer Antwort so wenig, daß es sich davon gerade abstößt ..." (Bloch, 1985, S. 13). Gerade die Philosophie zeigt uns, dass noch so viele Antworten samt ihrer Widerlegungen es nicht vermocht haben, die Zahl der Fragen selbst zu verringern.

Das Reisen ist ebenso wenig präzise bestimmbar wie das Leben selbst, jedoch kann man diesem wie jenem Thema etwas abgewinnen, indem man darüber hinausweisende Fragen stellt.

„Chi n'esce rinasce – Wer weggeht, wird wiedergeboren", besagt ein verbreitetes sizilianisches Sprichwort, dessen Plausibilität sich unmittelbar und vielfältig erschließen lässt und das ziemlich exakt unsere Haltung zum Thema widerspiegelt. Handelt es sich dabei um eine jener kaum zu widerlegenden Volksweisheiten oder haben wir es hier bereits mit einer philosophischen Erkenntnis zu tun? Es bündelt wohl uraltes Erfahrungswissen von Reisenden. Eine nicht ganz unwichtige Unterscheidung, und doch hebt eine Antwort sie wieder auf. Denn der angesprochene Erfahrungszusammenhang wird hier nicht weniger prägnant formuliert als etwa in diesem Zitat aus dem *Austerlitz*-Roman von W. G. Sebald: „Freilich, so sagte Austerlitz nach einer Weile, hat das Verhältnis von Raum und Zeit, so wie man es beim Reisen erfährt, bis auf den heutigen Tag etwas Illusionistisches und Illusionäres, weshalb wir auch, jedes Mal, wenn wir von auswärts zurückkehren, nie mit Sicherheit wissen, ob wir wirklich fort gewesen sind" (Sebald, 2003, S. 22).

Wir erfahren uns selten so lebendig, wie wenn wir reisen, weil das Erleben ein ganz Unmittelbares, Intuitives ist. Bewusstsein führt auch dazu, dass wir uns nicht immer unseres eigenen Erlebens völlig sicher sein können. Vieles von dem, was wir mit allen Sinnen wahrnehmen, wird von uns vor dem Hintergrund vorheriger verdichteter und schematisierter Erfahrungsagglomorate verarbeitet. Die erfahrbare Welt erscheint uns innerlich als Ganzes, als Erfahrung, als das Geschiedene aus dem Ungeschiedenen der Vergangenheit und somit als Medium der Selbstvergewisserung. Jedoch bleibt Skepsis angesagt, denn natürlich können wir uns allzu oft auch täuschen oder irren, aber absoluter Skeptizismus führt den Skeptiker an der Nase im Kreis herum (Nagel, 2009). Vielmehr leben wir instinktiv so, als könnten wir uns auf unsere Erfahrungen „selbst"-bewusst und zweifelsfrei verlassen, aber dieses Erfahren mit der Erfahrung lehrt eben auch, dass wir niemals ganz sicher sein können, nicht zu irren. Wir setzen unsere Vorstellungen in unserer Lebenswelt unhinterfragt voraus (Blumenberg, 2010), suchen nach Übereinstimmung und Akzeptanz. Besonders anregend sind dabei Variationen des Vertrauten. Variationen des Vertrauten sind in der Entwicklung von Säuglingen die Basis der Entstehung des Selbst-Bewusstseins (Stern, 2010).

Bewusstsein ist nicht selbstverständlich, Denken kann die intuitive Selbstvergewisserung ausheben. Wir denken lediglich dann, wenn wir im Nichtdenken, also in der Vertrautheit und Intuition, gestört werden oder wenn wir schwierige Pläne umsetzen wollen. Mit Symbolisierungen und Vorstellungen können wir jedoch bereits, auch wenn wir körperlich präsent bleiben, die Vorausgesetztheit der Lebenswelt verlassen. Die Fähigkeit zur Symbolisierung und Imagination führt den Menschen überhaupt erst zur tendenziellen Überwindung des als bekannt Vorausgesetzten, nämlich zur Frage, was wir wissen können und ob nicht alles Erfahrene ein Traum, alles Erfahrbare Illusion sei.

Möglicherweise liegt hier die Triebfeder der historischen Italienreisenden, seien es Goethe, Moritz oder Seume, oder aber auch die der sonnenhungrigen Epigonen unserer Tage. Was Erstere umtreibt, ist die große Frage nach den Ursprüngen der abendländischen Kultur, als deren Keimzelle und Hauptsitz man auch heute noch Italien oder das alte Griechenland betrachtet. Aber es gibt, wie bereits Goethe, Moritz und Seume aufzeigen, verschiedene sehr persönliche Arten des Reisens und mannigfaltige Quellen der Reisemotivation. „Viele Wege führen nach Rom", weiß ein bekanntes Sprichwort, aber jeder Reisende scheint auf einer eigenen, durch sein Leben gewiesenen Trasse unterwegs zu sein.

Die Philosophie, darin insbesondere die Phänomenologie, soll laut Edmund Husserl das Selbstverständliche oder selbstverständlich Bekannte in die Verständlichkeit des Begriffs überführen. Warum genügt sich das Leben in seiner Lebenswelt nicht selbst? Warum brechen Menschen durch Reisen aus einer subjektiv konstituierten Lebenswelt, also aus einer angenommenen Selbstverständlichkeit, aus? Weiter: Warum genügt sich das Reisen nicht selbst? Warum werden Theorien formuliert, wird sogar Wissenschaft erzeugt, die Gefahr läuft, sich von ihren Gegenständen, auch von einer Betrachtung des Reisens, zu entfremden, wie die Wissenschaft insgesamt sich von dem alltäglichen Leben entfremdet hat? Entfremdung ist nicht gerade das, was wir mit diesem Buch unterstützen wollen. Sie kann durch frische Sinneseindrücke aufgehoben werden. Es geht tatsächlich darum, das Selbstverständliche – oder sollte man besser sagen, das Vorverständliche – und bisher wissenschaftlich wenig Beachtete verständlich, damit anschaulich zu machen und dabei unterschiedliche wissenschaftliche Perspektiven zu nutzen: die geisteswissenschaftliche wie die naturwissenschaftliche und die philosophische als verbindendes Glied. Denn das Selbstverständliche ist gerade, weil es wie von selbst verständlich ist, nicht wesentlich verstanden. Es wird nicht bewusst und klar. Das Selbstverständliche ist nur demjenigen von selbst verständlich, der es im Ganzen nicht reflektiert oder hinterfragt, weil es seinen vertrauten Gewohnheiten, seinen Voreingenommenheiten und Sichtweisen, kurz, jenen Erlebnisweisen, -netzwerken und -modulen im Großen und Ganzen entspricht, die in seinem Erfahrungsgedächtnis abgespeichert sind. Und so merken etwa die in den letzten Jahren in der Anzahl zunehmenden und heftig umworbenen Kreuzfahrer gar nicht, dass sie auf einem modernen Kreuzfahrtschiff in gewisser Weise einer Reise-Illusion unterliegen, dass sie im Grunde ihre Gewohnheiten, insbesondere die ihres Konsums als der besonders prägenden, sowie die Entfremdung, der sie entfliehen wollen, mitreisen lassen.

Wissenschaftsgeschichtlich sind klare Trennungen, Fragmentisierung, Spezialisierung, sogar Konkurrenz der verschiedenen Wissensbereiche und Methoden zu beobachten, aber gerade das Phänomen Reisen zeigt, dass sich natur- und geisteswissenschaftliche Perspektiven überlagern, denn die Erklärung zu den Entwicklungen individueller Unterschiede in der Reisepraxis mag psychologisch-naturwissenschaftlich betrachtet werden, die einzigartigen Inhalte subjektiven Reiseerlebens dagegen sind essayistisch vermittelbar. Keine Wissenschaft erfasst ein subjektiv erfahrbares Phänomen erschöpfend. Man kann (geisteswissenschaftlich und inhaltlich) von Reisemotiven und Reiseformen sowie (naturwissenschaftlich und abstrahierend) von Reisemotivation und einer Psychologie des Reisens sowie der Reisenden sprechen.[1] Genau dieser integrierende Ansatz zwischen beiden seit Jahrtausenden getrennten Wissenschaftszweigen interessiert uns nicht nur beim Reisen, sondern erwies sich auch bereits als fruchtbar in unserem Buch *Autor des eigenen Lebens werden* (2012): eine Brücke zwischen naturwissenschaftlicher Erklärung und geisteswissenschaftlicher Kulturgeschichte (und Kunst) zu schlagen. Diese Vorgehensweise wäre aus unserer Sicht prinzipiell wünschenswert, doch Wissenschaftstheorie und -historie sind hier nicht unser Thema.

Der Vorteil einer phänomenologischen Herangehensweise liegt darin, die Prozesse aus der subjektiven Perspektive des Reisenden im Blick zu behalten und an der Erfahrungsvielfalt teilzuhaben. Ein sehr frühes und anschauliches Beispiel für eine solche multiperspektivische Annäherung, die nicht nur selbst Reiseerzählung ist, sondern auch versucht, das Phänomen philosophisch, kulturwissenschaftlich und ethnologisch zu durchdringen, stellt Bruce Chatwins Buch *Traumpfade*

---

[1] In der Integration beider Perspektiven als Konzept finden wir Unterstützung, z. B. bei dem Philosophen Ernst Cassirer, der die Trennung von Natur- und Geisteswissenschaften bereits in den 20er Jahren des vergangenen Jahrhunderts ablehnte, oder bei zeitgenössischen Neurowissenschaftlern (Linke, Schulz).

(1992) dar. Einen prägnanten historischen Überblick über Reiseerfahrungen bietet Wieland in seinem großen *Buch des Reisens* (2016).

Die wissenschaftliche Ignoranz des Themas in der Vergangenheit ist möglicherweise auch darauf zurückzuführen, dass das Reisen zu einer Klasse von Erfahrungs- und Tätigkeitsbereichen gehört, die gesamtgesellschaftlich vernachlässigt oder – gerade in den letzten Jahren – hintangestellt worden sind: Es sind jene Tätigkeiten und Beschäftigungen, mit denen man keinen materiellen Nutzen wie Geld, Reichtum oder Status erzielt, wenn wir – wie in diesem Buch beabsichtigt – die gewerblich veranlasste Reisetätigkeit, Geschäftsreisen etc., außer Acht lassen wollen. Diese immateriellen Bereiche des Erlebens und Verhaltens werden wissenschaftlich deshalb nicht so stark beachtet wie zielorientiertes und leistungsorientiertes Verhalten, weil es sich dabei um eine im Grundsatz unproduktive Lebensäußerung handelt, welche keinen offenbaren Nutzen bringt, die sich andererseits jedoch als Bedürfnis materialisiert und somit den profitablen Springquell für eine florierende Branche darstellt.

Reisen bedeutet, aktiv zu werden und Vertrautes zu verlassen, und kann, das zu zeigen ist Sinn und Anliegen dieses Buches, zu Selbsterfahrung und Bewusstheit beisteuern. Es ist geeignet, die individuelle Freiheit zu vergrößern und zur Erweiterung des eigenen Horizonts, auch im übertragenen Sinne, letztlich zur Bildung durch Erfahrung, also Herzensbildung, beizutragen.

Um diesem Anspruch gerecht zu werden, genügt die essayistische Betrachtung von AH allein ebenso wenig wie die psychologische Betrachtung von GR; erst die Verbindung von beidem kann ihn einlösen. Die Psychologie geht nachgerade über das beschreibende Wie hinaus und konzentriert sich auf analytisch Fassbares und Erklärbares: Was motiviert Menschen zum Reisen und wie wirkt sich das konkrete Tun auf das

Erleben aus? Kann das Reisen genau wie der Mensch selbst zur Ware, zur Dienstleistung reduziert werden, etwa im pauschalen Kalkül der Tourismusindustrie, und damit zur wachsenden Entfremdung beitragen? Es gibt selbstredend kein einheitliches Patentrezept, nach welchem jedem in gleicher Weise zu reisen empfohlen werden kann, da es unterschiedliche Motive und individuelle Verhaltensmuster beim Reisen gibt. Wir erkennen gleichwohl verschiedene Typologien von Reisenden, sogar Prototypen des Reisens. Bei jeder einzelnen Reise und bei jedem Reisenden könnte man sich infolgedessen fragen: Worin erscheint das Allgemeine und Typische beim Reisen und was wiederum ist das Individuelle an diesem Vorgang? Jeder Person wird etwas anderes wesentlich und selbstverständlich, und zwar dann, wenn es ihrer subjektiven Lebenswelt und Lebenserfahrung weitgehend störungsfrei entspricht. Bei allen psychologischen und analytischen Betrachtungen bleibt ein nicht auflösbarer Rest, eine nicht objektivierbare Sehnsucht, der Glutkern des Verlangens. Es existiert auch bei der psychologischen Betrachtung des Reisens eine Grenze des Objektivierbaren, wo die verführerische Sphäre des Geheimnisses beginnt, die nur geisteswissenschaftlich erfassbar ist und manchmal leider gar (populärwissenschaftlich) spekulativ gedeutet wird.

Die phänomenologische Perspektive ist wichtig, damit der Leser von der Qualia des Erfahrens persönlich angesprochen wird, sich in den Erfahrungen anderer spiegeln kann; nur dann wird er sich an der belletristischen Gestaltung wie auch an der theoretischen Aufarbeitung des Themas Reisen bereichern können. Psychologische Theorien sollen das Bewusstsein für das schärfen, was persönlich motiviert. Denn Theorien sollen nicht Selbstzweck sein. Die philosophische Betrachtung eröffnet eine Art Meta-Perspektive und lenkt somit den Blick auf Sinn und Bedeutung des Reisens. Sinn und Bedeutung sind dabei durchaus als unterschiedliche Merkmale zu verstehen.

Bedeutung ist immer individuell bestimmt und kann nur vor dem Hintergrund der persönlichen Erfahrung annähernd erfasst und bestimmt werden. Der Sinn könnte nicht nur in diesem Zusammenhang als etwas Beglückendes begriffen werden, was über den Tellerrand des individuellen Reisenden hinaus auf ein Größeres und Beständiges verweist, das die erfahrbare Welt abbildet.

Die drängende und zentrale Frage lautet folglich: Warum sind Menschen zum Reisen motiviert, obwohl diesem offenbar kein höherer Sinn innewohnt und es zumeist als reiner Selbstzweck betrieben wird?

Wir finden Hinweise, die die Motivation zum Reisen verstehbar machen könnten, bei Baruch de Spinoza und einigen Philosophen der Romantik, z. B. bei Johann Gottlieb Fichte, Friedrich Wilhelm Joseph Schelling, Arthur Schopenhauer, ebenfalls bei modernen Philosophen, und zwar insbesondere denen, die die subjektive Lebenswelt in den Mittelpunkt stellen, Husserl wie Henri Bergson und Hans Blumenberg. Auch John Stuart Mill und John Dewey als erste Philosophen einer erfahrungsorientierten Pädagogik können dazu herangezogen werden, um das, was beim Reisen bildet und Erfahrungshorizonte erweitert, zu veranschaulichen.

Zum Phänomen des Reisens findet man also zunächst Anregungen bei den Philosophien der Gegenaufklärung und der Romantik. Warum ist es vor allem die Philosophie der romantischen Reaktion gegen die Aufklärung, die für das Reisen nützliche Erklärungskonzepte liefert? Vermutlich ist ein Zuviel des Rationalen dem Intuitiven abträglich, es fehlt uns etwas und dies weckt in der Folge die Sehnsucht nach ursprünglicher, unmittelbarer Erfahrung, die ebenso wie die Ratio zu uns gehört. Wir entscheiden nicht mit dem Verstand, dass Überleben für uns eine Notwendigkeit ist oder ob wir neugierig sein wollen oder nicht. Es gibt keine vernünftigen Gründe dafür, warum wir uns verlieben, Freude an Musik haben, warum wir Himbeeren genießen können oder von Fernweh erfasst werden und reisen.

Das Reisen geschieht unhinterfragt um seiner selbst willen, es geht um Wohlgefühl und Genuss, also die Freude am Leben. Diese autotelischen Tätigkeiten und die damit zusammenhängenden Prozesse werden sehr gut mit dem Begriff des Flow beschrieben und erklärt (Csikszentmihalyi, 2010), weshalb auf das Flow-Erleben beim Reisen und den Erklärungswert des Konzepts noch ausführlich eingegangen werden wird (vgl. Kap. III, Psychologie des Reisens). Das bedeutet wiederum nicht, dass das Reisen nicht einen Nutzen haben kann, z. B. den der Bildung, den bereits Goethe hervorhob. Aber man reist nicht dieses Nutzeffekts wegen, es sei denn, es handelt sich um eine rein zweckorientierte Bildungsreise, z. B. eine Sprachreise. Der Nutzeffekt des Reisens ist quasi sein willkommenes und angenehmes Nebenprodukt. Bei vielen menschlichen Handlungen entsteht jedoch ein Nutzen im weitesten Sinne nicht durch eine stringent geplante, wirkzentierte und verfolgte Zielorientierung, sondern intuitiv, als Resultat eines Zufalls oder als ein willkommenes Produkt von Gelegenheiten, wenn man sich erfahrungsorientiert auf diese einlässt. Das Spiel von Kindern ermöglicht beispielsweise als Nebenprodukt Erfahrungslernen und das Einüben von Kompetenzen. Wäre diese Form des Lernens nicht die ursprünglich menschliche? Lernen hat die Funktion, das Überleben flexibler zu gestalten, auch im Sinne von mehr Wohlbefinden und der Vermeidung von Schwierigkeiten und Verlusten, sowie die Anpassungsfähigkeit an unvorhersehbare Situationen und Kontexte zu vergrößern. Auch Kooperation mit anderen, vor allem mit Nicht-Verwandten, hat in dieser Funktion ihren Platz, weil Kooperation von jeher das Überleben nachhaltiger gesichert hat als eine kurzfristige egozentrierte Form des Lernens (Sapolsky, 2017). Die Gastfreundschaft, die in vielen Kulturen einen so hohen Wert darstellt, hat hier möglicherweise ihre Wurzeln.

Auch Künstler nehmen häufig ähnlich den Reisenden große Entbehrungen und Kosten auf sich, um sich ihrer gestalterischen Tätigkeit zu widmen, auch wenn äußere Belohnungen wie Geld, Status oder Anerkennung (vorerst) ausbleiben. Kunst ist eine Lebens- und Handlungsoption, die dem Menschen Freiheit verschafft und Würde verleiht, und beide sind offenbar Essentials der *conditio humanae*. So kann eine Idee oder neue Perspektive jahrelang auf Sparflamme glimmen, bis diese irgendwann vom Sauerstoff gesteigerter Aufmerksamkeit entfacht wird und sich ausbreitet.

Die Kunst ist die Gesamtheit der durch Freiheit gestaltbaren Lebensformen, die einem Menschen möglich wird, der sich als Gestalter und Schöpfer versteht und ausprobiert. Kunst ist zu wagen, so ein Diktum des Schriftstellers und Malers Peter Weiss. Der Reisende ist wie ein Künstler per se ein experimenteller Gestalter, selbst der Pauschalreisende kann einen minimalen Gestaltungsspielraum nutzen und sollte trotz einer weitgehenden Vorausplanung auf das Unkalkulierbare und Überraschende gefasst sein.

Reisen ist bis heute ein un- bzw. unterdefinierter Begriff geblieben. Zwar gibt es Kultur-, Ethno- und Badereisende, es gibt den Pilgertourismus, den Sport-, Genuss- und Karnevalstourismus, den Trekking- und Abenteuertourismus sowie die Erholungsreise, die dem Nichtstun verpflichtet ist. Diese Etikettenliste ließe sich beliebig verlängern, da die Branche sich mit jeder weiteren Differenzierung daran versucht, neue Marktsegmente zu etablieren und entsprechende Zielgruppen als Kunden zu generieren.

Reisen bildet immer noch und entwickelt die Persönlichkeit. Vor kurzem war in der BBC eine Reportage über die ältere Generation zu sehen, die in nicht allzu ferner Zukunft die Mehrheit der Bevölkerung in den europäischen Ländern stellen wird. Dabei wurden gerade jene Aktivitäten, die nicht ziel- oder leistungsorientiert ausgeführt werden, als ganz zentral für das Wohlbefinden, die Lebensqualität und die Gesundheit bei älteren Menschen angeführt: Als Beispiele wurden das Tanzen und die Beschäftigung mit der Kultur herausgestellt, beide sollen nachweislich das Wohlbefinden im Alter und seine Lebensqualität erhöhen. Auch hierbei handelt es sich um potenzielle Flow-Erfahrungsbereiche, es sind Tätigkeiten, welche die Fähigkeit oder Bereitschaft voraussetzen, Freude an ihnen unabhängig von äußeren Belohnungen zu erleben. Da vermutlich der Zusammenhang zwischen Wohlbefinden und der erlebten Freude bei autotelischen Tätigkeiten nicht nur auf ältere Personen (und Kinder) beschränkt ist, kann man sie auf alle Altersgruppen übertragen. Doch es geht nicht nur um Belohnungen, deren Effekte kurzlebig sind, es geht auch um tief erfahrbare persönliche Bedeutungen, die identitätsstiftend wirken. Das Spiel ist für die Entwicklung und das intuitive Lernen von Kindern grundlegend und ein Paradebeispiel für eine autotelische Aktivität, die ein hohes Ausmaß an Autonomie gewährt.

Reisen ist, wie bereits betont, eine auf den ersten Blick unproduktive Tätigkeit. Wir erwähnen diese Aussage mehrfach, weil diese Tätigkeiten in einer Leistungsgesellschaft sehr schnell abgewertet werden. Es geht uns jedoch darum, das Selbstverständliche und Selbstbelohnende des Reisens verständlich zu machen. Dabei gehört ein erster Schritt zum deskriptiven Vorgehen, nämlich zu beschreiben und dabei diesen Fragen nachzugehen: Was ist beim Reisen ähnlich zu anderen menschlichen Tätigkeiten, was unterscheidet Reisen von diesen? Welche Formen des Reisens kann man entdecken? Welche Dimensionen gibt es? Wie werden Reiseerlebnisse beschrieben? Was macht ihre Beliebtheit aus? Welche wissenschaftlichen Theorien sind dabei hilfreich, das Reisen zu erklären? Und was macht das Bereichernde und Belohnende des Reisens aus, was motiviert zum Reisen?

Reisen als freiwilliger und lustvoller Aufbruch in fremde Landschaften und Kulturen erscheint zumindest aus heutiger Sicht in seinen verschiedenen Formen als etwas genuin Menschliches, als eine zentrale Erfahrung, die für viele Menschen in verschiedenen Kulturen (und zu verschiedenen Zeiten?) zentral war und die als sehr bereichernd (im nicht materiellen Sinn) erlebt wurde und wird.

Wie kann das Reisen so gelingen, dass es zur Selbstentwicklung beiträgt? Zur Antwort tragen eine psychologische Funktionsanalyse des Reisens bei sowie die Erkundung einer Taxonomie verschiedener Formen des Reisens und der Typologien unterschiedlicher Reisender in Gegenwart und Vergangenheit, eine Synthese des analytischen und empirischen Vorgehens.

Führt man Reisen auf die Motive zurück, die in der Psychologie untersucht wurden, so ist man schnell beim Explorationsverhalten, bei Neugier und Entdeckerfreude, vielleicht sogar bei der Abenteuerlust, in der Psychologie *sensation seeking* (Berlyne, 1960; Zuckerman, 1979) genannt. Auch die psychologische Grundlagenwissenschaft kann viel zur Erklärung des Reisens als menschliche Tätigkeit beitragen. Gemeinsam mit anderen Aktivitäten des Menschen, zum Beispiel dem Erzählen, dem Tagträumen oder dem Lesen, geht es darum, die Grenzen des vertraut Alltäglichen zu überschreiten, sich auf fremde, unerwartete Erfahrungen einzulassen und somit den eigenen Erfahrungshorizont zu erweitern.

Das ganz Besondere am Reisen ist neben der Zweckfreiheit vor allem die Körperlichkeit, jene sinnlich-leibliche Erfahrung, die durch kein virtuelles Angebot, auch nicht durch mentale Reisen, ersetzt werden kann. Auch dieser Aspekt wird im psychologischen Teil des Buches eingehend erörtert werden.

Das Ziel einer wissenschaftlichen Betrachtung wie dieser kann aus unserer Sicht auch darin bestehen, das Reisen für die Selbstentwicklung und die Gestaltung persönlicher Lebensqualität nützlich zu machen, denn die beste Theorie ist eine, die sich in der Praxis als nützlich erweist (Lewin, 1935). Sollte sich also herausstellen, dass das Reisen oder eine bestimmte Art des Reisens generell der Selbstentwicklung und der persönlichen Lebensgestaltung dient, ähnlich den Prozessen des biografischen Erinnerns und Erzählens (Ritz-Schulte & Huckebrink, 2012), dann kann das Wissen über den Gegenstand diesen Prozess verfeinern und unterstützen, kann Enttäuschungen vorbeugen, aber kein Sich-Einlassen auf individuelle Reiseerfahrungen ersetzen.

Wir möchten unterschiedliche Zielgruppen ansprechen: die Reisenden selbst, Psychologen, Literaturwissenschaftler und nicht zuletzt Tourismusexperten, vor allem jene, die sich nicht nur einem ökonomischen, sondern einem nachhaltigen, sozial verträglichen und ökologischen Tourismus verschrieben haben. Die Geisteswissenschaften als text- und handlungsverstehende Wissenschaften (Janich, 2012) bieten eine Perspektive auf den Menschen als erlebnis- und handlungsfähiges Subjekt und somit eine solche auf den Menschen als Person in wechselnden Umwelten sowie als kulturgeprägtes Wesen. Die persönlichkeits- und motivationspsychologische Perspektive wird ergänzt durch einen tätigkeitsorientierten Ansatz, der die Motivation nach Umweltbezug aufgreift (Oerter, 2000; Leontjew, 1979) und eine Brücke zum erfahrungsorientierten Vorgehen darstellt, denn auch Tätigkeiten priorisieren Erfahrungen. Dabei nehmen tätigkeitsorientierte Ansätze Fehler und Scheitern in Kauf und akzeptieren, dass neben allem Erklärbaren noch viele Rätsel bleiben. Darüber hinaus scheint es von Interesse zu sein, verschiedene Reisepersönlichkeiten zu unterscheiden, da nicht alle Erkenntnisse zum Thema gleichermaßen für alle gelten.

II. Eine Phänomenologie des Reisens

1 Wie der Vogel sein Nest verlässt – Die neue alte Lust am Reisen

„Versunkene Länder, wandernde Inseln, patagonische Riesen, die Quellen des ewigen Lebens, der Garten Eden …" (McLeod, 2010, S. 8). Was für uns heute fantastisch klingt, hat vor gar nicht allzu langer Zeit die Vorstellungen geprägt und beflügelt, welche die Kartographen von der Erde hatten. Zum Reiseglück *in sensu* gibt es einen Atlas der legendären Länder. Vorgelegt wurde er von der traditionsreichen National Geographic Society (gegr. 1888). Er enthält beeindruckende Zeugnisse aus jener Zeit, als die Menschen und vor allem die Kartenzeichner sich den größten Teil der Erde noch ausmalen mussten und mit allerlei Ungeheuerlichkeiten und fantastischen Gebilden versahen. In diesem bemerkenswerten Band ist die Rede von den erträumten Zielen eines jahrhundertelangen Aufbruchs …

Aus der Traum? Blicken wir zurück. Am Abend des 13. Januar 2012 havarierte das Kreuzfahrtschiff *Costa Concordia* mit 3780 Passagieren an Bord vor der italienischen Insel Giglio. Die symbolträchtigen Bilder des auf die Seite gekippten maritimen Kolosses, dessen Umrisse und Ausmaße weit eher einem überdimensionierten Wohnblock als einem Schiff ähnelten, gingen um den Globus; die aufgezeichnete, schrill tönende Telefonstimme des Kapitäns Schettino, der sich weigerte, die Befehle des Hafenkommandanten von Livorno zu befolgen, nämlich auf sein Schiff zurückzukehren und den dort verbliebenen Passagieren zu helfen, sorgte für Entsetzen. 32 Menschen kostete der Costa-Concordia-Albtraum das Leben. Aufbereitung und Abarbeitung des Ereignisses nahmen ihren medialen Lauf.

Zeitungsleser erfuhren umgehend, dass die Branche seit Jahren boomt, allein im Jahre 2010 nahmen fünf Millionen Europäer an Kreuzfahrten teil, wobei sich die Sinnhaftigkeit dieser Bezeichnung für eine derartige Reiseform partout nicht erschließen will. Auch scheinen solche Katastrophen keine abschreckende Wirkung zu haben, im Gegenteil. Für die Saison 2019 erwartete die Tourismusindustrie auf hoher See neue Rekordzahlen. Der internationale Kreuzfahrtverband CLIA rechnet weltweit mit 1,5 Millionen neuen Passagieren (Pfeiffer, 2013).

Dabei tragen die Bereisten, z. B. die Bürger Venedigs, dessen jahrhundertealte Fundamente durch die Ozeanriesen geschädigt werden, oder die Norweger, deren einsame Fjorde von Menschenmassen heimgesucht und durch Müll belastet werden, ihr Kreuz an dieser modernen Kreuzfahrt. „Die von den Massen bedrängte Bella Venezia wiederum weist inzwischen die höchste Lungenkrebsrate Italiens auf – jedes der gigantischen Kreuzfahrtschiffe an ihren Gestaden verschmutzt die Luft in gleichem Maß wie 40 000 Autos" (Stuhrenberg, 2016). Immer mehr Kreuzfahrtschiffe laufen vom Stapel, ganze Zeitschriften, vor allem kostenlose TV-Programmzeitschriften, scheinen sich über Anzeigen aus dem Kreuzfahrtgewerbe zu finanzieren.

Kreuzfahrer, das waren im Mittelalter doch diejenigen, die Jerusalem „befreien" und mit Feuer und Schwert den nahen Orient zum einzig richtigen Glauben bekehren wollten. Psychologisch betrachtet impliziert das Wort eine ideologisch motivierte Aggression Andersgläubigen gegenüber, deren Glaube gar nicht so verschieden vom eigenen ist. Aber davon ist wohl nur das Wort Kreuzfahrer geblieben?

Was hat dieses Geschäft mit unserem Konzept vom Reisen, mit seiner Psychologie als Weg zu sich selbst zu tun? Mit dem Einlassen auf neue Erfahrungen, mit der Exploration unbekannter Landschaften? Mit der Bewältigung von Herausforderungen?

Wenn man potenzielle Kreuzfahrer fragt, warum sie eine solche Form des Reisens wählen, so werden häufig der Service, die Erholung, das gute und reichliche Essen genannt. All dies kann oder könnte man natürlich auch zu Hause haben. Das Kreuzfahrtschiff bietet jedoch neue und schöne Aussichten zum Nulltarif, d. h. ohne sich persönlich kümmern und bewegen zu müssen, fast ohne Risiko.

Sehr schön beschreibt David Foster Wallace eine Luxuskreuzfahrt in der Karibik als „a supposedly fun thing I'll never do again", und zeigt auf, wie sich der motivierteste Reisende in einen ganz gewöhnlichen Touristen verwandeln kann (Wallace, 2015).

Die Nachteile, einen immensen Kraftstoffverbrauch und daraus resultierende Umweltbelastungen, die Auswirkungen auf die Bereisten, die Ausbeutung der Servicekräfte nimmt man in Kauf. Man kann seinen Hunger nach dem vermeintlichen Abenteuer in exotische Regionen stillen und die eigene kleine, scheinbar sichere kapitalistische Konsumwelt mitnehmen in den Urlaub: das Entertainment, das Luxusbuffet, den Pool, das Fitness-Studio, die Zerstreuung ... So eine Reise ist im Grunde ein Erholungsurlaub auf fremdem Terrain, mit der Aussicht auf „schneeweiße Strände, Wasser von hellstem Azur" (Anzeigen-Deutsch), ein Erholungsurlaub vom durchorganisierten und gut funktionierenden Alltag, denn kaum jemand der Mitreisenden kann sich zu Hause die überbordenden exotischen Gerichte und den Service leisten, den er an Bord dank billiger Arbeitskräfte und günstiger Einkaufsbedingungen erhält.

Eilig rekrutierte Experten kommentierten die Hybris der maritimen Reiseindustrie und kluge Federn spürten im Feuilleton den spezifischen Sehnsüchten nach, die vor allem ältere Menschen – die von der Branche längst als lukrative Kundengruppe erkannten *Silver Ager* – ihren Törn auf einem Kreuzfahrtschiff buchen lassen. Die maritime Reiselust lässt sich offenbar durch Unglücke nicht unterkriegen. Auf der *Seatrade*

Europe 2013, der europäischen Leitmesse für „den Urlaub auf dem Wasser", frohlockte der Messechef: „Die Vorzeichen könnten nicht besser sein" (zitiert nach Pfeiffer, 2013). Bis 2016 sollten allein 20 neue Traumschiffe für den europäischen Markt vom Stapel laufen und mit modernstem Event-Luxus – die Zeit der Bingo-Abende an Bord ist passé – ausgestattet sein. Die *Symphony of the Seas* ist das neueste Produkt der Royal Caribbean Cruises: 70 Meter hoch, 362 Meter lang und mit 9000 Menschen an Bord. Neben den üblichen Megashows offeriert es den Passagieren auch Wellenreiten, eine Eislaufbahn sowie eine Seilrutsche über neun Decks. Ein bordeigener Central Park ist mit 12 000 tropischen Pflanzen bestückt. Sieben Millionen europäische Urlauber waren allein 2017 per Kreuzfahrtschiff unterwegs. Dieser Boom ist derart signifikant, dass seine wesentlichen Ingredienzien – Luxus und ältere Menschen – bereits in die Verlagsprogramme der schnelllebigen und schnell reagierenden Unterhaltungsliteratur und in das TN-Programm Eingang gefunden haben. Als passend unbeschwerte Lektüre an Bord empfiehlt sich der Krimi *Null-Null-Siebzig: Agent an Bord*, in dem der siebzigjährige Protagonist, ein Agent im Ruhestand, auf einer Mittelmeerkreuzfahrt das rätselhafte Verschwinden eines Passagiers aufklären muss (Ferber, 2013).

Wovon wird dieser Boom genährt? Ist es die Realisierung eines lebenslang gehegten Traums, die Flucht (oder nur deren Illusion) aus den Verstimmungen eines ereignislosen Alltags, mithin des gefahren- und folgenlosen Ablegens aus der Realität? Eine Verlockung in die Weite nicht allein im räumlichen Sinne – ein Verlangen, das im Unabgegoltenen eines modernen Berufslebens stets zu kurz kommt. Ist es zudem die auch medial geschürte Sehnsucht nach der blauen Ferne, also eine zutiefst romantische Disposition, die mit der *Costa Concordia* – allen Schaulustigen ganz offensichtlich – Schlagseite erlitt?

„Das Bild des Touristen ist generell mit einer gewissen Hässlichkeit und Plumpheit verbunden", erkennt der italienische Kulturphilosoph Roberto Calasso in seinem Essay *Touristen und Terroristen* (Calasso, 2019, S. 76). Gute Touristen, schlechte Touristen? Ein gewöhnlicher Tourist will niemand sein. Über ein Reisebudget verfügen diese wie jene und „My dollar is as green as yours" lautet ein beliebtes Sprichwort in den USA. Das Naserümpfen „authentisch" Reisender über bestimmte Entwicklungen im Tourismus ist also völlig fehl am Platz und die Touristenschelte als eine untaugliche Reaktion auf diese spätestens seit 1815 bekannt, als mit dem Ende der Napoleonischen Kriege neben der nobilitierten Oberschicht erstmals größere Gruppen des Bürgertums sich auf den Reiseweg machten. Bereits Lord Byron (1788–1824), einer der großen Mittelmeerreisenden, formulierte 1817 in snobistisch-drastischer Diktion, Rom „sei verseucht von Engländern – eine Menge glotzender Tölpel" (zitiert nach Hennig, 1999, S. 15 f.). Wie unverändert elitär und herablassend, vorurteilsbehaftet zudem, klingt die neueste Klage des Schauspielers Ulrich Tukur über die Gefährdung seiner Wahlheimat Venedig: „Ich bin vor 14 Jahren nach Venedig gezogen, um dort Ruhe und Schönheit zu finden, und kann jetzt sehen, wie sich der Tourismus total verändert. Kreuzfahrtschiffe so groß wie Hochhäuser, mit Spielkasinos und Tausenden von Menschen an Bord, die vermutlich nicht einmal wissen, wo sie sind, pflügen durch den Giudecca-Kanal und zerstören die Fundamente der Stadt. Überall Gier und Größenwahn" (zitiert nach www.westline.de, Zugriff am 29. Dezember 2013). Der Dünkel des Angekommenen; statt von Verschmutzung spricht er von Gier und Größenwahn.

Die Entwicklung zum heutigen Massentourismus und all seinen verstörenden Begleiterscheinungen vermochten ähnliche Verunglimpfungen und weit krassere Distanzierungen in 200 Jahren nicht aufzuhalten. Genau wie den Wanderer nicht, der nichts benötigt als einen Fuß vor den anderen setzen zu können (Gros, 2010). Trotz seiner prinzipiellen Anspruchslosigkeit ist die Industrie darum bemüht, auf einem eigens kreierten Markt für Trecking-Touren Funktionsunterkleidung, Teleskopstöcke u. v. a. anzubieten. Auch der Run auf die Kreuzfahrt scheint trotz havarierter Luxusliner ungebrochen. Dieser ist auch verursacht durch die parallel gesunkenen Tarife – der Kabinenplatz, wenn er nicht gerade zur Seeseite hinausschaut, stellt heutzutage kostenmäßig keinen unrealistischen Aufwand mehr dar. Diese Entwicklung zum Preisschlager erzeugt einen immensen Druck auf die Kosten, der sich lediglich durch entsprechende Reduzierungen mildern lässt. Einsparprogramme sparen ein; es wäre naiv zu glauben, sie gingen ausgerechnet an der Sicherheit spar- und spurlos vorbei. Schon regt sich Gegenwehr, haben sich Aktionsgruppen wie TKKG in Kiel gebildet, die sich sowohl gegen ausbeuterische Arbeitsbedingungen auf den Schiffen wie gegen Naturzerstörung wenden. Hier sind keine Kinderdetektive am Werk, sondern eine Initiative, die als „TurboKlimaKampfGruppe" auftritt (Hanisch, 2019). Am Pfingstsonntag 2019 gelang den Klima-Aktivisten eine sechsstündige Blockade gegen das Auslaufen des Luxusliners *Zuiderdam* mit knapp 2000 Passagieren an Bord. Ihr Statement nach erfolgreicher Aktion: „Wir werden den Betrieb und erst recht einen weiteren Ausbau von Kreuzfahrten nicht tolerieren" (Luxusliner blieb im Hafen, 2019).

Vielen Menschen bieten Kreuzfahrten mit ihrem Komfort und ihrer überschaubaren Erlebnispalette genau das, was ihren Bedürfnissen entspricht. Aufgezeigt werden soll hier lediglich, dass sich dieses Format mittlerweile zu einem formidablen Geschäft mit etlichen Auswüchsen, umweltpolitischen Risiken und nicht unerheblichen Gefahrenmomenten entwickelt hat. Speziell der in diesem Buch betrachtete immaterielle Mehrwert des Reisens im Sinne eines Unterwegs zum Selbstsein könnte auf so einer Reise sprichwörtlich auf der Strecke bleiben. „Erfüllen Sie sich einen Traum!", wirbt die Beilage einer Tageszeitung für „Erlebnisse im ewigen Eis" – eine kühle Alliteration.

Der Kreuzfahrtboom scheint keine räumlichen Grenzen mehr zu kennen, hat längst Kurs genommen auf das vielleicht gar nicht mehr ewige Eis der Antarktis und buhlt um Kunden, die Zeit und Geld erübrigen können (und wollen) für eine Stippvisite bei „faulen See-Elefanten und kecken Pinguinen". Selbst die Wildnis gewinnt als Kontrastwelt an Attraktivität und wird zum *pull*-Faktor. Je unberührter die Natur, desto authentischer erscheinen die Erlebnisse, die sie verheißt. (Eine vertrackte Formel, die sich mit der Entdeckung immer neuer „Paradiese" und ihrem Aufstieg zum aktuellen Geheimtipp tendenziell selbst aufhebt. Wo es schön und unberührt ist, wollen viele hin. Wo viele angekommen sind, lässt die Attraktivität merklich nach.)

Unwirtlichkeit und Unberührtheit gehören zusammen. Jahrhundertelang wurde die unberührte Natur wegen ihrer lebensfeindlichen Bedingungen und ihres unkontrollierten Wachstums als gefährlich eingestuft. Regionen der Wildnis, die man besser erst gar nicht betrat. Denn obwohl der Mensch noch immer Teil der Natur war, war er auch aus ihr verstoßen. Der Begriff vom ewigen Eis enthielt ja auch eine Tabuisierung. „Doch dann wurde die Wildnis zu einer Region, die neugierig machte und zum Erforschen und Erkunden motivierte. In dieser unberührten Natur tauchte der Mensch auf, und zwar nicht nur der vom Erkenntnisdrang getriebene Forscher, sondern auch der Tourist" (Flade, 2012, S. 117 f.). Dieser von der Natur längst entwöhnte, ja ausgespiene Mensch – was er als Natur erkennt, ist bestenfalls Kulturlandschaft – verträgt die natürliche Unwirtlichkeit indessen nur in kleinen homöopathischen Dosen. Deswegen hat ein teurer Kreuzfahrttörn, auch wenn er in die Antarktis führt, mit einer Expedition nichts zu tun, sondern ist reine Vermarktung. „Von Wildnis sprechen heißt von Ganzheit sprechen. Die Menschheit entstammt aus dieser umfassenden Ganzheit, und das Nachdenken über die Wiederbelebung dieser Mitgliedschaft in der Vollversammlung aller Lebewesen ist keineswegs regressiv." (Snyder, 2014, S. 19) Die für immer verloren gegangene Harmonie mit der Natur soll im Reiseprospekt als sprachliche Seifenblase, als kommerzielles Abziehbild kurzfristig und vordergründig wiederhergestellt werden. Sämtliche Register eines verniedlichenden Sprachduktus und einer albernen Pseudopoesie werden zu diesem Zweck gezogen: Albatrosse werden präsentiert als „großartigste lebende Flugmaschine der Welt"; der erste von Bord gesichtete Eisberg als „Märchenschloss mit Türmchen, Erkern und Fenstern" geht in dieser Diktion um nichts weniger weg als eine „unirdische Schönheit" (Baron, 2013). Die Realität der Wildnis wird unmerklich ihrer Wildheit beraubt und in einem auffallend regressiv angelegten Diskurs schöngefärbt.

Spätestens mit diesem verwegenen Attribut entlarvt sich Sprache als fauler Zauber, denn, wie hoffentlich jeder nachvollziehen kann, ist jegliche Schönheit irdisch und liegt unmittelbar im Auge des Betrachters. Wie weise und gelassen klingen dagegen die Betrachtungen des auch als „Wildnisprophet" apostrophierten Naturschützers John Muir: „All the wild world is beautiful, and it matters but little where we go ... The spot where we chance to be always seems the best." Der 1838 in Dunbar geborene Schotte entwickelte sich in den USA zum Naturwissenschaftler, Entdecker, Schriftsteller, Erfinder und Geologen. Er starb 1914 in Los Angeles. U. a. geht die Gründung des Yosemite Nationalparks auf sein Wirken zurück. Er plädiert für den voraussetzungslosen Genuss der Natur und hält denen, die etwas Bestimmtes darin suchen, entgegen: „In every walk with nature one receives far more than he seeks." Sein Engagement „For wild land & wild places" führt heute der John Muir Trust (www.jmt.org) fort, dessen Faltblatt auch die beiden Zitate entnommen sind. Wie fadenscheinig indessen auch die Idee der Nationalparks geworden ist und mit ihr die Vorstellung, mit ihrer Schaffung würden sich Restzonen ursprünglicher Natur bewahren lassen, zeigt folgende Nachricht: Die österreichische Entwicklungshilfeorganisation Öko

Himal hat in einer Sammelaktion 56 000 leere Bierflaschen aus dem in über 4000 Meter Höhe gelegenen Mount-Everest-Nationalpark entsorgt (Schulz-Trieglaff, 2002). Sollte dieser jemals als Paradies gegolten haben, so sprechen spätestens die Bilder der langen Schlangen von Bergsteigern dagegen, die in den wenigen Monaten mit günstigen Wetterbedingungen den Gipfel zu erklimmen versuchen. Lange Wartezeiten in gesundheitsgefährdender Höhe verursachen in jeder Saison Todesfälle, elf bereits bis Ende Mai in der Saison 2019 (WN, 2019). Natur wird es immer und gegebenenfalls auch ohne den Menschen und sein Zutun geben. Für ihn bleibt ein Trost, den Vincent van Gogh einmal so formuliert hat: „Wenn man die Natur wahrhaft liebt, so findet man es überall schön."

Wie noch gezeigt werden wird, hat das Reisen mit einer erfahrungsorientierten Motivation zu tun: Man reist um der Erfahrung selbst willen. Die Reise an sich ist belohnend. Auch Beziehungen basieren auf dieser wenig zweckorientierten Motivation. Hier geht es ebenfalls um das Sich-Einlassen auf Erfahrungen und weniger um Destinationen. Vielleicht möchten moderne Kreuzfahrer sich möglichst wenig auf Neues einlassen, keine Unwägbarkeiten in Kauf nehmen, was immer mit diversen Risiken verbunden ist, da nicht alles kontrollierbar und vorhersehbar ist.

Reise deinen Traum! Mit diesem imperativ gestalteten und nicht ungeschickt gewählten Slogan bewarb ein großes Reiseunternehmen kürzlich die Sommersaison. Seit Menschengedenken wird gereist. Davon geben zahlreiche Berichte beredte Kunde, auch wenn der Begriff des Reisens, dessen etymologische Wurzeln mit der Bedeutung „aufgehen, sich erheben" ins Germanische reichen, lange nicht existierte. Am liebsten sind mir jene Reisenden, die nach glücklicher Heimkehr ihren Eindrücken und Erlebnissen irgendwann Schriftform verliehen haben und mich daran teilhaben lassen. Je weiter der interessierte Leser solch staunenswerter Aufzeichnungen indessen den Blick zeitlich zurückrichtet, desto eindrücklicher rücken Mühsal und Beschwernisse in ihren Vordergrund. Hitze und Hunger, Kälte und Kummer mit Behörden haben Reisende stets begleitet und ihr Vorankommen erschwert, Halsab- und Beutelschneider lauerten ihnen überall auf. Reisen war zu jener wie zu jeder Zeit eine beschwerliche – mitunter lebensgefährliche – Unternehmung und kann dies auch heute – allen Versicherungen (auch im vertraglichen Sinne) zum Trotz – noch sein. Bereits der griechische Geschichtsschreiber Herodot (480/90–424 v. Chr.) beklagt sich über Ägyptens Plagen, vor allem über eine besonders hartnäckige, kaum fassbare; Stechmücken nämlich, die ungemein zahlreich seien.

Ibn Battuta (1304–1377), einer der größten Reisenden der Geschichte, eine Berühmtheit bereits zu Lebzeiten, der 1325 seine Heimatstadt Tanger als Jüngling verließ und zu einer Pilgerreise nach Mekka aufbrach, die indessen 27 Jahre währen sollte und ihn mehr als 120 000 Kilometer weit über den Vorderen Orient und Indien bis nach China führen sollte, berichtet in seinen ungemein faszinierenden Aufzeichnungen, die trotzdem höchst sachlich, manchmal sogar betont nüchtern verfasst sind und deshalb glaubwürdig wirken, von zahlreichen Entbehrungen. Unter Krankheiten und Piraterie, Ausplünderung und Gefangenschaft leidet der später im Westen als „Marco Polo der Araber" apostrophierte Globetrotter nicht nur wie hier in Indien: „Sie ergriffen mich, raubten mir alles, was ich hatte, mit Ausnahme von Jacke, Hemd und Hose, schleppten mich in das Dickicht und brachten mich schließlich zu ihrem Lagerplatz, der sich bei einem Teich zwischen den Bäumen befand" (Battuta, 1974, S. 127). Wobei Marco Polo selbst kaum weiter als bis Konstantinopel gekommen sein soll, worauf im Kapitel *Ortsbestimmungen* eingegangen werden wird.

Zu ertragen ist solches Ungemach nur, wenn man stark motiviert unterwegs ist wie Ibn Battuta, nämlich von „einem fest entschlossenen Sinn und einem leidenschaftlichen Verlangen" getragen. „So beschloss ich denn, mich von meinen Lieben zu trennen – Männern wie Frauen – und verließ meine Heimat, wie der Vogel sein Nest verlässt" (Battuta, 1974, S. 9). Trotz ihres sachlich berichtenden Sprachduktus, der eine nie erlahmende Wissbegierde und die Brille des strenggläubigen Muslim verrät, schwingt in seinen Aufzeichnungen das profunde Erstaunen eines Reisenden angesichts der mannigfaltigen Wunder, die ihm begegnen, und unglaublicher Ereignisse, deren Zeuge er wird, mit. Fast alles ist ihm wichtig genug, um festgehalten zu werden, von der detaillierten Schilderung ausgesuchter Grausamkeiten bis hin zum klatschhaften Ergötzen an Belanglosigkeiten wird der Leser bestens, zu seinem Staunen also, bedient: „Den ersten chinesischen Hahn erblickte ich in der Stadt Kaulem. Da ich ihn für einen Strauß hielt und sehr darüber erstaunt war, erklärte mir sein Besitzer: ‚In China gibt es noch weit größere.' Als ich nun in diesem Land angekommen war, fand ich diese unglaubliche Behauptung bestätigt." (Battuta, 1974, S. 244). Sieben Jahre hielt sich Ibn Battuta allein am Hofe von Delhi auf. Vom Sultan als Richter für die Malediven eingesetzt, legte er sich dort einen Harem zu.

Der indische Subkontinent muss zu allen Zeiten neben fremdartigen Verlockungen den Reisenden mit seinen Schrecknissen konfrontiert haben: Der amerikanische Autor Mark Twain (1835–1910), als Welt- und Vortragsreisender im späten 19. Jahrhundert unterwegs, stöhnt und schwitzt bei seiner Bahnreise nach Benares unter dem alles durchdringenden, alles überlagernden Staub: „Er legte sich in einer dicken Schicht auf den Menschen und verwandelte ihn in einen Fakir, bei dem nur der Kuhdünger und die Heiligkeit fehlte" (Twain, 2011, S. 259).

Auch der französische Abenteurer, Perlentaucher und Schmuggler (von Waffen und Haschisch) Henry de Monfried (1879–1974) verließ 1911 sein Elternhaus, zog nach Abessinien, reiste und segelte jahrzehntelang in den Gewässern Arabiens und Ostafrikas. Seiner Motivation verleiht er in dem auch auf Deutsch erschienenen Roman *Die Geheimnisse des Roten Meeres* konzisen Ausdruck: „Wie soll ich mich zu einem Leben zwingen, das mir zum Zuchthaus wird? Warum nicht der Verlockung des blauen Horizonts erliegen, dahin fahren, wohin der Monsun mich treibt, den kleinen weißen Segeln folgen, die ich Tag für Tag im geheimnisvollen Roten Meer verschwinden sehe?" (Monfreid, 2013, S. 14).

Wie der Vogel sein Nest verlässt. Sämtliche Fährnisse missachtend, Entbehrungen nicht scheuend, zog es Menschen seit alters her in ungewisse und fernste Fernen. Und genau diese Ungewissheiten und Entbehrungen scheuen – verständlicherweise – moderne Kreuzfahrer. Bei weitem nicht immer schien den ursprünglich Reisenden und den Zurückbleibenden die glückliche Heimkehr als wahrscheinlich gegeben, weitaus eher als vage Hoffnung, so dass um eine sichere Rückkehr gebetet wurde, Opfer gebracht und Kerzen angezündet wurden. Die Zurückbleibenden lebten im Advent einer guten Heimkehr. Es müssen durchaus wirkmächtige Motive zur Geltung gelangen, wenn sich Menschen aus vertrauter Umgebung hinausbegeben an einen Zielort der fernen und ungewissen Verheißungen. Da mag es die wirtschaftliche Not gegeben haben und gewiss immer noch geben, wie wir tagtäglich den Nachrichten entnehmen können; da gab und gibt es das Entrinnen aus engen oder gar unfreien gesellschaftlichen Verhältnissen; da gab und gibt es die Gier nach Beute oder Eroberung, die Menschenmassen in Bewegung setzt. Ungefähre Aussichten auf Reichtum oder Ruhm oder einfach der stille Wunsch nach einem bescheidenen Auskommen, einem kleinen Lebensglück abseits von Krieg und Verfolgung, stacheln sie an und lassen sie (auch heute noch und gerade heutzutage) in Nussschalen Weltmeere überqueren.

Herzzerreißende Tragödien spielen sich vor unseren Augen zu der Zeit, in der wir dieses Buch schreiben, im Mittelmeer ab. Die Versuche, an Bord mediokrer Jollen die europäischen

Küstenstriche zu erreichen, bezahlen verzweifelte Menschen aus Afrika sehr oft mit ihrem Leben. Und selbst wenn einige der Flüchtlinge es glücklich bis zur Insel Lampedusa geschafft haben, befinden sie sich noch vor den Zinnen der Festung Europa. Zumeist bleiben die Opfer, ertrunken oder verdurstet, namenlos, Teil einer traurig stimmenden Verlustmenge, die in den Medien lediglich als abstrakte Zahl kursiert. Und welch ein Kontrast auf diesem doch überschaubaren, dabei alles andere als ungefährlichen, geschichtsträchtigen *Mare Nostrum*, um das die Römer ihr Weltreich errichteten: Dicht bei dicht kreuzen hier heute die schwimmenden Paläste der weißen Flotte neben den schlingernden, mit verzweifelten Flüchtlingen überfüllten, verrotteten Booten. Die einen nehmen keinen Anteil am Schicksal der anderen, schotten sich eifrig ab. Die (mediale) Welt überschlägt sich bei der Havarie eines Riesen, schaut pikiert zur Seite beim schrecklichen Absaufen der Flüchtlingsboote. Für einmal nahmen die Medien für kurze Zeit Anteil am Schicksal einer jungen Frau, einer farbigen Sportlerin. Die somalische Leichtathletin Samia Yusuf Omar starb im August 2012 kurz vor der Eröffnung der Olympischen Spiele von London, in einem Fischerboot, das zwischen Libyen und Italien im Mittelmeer versank. Das Ende einer hoffnungsvoll begonnenen Reise, für sie auch eine Art von Traumreise. Auf eigene Faust wollte die schmächtige Athletin, deren sportlicher Mut vier Jahre zuvor in Peking bejubelt worden war, als die damals erst 17-Jährige mit einigem Abstand Letzte über 200 Meter geworden war, noch einmal an dem Großereignis Olympia teilnehmen. Viele Chancen hat diese Frau in ihrem kurzen Leben nicht bekommen. Als sie im Mai 1991 geboren wurde, hatte der Bürgerkrieg, der ihre Heimat verwüstete, schon begonnen. An ein systematisches Training war niemals zu denken. Das einzige Stadion mit Laufbahn in Mogadischu war jahrelang von islamistischen Milizen besetzt. Auf Unterstützung im Rahmen einer Sportförderung zu hoffen, blieb unter solchen Umständen und ohne funktionierende Regierung aussichtslos. Samir Yusuf Omar, hoch motiviert, glaubte indessen an ihren sportlichen Traum und wollte ihn in Europa verwirklichen. Das reiche Europa mochte ihr nicht einmal eine sichere Anreise bezahlen. Vielleicht wird die Erinnerung an sie länger währen als die medial inszenierte Bestürzung. Vielleicht wird ihr Name zumindest in Mogadischu nicht vergessen werden, vielleicht sogar dereinst einen neuen Klang bekommen und die Sportler und Sportlerinnen in ihrer von Krieg und Terror gebeutelten Heimat beflügeln. Anlass zur Hoffnung besteht, offenbar lässt sich ihr dramatisches Schicksal literarisch vermarkten: Schon hat ein italienischer Autor, Guiseppe Catozzella, ihr Schicksal als Romanbiografie gestaltet. Das Werk erschien im August 2014 auch in deutscher Übersetzung unter dem Titel *Sag nicht, dass du Angst hast: Eine wahre Geschichte* (Catozzella, 2014). Es scheint auf keine große Resonanz gestoßen zu sein. Anlass zur Hoffnung besteht vielmehr, weil es das großartige Buch des Zeichners Reinhard Kleist gibt, der die tragische Wucht dieser Geschichte überzeugend als Comic darstellt. „Reinhard Kleist ist ein Menschenfreund. Er stellt seine künstlerische Sensibilität und sein enormes Können in den Dienst seiner Figuren. Er rettet Samias Geschichte, ihren Namen und ihr Gesicht vor dem Vergessen", schreibt Elias Bierdel in seinem Nachwort (Kleist, 2015). Insofern steht Samias schreckliches Ende für unzählige Flüchtlingsschicksale. Ein wichtiges Buch, gerade in unseren Tagen, da Seenotretter und Helfer von gewissenlosen Politikern angeprangert und von ihren schamlosen Helfershelfern in der Justiz kriminalisiert werden.

Der Staub in gewissen Breitengraden ist von einer unangenehmen und zumeist ungewohnten Impertinenz. Ihm zu entkommen erlaubte ehemals nur die Schiffsreise, die wiederum auch ihre spezifischen Entbehrungen bereithielt, und neuerdings die Erfindung der Flugreise. Die Staubwolken erschienen dem Reisenden lange als der Straße zeitloses Gewand, in zahlreichen Songs besungen und durchaus metaphorisch überhöht. Der Fortschritt im Straßenbau ist eine Schnecke, die – auch im engen Wortsinn – an Grenzen gestoßen zu sein scheint. In unserem automobil geprägten Zeitalter, das in seiner Endphase Endlosstaus, Umweltzonen und Feinstaubmessungen in smoggepeinigten Städten hervorgebracht hat, schrecken zudem Dauerbaustellen und Rollsplitttrassen den Individualreisenden; der schlechte Service überfüllter Restaurants und die mangelnde Wasserqualität verschmutzter Strände verärgern den pauschal Erholung Suchenden. Für solche Casus wurden Reiserücktritts- und Reiseabbruchversicherung sowie der Regress erfunden. Seitdem das Reisen zur vertraglich geregelten Veranstaltung und zum weltweit betriebenen Business geworden ist, gilt manche Bagatelle wie eine unangemessene Entfernung zum Strand, eine versiegte Warmwasserleitung oder ein zu spät serviertes Nachtmahl als dramatisch anmutender Schadensfall, für den geldwerte Entschädigung eingefordert werden kann. Nächtlicher Lärm und vernachlässigte Hotelzimmer sind häufiger Anlass zur Klage gegen Reiseveranstalter. Das Reiserecht hat sich zur zuverlässigen Einnahmequelle von Rechtsanwälten entwickelt und scheint mit seiner allumfassenden Regelungswut auch den geringsten Unwägbarkeiten einer Reise Abhilfe zu schaffen oder Entschädigung zu verschaffen. Normen werden beschworen und allenthalben neu geschaffen. So verfügte das Landgericht Hamburg in einem Urteil eine Mindestmatratzenlänge von 1,90 Meter. Es gestand damit einem Urlauber, der laut Personalausweis eine Körpergröße von 1,83 Meter aufwies und angegeben hatte, während einer Reise nach Frankreich im Hotel lediglich in Embryohaltung geschlafen haben zu können, eine Entschädigung von 25 Prozent des Reisepreises zu (nd ratgeber, 30. 01. 2013). Da empfiehlt es sich jedenfalls künftig, Maßband oder Zollstock zum Gepäck zu stecken. Zu welch skurrilen Einlassungen die Klagewut deutscher Urlauber führen kann, zeigt der Fall einer

Familie, die vom Reiseveranstalter einen Teil der Kosten für einen Türkeiurlaub mit Kindern zurückforderte. Die Betreuer des dortigen „Miniclubs" sprachen außer der Landessprache nur Russisch. Das Landesgericht Frankfurt/M. wies die Klage zurück mit der Begründung, es sei generell abwegig, in einem internationalen Hotel von Deutsch als Umgangssprache auszugehen. Anders wäre der Fall zu beurteilen gewesen, wenn im Reiseprospekt Deutsch als „Clubsprache" angegeben gewesen wäre.

Fremdsprachenkenntnisse können auf Reisen also keinesfalls schaden, aber auch die Fähigkeit, den Hintersinn blumiger Wendungen zu erfassen, ist hilfreich (nd ratgeber, 20. 10. 2014). Ist Strandnähe wirklich nahe am Strand? Die Hochglanz-Anmache der Urlaubsprospekte bedarf der Übersetzungshilfe: „Leider müssen Urlauber bei einem in Strandnähe angepriesenen Hotel damit rechnen, die Strandutensilien erst einmal ein oder zwei Kilometer zu schleppen", warnt eine Juristin der D. A. S. Rechtsschutzversicherung (nd ratgeber, 08. 05. 2013). Und das schöne Attribut „naturbelassener Strand" deute in der Regel darauf hin, dass kein Reinigungspersonal den hinterlassenen Unrat wegräume, dass schlimmstenfalls gar Abwasserkanäle ihre eklige Brühe anschwemmten. Reisen bleibt also gefährlich, aber etwaige Krankheiten und Ansteckungsgefahren werden kaum zu den Abenteuern gerechnet. Dagegen schützt die Reiseapotheke, die – rechtzeitig zu Saisonbeginn in zahlreichen Medien vorgestellt und empfohlen – in ihrem Umfang stetig zulegt und mittlerweile ein Sortiment bereithalten soll, das allen Eventualitäten ein wirksames Mittel bereithält. Von Antihistaminika (zum Hemmen allergischer Reaktionen) bis zur Zeckenzange reicht das ABC der Abhilfe allein in der Grundausstattung. Daneben werden etwa Insektenschutzmittel, Lippenbalsam für den Aktiv- und Sporturlaub sowie Einweghandschuhe und Augentropfen für die Abenteuer- und Fernreisen empfohlen. Natürlich verstehen sich solche Artikel – hier mit Bezug auf ein Traktat aus der *Apotheken Umschau* (Steinmüller, 2013) – nicht nur als Ratgeber, sondern bilden auch die Interessen der pharmazeutischen Industrie ab. Mit einer nach diesen Maßgaben sortierten Reiseapotheke ist der privilegierte Reisende in vielen Ländern weit über dem Standard der Einheimischen pharmazeutisch versorgt. Die Krankheit, jahrhundertelang eine der schlimmen möglichen Begleiterscheinungen des Reisens, hat mit entsprechenden Versicherungspolicen und darin garantierten Rückholaktionen per Flugzeug im Schadensfall fast vollends ihren Schrecken verloren. Zahlreiche Reise-Apps sorgen inzwischen für ein höheres Sicherheitsgefühl unterwegs. Eine Global-Monitoring-App etwa schickt Push-Nachrichten über politische Unruhen, Terrorismus, Streiks, Hurrikans, Tsunamis, Erdbeben, Epidemien und Kriminalität am aktuellen Standort (Die besten Reise-Apps für ein höheres Sicherheitsgefühl im Urlaub, 2018). Das Abenteuer oder vielmehr das, was von ihm übriggeblieben ist, wird, falls erwünscht, lediglich als spezielles Extra nach Katalog oder von vornherein als Extremreise mit exakt festgelegten Leistungen gebucht. „Das Abenteuer ist die gesuchte, mit Lust aufgeladene und symbolisch überhöhte Gefahr, das, was das Überschreiten der äußeren Grenze mit den inneren Grenzen verbindet, in Affekt und Effekt" (Seeßlen, 2019, S. 44). Und selbst das Verstörende, das der Anblick unterentwickelter Lebensbedingungen des Elends, einmal auslöste, kann unter den Labels Abenteuer und Authentizität in den Erwartungshorizont integriert werden.

Schließlich ist Armut längst zu einer touristischen Attraktion, sind Armutsviertel zur begehrten Destination geworden. So untersuchte eine Projektgruppe der Universität Osnabrück im Frühjahr 2013 den angesagten Tourismus in Katutura, ein Stadtteil von Windhoek und größter Township Namibias. In einer Pressemitteilung der Universität (www.geographie.uni-osnabrueck.de, Zugriff am 12. Februar 2013, Website nicht mehr erreichbar) heißt es dazu: „Seit Anfang der 1990er Jahre hat sich in den Großstädten der Entwicklungs- und Schwellenländer, auch ‚globaler Süden' genannt, eine neue Tourismusform etabliert, bei der geführte Touren durch Armutsviertel im Mittelpunkt stehen. Die Anbieter werben mit unverfälschten Einblicken in fremde Alltagswelten und scheinen damit ein touristisches Bedürfnis nach Alltagsdistanz und einen Hauch von Abenteuer zu bedienen. Welchem Bedürfnis kommen diese Reisen entgegen, welches Motiv bedienen sie? Angesichts der globalen Verbreitung des Phänomens und der seit Jahren steigenden Touristenzahlen gilt die organisierte Besichtigung von Armut nicht mehr als touristische Nische, sondern avanciert zunehmend zum Mainstream. ‚Mittlerweile besuchen allein in Kapstadt jedes Jahr etwa 400 000 internationale Touristen die Townships der Metropole, weltweit hat die Zahl mittlerweile die Millionengrenze überschritten', erklärt Dr. Malte Steinbrink, der seit mehreren Jahren international zu diesem Thema forscht. Ausgehend von den Metropolen Südafrikas hat sich das sogenannte Slumming inzwischen als Wachstumsmarkt und feste Größe im Städtetourismus des globalen Südens etabliert." Im Fokus des Projekts, das zum Glück in enger Kooperation mit namibischen Partnern durchgeführt wird, stehen wichtige Fragen: Auf welche Vorstellungen von Slums und Armut greift dieser Tourismus zurück? Welche Images werden durch diese Touren verbreitet? Und welche Folgen hat diese Form des Tourismus für die Bereisten, die Bewohner vor Ort? (Fast wäre man mit einem Anflug von Sarkasmus versucht zu sagen: die Eingeborenen.)

Weitere interessante Fragestellungen ließen sich daran anschließend formulieren: Welche rassistischen Einstellungen spielen dabei (unbewusst) eine Rolle? Denn ein solcher Armutstourismus, so unsere These, mag in Afrika funktionieren, er wäre in Bezug auf europäische „Slums", die – je näher sie uns geografisch rücken, desto wahrscheinlicher – unter dem

Euphemismus „soziale Brennpunkte" gehandelt werden, nur schwer zu vermarkten. Kaum ein Neapel-Besucher etwa käme wohl auf die Idee, als Tagestour einen Abstecher in die wenig vorzeigbaren Stadtteile Secondigliano oder Scampia zu buchen. Die Folklorisierung der Armut, d. h., eine Bestrebung, in der Armut mehr zu sehen als ihre Nacktheit, nämlich einen wie auch immer gearteten Sinn, grassiert. Vor Ansteckung sind auch reflektiert schreibende Autoren nicht gefeit. Wie anders könnte man die folgende Aussage Ilja Trojanows über Kamwokya, einem Elendsquartier in Kampala, deuten, die sich in einem seiner Bücher finden lässt: „Das Auffälligste am Slum ist die Vielfalt. Ich erwarte Eintönigkeit, grau in grau, und treffe auf Vielfalt" (Trojanow, 2011, S. 145). Dies ist der Blick durch die Ästhetisierungsbrille, der Sinneshunger eines wohl(an)standssatten und anreizüberschütteten Europäers. Will oder sucht der Reisende denn persönlichen Kontakt zu den Menschen im Slum? Oder geht es ihm lediglich um ein durch staunendes Geraune verbrämtes *sensation seeking*? Trojanows pittoreske Prosa liest sich bereits fast wie der Aufmacher im Werbeflyer für eine *guided tour*. Nicht nur wegen solcher Tendenzen darf man auf die Ergebnisse des Osnabrücker Forschungsprojekts gespannt sein.[1]

Falls mit dem arrangierten Abenteuer und der vertraglich bestätigten Zusatzleistung etwas schiefläuft, bleibt die Bewertung in Internetforen ein bequemes und nützliches Ventil, um aufgestauten Ärger abzulassen. Derlei Pseudotransparenz wird dem Geschäft an sich kaum schaden. „Tourismus kennt keine Krise", so lautete die Schlagzeile in der Beilage einer Tageszeitung zur Internationalen Tourismusbörse (ITB) 2013 in Berlin. „Wurden 1950 noch 25 Millionen internationale Reiseankünfte gezählt, kletterte die Zahl 2012 nach Angaben der UN-Welt-

---

[1] Inzwischen liegen die Ergebnisse der Projektgruppe in Form einer gut recherchierten, informativen Studie vor (Steinbrink et al., 2015).

tourismusorganisation erstmals über eine Milliarde" (Stenger, 2013). Inzwischen wurden die Deutschen als Reiseweltmeister entthront und von, wie könnte es anders kommen, den nachrückenden Chinesen abgelöst. Diese haben sich nach Angaben der UNO ebenfalls als Ausgabenweltmeister durchgesetzt. Gaben in 2012 die Deutschen und US-Amerikaner jeweils 84 Mrd. USD für und auf Reisen aus, so kletterten die Ausgaben der reisenden Chinesen erstmals auf 100 Mrd. USD. Die Branche verzeichnet erkleckliche Zuwachsraten, selbst wenn Naturereignisse wie eine Vulkaneruption oder von Menschen verursachte Katastrophen wie Terroranschläge, von ausgelaufenem Rohöl verklebte Strände oder gar der Ausbruch eines Krieges das Geschäft partiell und vorübergehend beeinträchtigen mögen, vormalige Paradiese über Nacht zu *no go areas* mutieren lassen. Nach Informationen des Bundesministeriums für Wirtschaft und Energie haben insgesamt 1,4 Mrd. Menschen im Jahr 2018 eine nicht geschäftlich bedingte Reise ins Ausland gemacht (www.bmwi.de, Zugriff am 30. Mai 2019). Die Gesamteinnahmen des internationalen Tourismus erreichten 2018 eine Summe von 1,7 Trillionen USD oder fast 5 Billionen Dollar durchschnittlich pro Tag (nach: UNWTO, www.unwto.org/statistics: *World Tourism Barometer and Statistical Annes*, Mai 2019). Die Tourismusindustrie wächst und wächst, aber eben nicht überall, und ganze Länder wie Griechenland, Syrien oder Türkei finden sich über Nacht auf der Verliererseite wieder. Denn der großen Mehrheit der Pauschaltouristen ist es vermutlich ziemlich egal, ob ihr Strand in Griechenland, Spanien oder der Türkei liegt, was einiges aussagt über das Verhältnis von Reisenden – oder besser Touristen, denn Reisende in unserem Sinne sind keine Touristen – und Bereisten. Deren Beziehung, der wir uns in Kapitel III eingehender widmen werden, scheint neuerdings im Wandel begriffen zu sein. Alternative Konzepte wie das der *Nachhaltigen Reise* kümmern sich um die Folgen eines selbstreferentiellen

Rein-Raus-Tourismus, der sich im Wesentlichen um die ökonomische Dimension kümmert. Eine Reise als Konsumobjekt, darauf scheint die Vermarktung hinauszulaufen, führt gerade nicht zum Selbstsein, sondern korrumpiert dieses. Stattdessen sollten Reiseanbieter vor allem Servicedienstleister sein, die sich wie jeder gute Service an den Bedürfnissen der Kunden orientieren und diese nicht nur scheinbar ernst nehmen und eine Pseudo-Erfahrung vermarkten.

Ein der Nachhaltigkeit verpflichtetes Konzept nimmt neben der ökologischen und der sozialen weitere Dimensionen ins Visier und problematisiert z. B. die Rolle, die Einheimische im Tourismuszirkus spielen (müssen), im Hinblick auf das eigene Procedere. Hilfreich wäre dieser Diskussion eine Rückbesinnung auf sowie eine Differenzierung nach den Kategorien von Haben oder Sein (s. a. Fromm, 1988), das Umschalten aus dem Funktionsmodus des Habens in eine Sicht des Seins. In Fromms Darstellung steht die Existenzweise des Habens für die Übel der Zivilisation, die sich seit Erscheinen des Buchs *Haben oder Sein* (deutsche Ausgabe 1976) noch verschärft haben dürften, die des Seins aber für die prinzipielle Option eines erfüllten, nicht entfremdeten Lebens. Den Konsumzwang betrachtet er als eine Form der Einverleibung, die die Existenzweise des Habens entscheidend mit konstituiert. „Hinzuzufügen wäre höchstens, daß, was die Freizeit betrifft, Autos, Fernsehen, Reisen und Sex die Hauptobjekte des heutigen Konsumzwangs sind" (Fromm, 1988, S. 37). Die Reise als zu konsumierendes Produkt entspricht also einer Einstellung des Habens. Der Geist des Seins allein ermöglicht dem Reisenden unterwegs die Begegnung: mit dem anderen – der auch im Slum leben kann, denn in der Begegnung ist Herkunft keine bedeutsame Kategorie – und mit sich selbst. Diese Dimension des Reisens kann weder nach Katalog gebucht noch eingeklagt werden. Denn das „Haben bezieht sich auf *Dinge*, und Dinge sind konkret und *beschreibbar*. Sein bezieht sich auf *Erlebnisse*, und diese sind im Prinzip nicht beschreibbar" (Fromm, 1988, S. 88).

Eine überzeugende Darstellung der Funktionsweise des Seins beim Wandern liefert der französische Philosoph Frédéric Gros. Unter der Überschrift „Freiheiten" spricht er von der Zwangsläufigkeit des Verzichts und dem Wunder, das darin besteht, trotzdem glücklich zu sein, dass nämlich „die Tatsache, keine unendliche Auswahl beim Essen und Trinken zu haben, den Wechselfällen des Wetters ausgeliefert zu sein, sich nur auf den Rhythmus der eigenen Schritte verlassen zu können, auf einmal die Überfülle des Angebots (an Waren, an Verkehrsmitteln, an Vernetzung), die unendliche Auswahl an Möglichkeiten (zu kommunizieren, einzukaufen, sich zu bewegen) als eine Fülle von Abhängigkeiten erkennbar werden lässt" (Gros, 2010, S. 10). Freiheit wäre somit ein Stück Brot, ein Schluck frisches Wasser, der Blick auf eine weite Landschaft. Ähnliches verheißt der amerikanische Dichter und Anthropologe Gary Snyder für die kulturelle Praxis des Gehens: „Das Gehen ist das große Abenteuer, die erste Meditation, eine Übung der Herzlichkeit und der Seele – die ursprüngliche Erfahrung des Menschen. Das Gehen ist die ausgewogene Balance von Geist und Demut. Beim Gehen bemerkt man, wo Nahrung ist" (Snyder, 2014, S. 28). Und bei sehr langen Wanderungen erhielten wir eine Ahnung von der vollkommenen Freiheit des Verzichts. Dass ein Reiseerlebnis auf der Grundlage knapper finanzieller Ressourcen genauso befriedigend oder gar erfüllender sein kann als eine Luxusreise, zeigt unser Psychologiekapitel auf. Denn die in einer konkreten Situation gegebenen Freiheitsgrade erschließen sich erst in der persönlichen Selbststeuerung und Selbstregulation.

Schlechte Nachrichten und die damit verbreiteten Bilder der beschädigten Paradiese haben im äußersten Fall etwas Verstörendes, da sie das Selbstverständliche (als Zustand des Nichtdenkens) einer Lebenswelt infrage stellen und Nachdenklichkeit begünstigen. Nicht zu denken, sei durchaus normal, erklärt uns der Philosoph Hans Blumenberg. Denn „wir denken nicht, weil wir erstaunen, hoffen oder fürchten; wir denken, weil wir dabei gestört werden, nicht zu denken" (Blumenberg, 2010, S. 61) Das Zeitalter der Abenteurer und Vagabunden scheint unwiderruflich dahin zu sein. Die globalisierte Welt unserer Tage ist vor allem eine Sphäre des vagabundierenden Kapitals. Pünktlich zum Start der Jahresendrallye 2011 wartete das *Handelsblatt* (Titelseite vom 08./10. Dezember 2011) mit dem mehr als plumpen Aufmacher „Reisen bildet. Zum Beispiel Kapital" auf und stellte über 13 Seiten „chancenreiche" Anlagemöglichkeiten in „Schwellenländern" heraus. Auch solche „Reisen" indessen können in kostspieligem Rechtsstreit enden.

Selbst in jenen Jahrhunderten, als für die Kalamitäten einer Reise noch nicht vertraglich vorgesorgt werden konnte, es weder eine Reisegepäck- noch eine Reiserücktrittsversicherung gab, haben Strapazen und Gefahren aller Art die Menschen in keiner Weise von ihrem Aufbruch in ein aus unterschiedlichen Gründen gelobtes Land abgehalten, ist die Strahlkraft des fremden Neuen zu keiner Zeit erloschen, hat sich das Staunen-über auch als Sichtvermerk bewährt, womit uns Goethe in den Aufzeichnungen seiner *Italienischen Reise*, die wir an anderer Stelle eingehender würdigen werden, so wunderbar beschenkt. Am 2. Juni 1787 besucht er in Neapel ein letztes Mal die Herzogin von Giovane. Sie öffnet das Fenster „... und ich erblickte, was man in seinem Leben nur einmal sieht. Tat sie es absichtlich, mich zu überraschen, so erreichte sie ihren Zweck vollkommen. Wir standen an einem Fenster des oberen Geschosses, der Vesuv gerade vor uns; die herabfließende Lava, deren Flamme bei längst niedergegangener Sonne schon deutlich glühte und ihren begleitenden Rauch schon zu vergolden anfing; der Berg gewaltsam tobend, über ihm eine ungeheure feststehende Dampfwolke, ihre verschiedenen Massen bei jedem Auswurf blitzartig gesondert und körperhaft erleuchtet. Von da herab bis gegen das Meer ein Streif von Gluten und glühenden Dünsten, übrigens Meer und Erde, Fels und Wachstum deutlich in der Abenddämmerung, klar, friedlich, in einer zauberhaften Ruhe. Dies alles mit einem Blick zu übersehen und den hinter dem Bergrücken hervortretenden Vollmond als die Erfüllung des wunderbarsten Bildes zu schauen, mußte wohl Erstaunen erregen" (Goethe, 1998, S. 345 f.). In dieser Betrachtung vereinigen sich scharfe Auffassung, feine Empfindsamkeit und hohe Sprachkunst zu einem beglückenden Bild.

In unzähligen Reiseberichten wird Staunen über das Geschaute in Worte gefasst. Dabei ist Staunen nicht gleich Staunen. Finden wir bei Goethe ein nüchternes, maßnehmendes Staunen, so liegt am anderen Ende der Skala ein überwältigendes Staunen, das bisweilen den Atem verschlägt. Dieser erstaunlichen Stimmung spürt der Autor Lukas Hartmann in einem Roman über eine Schiffsreise des Malers John Webber mit Kapitän James Cook trefflich nach, wenn er den Protagonisten in seinen Gefühlen schwelgen lässt: „Was ihm aber beinahe den Atem verschlug, war die Landschaft, die sich vor ihm ausbreitete. Sie war rauh und wild wie die Alpentäler der Schweiz, weiträumiger jedoch, und das graugrüne Meer bildete einen ungewohnten Kontrast zu den dunklen Tannen und Kiefern, den Felsabstürzen und den Felsblöcken, die kreuz und quer übereinanderlagen" (Hartmann, 2009, S. 263 f.). Zum Reisen im Geiste des Seins gehört auch die Offenheit als eine Voraussetzung für das Staunen. Ist diese nicht gegeben oder nicht mehr erhalten, tritt an ihre Stelle womöglich Kleinkariertheit, die sich – zum Verdruss gewendet – als Nörgelei über alles ergießt, was entgegenkommt.

Aber wahrscheinlich war das Fremde früher fremder und in seiner eigenartigen Fremdheit präsenter. Die Auslöschung der Fremde oder ihr *fade out* kommt indessen wohl erst in unserer globalisierten Gegenwart gehörig voran, einer Gesellschaft, in der die Fremden einem Integrationsprozess unterworfen werden und zu Bekannten mutieren sollen, das Befremdliche keine Wahrnehmungsoption mehr zu sein scheint, vielmehr als lediglich Fremdartiges dem eigenen Bezugsrahmen eingepasst wird. Der Prozess einer substanziellen Umdeutung des Weltfremden, der ohne das Internet nicht denkbar gewesen wäre, ist weit vorangekommen: „Wo die Weltkarte unserer Reisen noch weiße Flecken aufwies, werden diese durch Google Earth beseitigt", notiert der Schriftsteller Martin R. Dean (Dean, 2012). Fotos sämtlicher Destinationen seien allenthalben gepostet und in einer quasi tautologischen Tour fände man genau das vor, „was die Reiseprospekte als Bild in unseren Köpfen bereits verankerten." *Satisfaction guaranteed*. Den Verlust des Geheimnisses beobachtet auch Andrzej Stasiuk in seinen Essays und beklagt: „Wir können auf jede Frage eine befriedigende Antwort bekommen. Die Zahl der Antworten übersteigt sogar die Zahl der Fragen, die Befriedigung ist uns also sicher" (Stasiuk, 2004, S. 150). Gefunden wird das, was gesucht wird; gesucht das, was bereits vorgefunden wurde. Möglicherweise konstituiert nicht länger ein Staunen-über als jahrhundertelanges Grundgefühl eines Aufbruchs ein solches Reiseerlebnis, sondern die bloße Bestätigung des Dort- oder Dabeigewesen-Seins, belegt durch wenig überraschende Schnappschüsse, ein kenntlich machendes Souvenir – etwa ein TShirt oder einen Kaffeebecher mit Motiv – oder den Sichtvermerk im Reiseausweis. „Been there, seen it, done it, bought the Tshirt", akzentuiert ein britisches Sprichwort diese Reisetätigkeit lakonisch als Abhaken von Destinationen: die *must goes* der Hypediskurse als Zielmarken eines postmodernen Herumirrens. Der Philosoph Jürgen Goldstein stellt genau dieses Abklappern vorgefertigter Ortsbilder in seiner *Erfahrungsgeschichte der Natur* als ungeheuren Verlust menschlicher Erfahrungshorizonte heraus (Goldstein, 2013). Alles würde bereits als Abbild gesehen, bevor es angeschaut wird. Jede Reise werde mit der Erwartung angetreten, eine Erfahrung der besprochenen Art machen zu können. So sei nichts mehr neuwertig und erstaunlich, sondern voran Zubereitetes werde nur noch nachvollzogen, der einst naiv staunende Blick des Betrachters werde lediglich illustrativ. Das Verschwinden des Flaneurs beklagt Calasso: „Durch die Straßen einer unbekannten Stadt zu gehen, sich dem Zufall zu überlassen, das anzusteuern, was am meisten fesselt. Inzwischen sind das obsolete Gewohnheiten, denen nur wenige anhängen" (Calasso, 2019, S. 78). Heute bedeutet zu verreisen, ein oder mehrere Ziele zu haben. Die gegenseitige Bestätigung des Vorgefundenen als Ritual suggeriert ein Welt-Einverständnis, das ausgesprochen trügerisch ist und an der Oberfläche des Bekannten bleibt, welches wir bekanntlich – nach einem Wort des Philosophen Georg Wilhelm Friedrich Hegel –, gerade weil es uns als bekannt vorkommt, alles andere als kennen. Genauso kann eine durchgeplante und in solcher Weise abgewickelte Reise nicht die subjektive Erfahrung ersetzen; es bleibt die Möglichkeit des individuellen Erlebens, je nachdem, wie wir eine Reise angehen. Umgekehrt seien uns, um auf Martin R. Dean zu rekurrieren, das Naheliegende und die Personen unserer unmittelbaren Umgebung fremd geworden. „Der unbekannte Nachbar ist uns mittlerweile unheimlicher als der zufällige Chat-Partner in Feuerland" (Dean, 2012). Selbst alltägliche und handhabbare Dinge wie Handys, Computer, Kleider würden sich heute so schnell wandeln oder abgelöst werden, dass man mit ihnen nicht mehr vertraut, geschweige denn mit ihnen alt werden könne. Eine Entwicklung zum unvertrauten Leben hat sich vollzogen, die vielleicht einen adäquaten Ausdruck findet in der beachtlichen Zunahme solcher Buchproduktionen, die intelligent und erfolgreich Wanderungen in die unmittelbare Umgebung sowie Erkundungen der Heimatstadt anpreisen; als ein durchaus gehaltvolles Beispiel sei etwa die Publikation des Frankfurter Autors Wilhelm Genazino *Tarzan am Main. Spaziergänge in der Mitte Deutschlands* (Genazino, 2013) erwähnt. Der Titel insinuiert dem Leser die Metapher „Großstadtdschungel" und verspricht Erkundungen eines Frankfurts, das – laut Verlagsankündigung – exotischer wirkt als die Ferne, die fast jeder zu kennen glaubt.

Dennoch bleibt mit der Sehnsucht etwas Geheimnisvolles als Triebfeder des postmodernen Reisebetriebs virulent. Der jährlichen Urlaubsreise wird nach wie vor entgegengefiebert und gespart, sie wird in erinnernder Rückschau zum Höhepunkt (v)erklärt. „Noch die konventionellsten Ferienformen bringen Wirklichkeitsverschiebungen und Spannungselemente mit sich; auch sie schaffen ‚andere Realität'" (Hennig, 1999, S. 12), diesen enorm attraktiven Sehnsuchtsstoff. Auch hier lohnt der Blick auf die Etymologie. Urlaub bedeutet eigentlich „die Erlaubnis wegzugehen". Wer seinen Urlaub nimmt, „geht weg von seinem Arbeitsplatz, lässt seinen Alltag hinter sich, bricht auf zu Fremden, zum Unbekannten, aber Urlaub muss nicht mit einer Reise verbunden sein. So hat jeder Mensch, wenn er im Urlaub verreist, mit Recht das Gefühl, etwas hinter seinem Rücken zu lassen, etwas zurückzulassen" (Bleistein, 1982). Die Reise als Ankunft an einem realen Ort, der gleichzeitig die Realität, wie man sie bis zum Überdruss erfährt, hinter sich lässt und aufsprengt, um einer erweiterten Präsenz von Leben, einem gesteigerten Lebensgefühl, Raum zu geben. Die Reise an sich bleibt nur so lange reizvoll, als nicht etwas Bestimmtes, sondern Unbestimmtes, in letzter Konsequenz nicht Definierbares gesucht wird. Mit Ausnahme des Wetters; das muss stimmen, denn der Reisende war zu allen Zeiten, physisch und psychisch, vom Wetter abhängig. Paradoxerweise, nämlich trotz oder gerade wegen seiner sprichwörtlichen Kapriolen, ist das Bestimmteste an der Reise, und zwar in jeder Hinsicht, die Erwartung des Wetters. Jede noch so pauschal geplante Reise, erhält durch die Sehnsucht nach dem Anderswo einen Glanz. Die Sehnsucht nach einem Ort, der nicht gestaltet werden muss, der einem entgegenkommt, aber – was oft übersehen wird – auch den Entgegenkommenden verlangt und – zumindest gelegentlich – verschlingt. Ein Anderswo, in dem diverse Mängel, nicht nur der Herkunft, aufgehoben, ihre Unzulänglichkeiten ausgeglichen, ihre Zwänge aufgehoben erscheinen. Die Überwindung – zumindest eine temporäre – des Gegebenen ist angestrebt. Weg von hier: der erste Schritt zum Glück.

Dieses Anderswo kann auch gänzlich anders empfunden werden. „Reisen! Es wird traurig sein. Ich bin viel glücklicher mit dem, was mich ständig umgibt", schreibt die argentinische Verlegerin Victoria Ocampo am 24. September 1908 an Delfina Bunge. „Reisen heißt für mich, die Seele in alle vier Himmelsrichtungen verstreuen, heißt, ein Zimmer zurücklassen, ein Haus, einen Garten, eine Stadt, eine Landschaft, Tiere, Menschen. Der Wechsel tut mir weh, so wie den Alten ihre Knochen, wenn sich das Wetter ändert. ‚Es ist der Zeitenwechsel', sagt man dann. Für mich heißt dies *sconforto*, Kummer. *A sense of loneliness I can't explain*" (Aufbau-Literaturkalender, 2015, Blatt 4/15). Ein erstaunliches Eingeständnis, da Victoria Ocampo bereits in jungen Jahren als Übersetzerin und Brückenbauerin zwischen den Kontinenten viel unterwegs war.

Ein Grundton klingt jedenfalls an, eine Unruhe schwingt mit, die kaum gestillt werden kann, nur weg von hier; ein mächtiger Drang, der auf Dauer weder beschwichtigt noch sublimiert werden kann. Tritt dieser rein und unbedingt auf, kann von Fernweh gesprochen werden: Weg von hier! Es muss ungestillt bleiben. „Denn die Ferne ist niemals dort, wo man sich befindet" (Janosch, 2000).

Wie jede reine und unbedingte Stimmung hat sich auch das Fernweh aus der Romantik ins Informationszeitalter hinübergerettet. Etwas von dieser uralten Sehnsucht schwingt bei jedem Aufbruch mit. „Weg von hier" – so klingt aber auch das Leitmotiv in Franz Kafkas (1883–1924) kurzem Text *Der Aufbruch*

(s. Anhang, S. 265). Ein rat- und zielloser Aufbruch wird dort behauptet: das Weg-von-hier als das eigentlich erstrebenswerte Ziel? Eine ungeheure Reise, die es als sinnlos erscheinen lässt, etwa Proviant einzupacken, was dem erstaunten Diener – als schaudernd Zurückbleibender ein retardierendes Element – offenbar das Nächstliegende und damit das Praktische zu sein scheint. Dass sich ein Wunder ereignen, dass Brot auch vom Himmel regnen könnte, geht über seine Hutschnur. Ob der Reisende unter einem besonderen Stern steht, erweist sich nur auf der Reise selbst. Der Ich-Erzähler in Kafkas Text, gerade weil es ihn fortreißt und -reist, ist der Entgegenkommende an sich. Er scheint nach dem Motto „Der Weg ist das Ziel" zu handeln. Der plötzliche, rätselhaft anmutende Aufbruch wird durch das Motiv der blasenden Trompete angestimmt. Seine Beweggründe werden nicht explizit genannt, lassen sich durch die mehrfach variierte Formulierung „Weg von hier!" lediglich erahnen. Trotzdem erhalten sie gerade durch diese Unbestimmtheit für den Leser, der sich hier auch entscheiden muss, ob er mitreisen oder doch zurückbleiben soll, eine Plausibilität. Die nomadische Orientierung des Menschen ist eben keineswegs nur eine archaische Disposition, sondern wurde etwa im literarischen Werk von Bruce Chatwin (1940–1989) bis in unsere Tage eindrücklich behauptet.

Auffällig in Kafkas Text ist das Trompetenmotiv, das diesen Aufbruch signalisiert: Weg von hier! Die schallende Trompete ist vom Autor aus der Romantik adaptiert worden. Dort fungiert das Blasinstrument für den Weckruf und ist ein zentrales Motiv etwa in der Lyrik des Freiherrn von Eichendorff (1788–1857): „Und hörte aus weiter Ferne / Ein Posthorn im stillen Land." Der nächste Vers dieses Epoche machenden Gedichts (*Sehnsucht*, s. Anhang, S. 267) liefert die vollkommene und schönste romantische Definition von Fernweh: „Das Herz mir im Leib entbrennte". Eine berückende Metapher für das Selbstverzehrende dieses latenten Schmerzes, der nie wissenschaftlich exakt erfasst werden kann. „Ach, wer da mitreisen könnte" (immer noch Eichendorff), wäre erlöst – vom blassen Alltag, von Stillstand, Mut- und Ratlosigkeit. Deprimierend wirkt niemals, so könnte ein Fazit beider Texte lauten, das Rätselhafte, sondern die Ratlosigkeit, die auf die Dauer ausweglos erscheinen muss. Wird das Geheimnis (als existenztragende Wahrheit) in einer vom Visuellen beherrschten Gegenwart ausgeleuchtet, nehmen Ratlosigkeit und damit der Orientierungsverlust zu. Einen Geistesverwandten, biografisch zwischen Eichendorff und Kafka angesiedelt, findet sich in Arthur Rimbaud. Ein Ausreißer seit frühester Jugend und immer gut zu Fuß. Mit fünfzehn entflieht er erstmals seiner Heimatstadt Charleville. Kaum in Paris, an der Gare de Strasbourg, wird er festgenommen wegen Diebstahls und Herumtreiberei. Unzählige Aufbrüche folgen. Zu Fuß durchstreift er die halbe Welt. Die Unmöglichkeit zu verweilen, der Zorn darüber, hier zu sein, treiben ihn an. „Er muss aufbrechen. ‚Vorwärts denn, auf die Straße!' Jede Straße ist gut, jeder Weg zur Sonne, zu mehr Licht, zur Betäubung. Anderswo ist es wahrscheinlich nicht besser, aber es ist wenigstens weg von hier. [...] An der Straße, an den Pfaden und den Wegen ist nur wichtig, dass sie nicht *hier* sind" (Gros, 2010, S. 55) In Rimbaud können wir den Protagonisten aus Kafkas Parabel erkennen. Selbst die Amputation eines Beins 1891 im Hôpital de la Conception in Marseille halten ihn nicht zurück. Am 10. November desselben Jahres stirbt er nicht lange nach seinem 37. Geburtstag. Auf seinem Grabstein steht: „Geboren in Charleville, auf der Durchreise in Marseille." Jemand, der zur Welt gekommen war, um aufzubrechen.

Aufbruch ist und bedeutet stets auch Ausbruch. Es ist die Sehnsucht nach sich selbst, die im Fernweh ihren stimmigen Ausdruck findet, die Sehnsucht danach, sich selbst wieder zu spüren, in der Bewegung des Vorankommens; in der Fremde gefordert, gespiegelt zu werden in neuen Eindrücken, neuen

Begegnungen, unter denen sich das Selbst gedeihlich verändern kann und entwickeln wird. Wann und wo fänden wir besser zu uns selbst als auf Reisen? Eine Erfahrung, die sich auch zu zweit, in einem doppelten Aufbruch machen lässt. In dem Roman *Das schwarze Übel* von Nina Berberova (Berberova, 2003) besteigen Ludmilla und Jewgenij, die sich liebenden Helden, in New York ein Schiff, um eine Manhattan-Rundfahrt zu machen. Es wird eine Fahrt zu sich selbst, eine Selbstfindung ihrer Liebe. Sie sind sich nicht sicher, ob sie das richtige Schiff gewählt haben und verlieren bald jede Orientierung im Raum. „Wir bestiegen eines von drei fahrbereiten Schiffen und waren auf einmal sorglos wie alle, die aufbrechen, ohne zu wissen wohin oder für wie lange Zeit: ein seltenes Gefühl, dem man fast niemals nachgab. ‚Ich sollte vielleicht jemanden fragen, wohin wir fahren‘, sagte ich, als wir in den Korbsesseln saßen, die Sirene aufheulte und das Schiff, schwarzen Rauch ausspuckend, sich langsam vom Ufer entfernte. ‚Wozu? Es ist sowieso zu spät.‘" (zitiert nach Bayard, 2013, S. 202). Was zählt ist einzig das unwiderstehliche Gefühl des Aufbruchs, der Sorglosigkeit, nicht das konkrete Ziel. Dies verflüchtigt sich mit dem Ablegen vom Ufer. Bedeutsam wird die Fahrt, das Unterwegssein in das gemeinsam erträumte innere Land der Liebe.

Eine Erfahrung von Selbstgespür, die Mark Twain während der Überfahrt auf einem Segelschiff von Kalkutta nach Mauritius in diese Worte fasst: „Es gibt doch nichts Ruhevolleres als einen Tag auf dem Tropenmeer: die blaue See ist glatt und ohne Bewegung, nur die schnelle Fahrt des Schiffes erzeugt einen frischen Lufthauch, und bis zum fernsten Horizont kann man nicht das kleinste Segel erspähen. Es kommen keine Briefe an, die gelesen und beantwortet werden müssen, man wird nicht durch Zeitungsnachrichten aufgeregt, durch Telegramme beunruhigt und erschreckt; die Welt liegt weit abseits, sie ist für uns nicht vorhanden – anfangs verblasste sie wie ein Traum, jetzt ist sie ins Wesenlose versunken. All ihr Arbeiten und Streben, ihr Glück und Unglück, ihre Wonne und Verzweiflung, ihre Freuden und Kümmernisse, ihre Sorgen und Qualen haben nichts mehr mit unserem Leben zu schaffen, sie sind vorübergezogen wie ein Sturm, auf den tiefe Windstille gefolgt ist" (Twain, 2011, S. 463 f.) Eine beinah zeitlose Entrücktheit teilt sich in diesen Zeilen mit, ein subtiles Plädoyer der Pflichtvergessenheit, eine zart lasierte Textur der Gemütsruhe, die ihren Reiz freilich nur dadurch gewinnt, dass sie den Ausnahmezustand abbildet, den tropisch aufgeladenen Sehnsuchtsort einer Selbstbegegnung.

Eine Weltvergessenheit und Ich-Versunkenheit, die auch und gerade heute noch wirkt. Wer vermöchte sich dieser Stimmung zu entziehen? Attraktiv vor allem als krasser Kontrast zum entfremdeten Alltag der Termine und Verpflichtungen, zum geregelten Lebensvollzug in den Sielen Beruf und Familie. Eine Flucht aus dem Reich der Notwendigkeiten und ein (temporäres) Wiedereingehen in die Sphäre der eigentlichen Selbsterfahrung. Temporär, denn der Alltag als Lebenswelt bleibt durchaus bestehen. Und der Reisende, der sich unterwegs verändert, gehäutet hat, trifft auf ihn wie auf einen alten Bekannten, der ihn bereits erwartet hat.

Diese Erfahrung formuliert der Schriftsteller Peter Rühmkorf nach seiner Rückkehr von einer Chinareise im Jahre 1955(!) auf seine eigenwillige Art: „Es ist immer wieder dasselbe, einer hat die halbe Welt umsegelt und bringt einen völlig neuen Kopf mit einem neuen Bewußtsein nach Haus, und der Friseur an der Ecke schneidet noch immer mit der gleichen stumpfen Schere" (Rühmkorf, 1972, S. 78). Denn der Heimkehrende ist ein Fremder geworden. Er trägt ein Geheimnis mit sich herum, das Geheimnis seiner Absonderung, die jede Reise im Hinblick auf die Zurückbleibenden auch bedeutet. Genauso wie den Zurückgebliebenen mit den Blicken des Heimkehrers eine Aura des Geheimnisses umgibt. Das psychologische Spannungsfeld, das den Rückkehrer umgibt und seine Rückkehr auflädt, ist ebenfalls von Kafka sehr subtil in seiner Parabel *Heimkehr* dargestellt worden. Sie eröffnet mit einer einfachen Feststellung, in der sich auch etwas Erstaunen ausdrückt: „Ich bin zurückgekehrt." Der namentlich nicht genannte Protagonist steht bereits im Flur seines Elternhauses und zögert jetzt, die Küchentür zu öffnen, hinter der allerlei Geräusche die Anwesenheit des Vaters verraten. Seine Zweifel äußern sich in zahlreichen Fragen der Figurenrede und je länger er zögert, desto größer und mächtiger werden jene. Schließlich begreift er seine Situation als die des den Zurückgebliebenen Fremdgewordenen und fasst sie in Worte: „Wie wäre es, wenn jetzt jemand die Tür öffnete und mich etwas fragte. Wäre ich dann nicht selbst wie einer, der sein Geheimnis wahren will" (s. Anhang, S. 266).

Reisen im Geiste des Seins ist stets auch Wiederbelebung. „Chi n'esce rinasce – Wer weggeht, wird wieder geboren", sagt das sizilianische Sprichwort. Ein Gefühl, dem Goethe auf seiner Italienreise bereits wenige Tage nach dem Aufbruch aus Karlsbad Worte verleiht: „Schon jetzt, daß ich mich selbst bediene, immer aufmerksam, immer gegenwärtig sein muß, gibt mir diese wenigen Tage her eine ganz andere Elastizität des Geistes; ich muß mich um den Geldkurs bekümmern, wechseln, bezahlen, notieren, schreiben, anstatt daß ich sonst nur dachte, wollte, sann, befahl und diktierte" (Goethe, 1998, S. 25).

Reisen entwickelt die Elastizität des Geistes oder eine innere Weite, die den Alltag transzendiert. Der Alltag als Lebenswelt, um erneut mit Blumenberg (Blumenberg, 2010) zu schlussfolgern, schließt das Unbekannte aus, negiert es in einem Akt der Selbsterhaltung. Ist der Alltag gleich Lebenswelt, so ist Reisen dessen Negation und als Konzept ein aktiver Versuch der Weltaneignung. Wie der Horizont jeder Lebenswelt kann auch der des Reisenden nur ein Teilhorizont sein. Als

Teilwelt ist sie vom Unbekannten gänzlich umfangen. Insofern ist mehr als wahrscheinlich, dass das solcherart ausgeblendete Unbekannte den Horizont einer Lebenswelt auch latent intrudiert – wie oben bereits erwähnt in Gestalt verstörender Nachrichten aus den vermeintlichen Paradiesen – und Erklärungsbedarf geltend macht, der allzu oft von den Medien und ihren selbst ernannten Experten gestillt, jedoch kaum befriedigt wird.

Lech lecha. Am Anfang war die Wanderschaft. „Geh hinweg." Die biblische Geschichte zeigt ein Volk auf Wanderschaft (s. Brenner, 2008). Dem göttlichen Befehl, der in seiner Diktion so eindeutig an Kafkas Imperativ im „Aufbruch" erinnert, leistet Abraham, der Begründer des Monotheismus, Folge. Er begibt sich auf die Wanderschaft von seiner Heimat Ur in Mesopotamien in das Land Kanaan, von dem sein Urenkel Josef wiederum nach Ägypten ziehen wird. Viele Generationen später führt Mose die Juden zurück in die ihnen zugewiesene Heimat. Die wohl langwierigste und älteste Reise, von der jemals erzählt worden ist, währt mehr denn vierzig Jahre. Von einer Gruppenreise zu sprechen verböte sich in diesem Fall vor allem unter zwei Gesichtspunkten: Zum einen handelt es sich um die Initiationsreise eines veritablen Volkes, zum anderen stellt sie alles andere als eine organisierte Vergnügungsreise dar. Die Bücher Exodus, Numeri und Deuteronomium des Alten Testaments berichten vom Auszug der Israeliten aus der Sklaverei Ägyptens und von ihrem nicht enden wollenden Zug durch die große und furchterregende Wüste, „... durch Feuernattern und Skorpione, durch ausgedörrtes Land, wo es kein Wasser gab" (Dt., 8,15). Das Buch Josua schildert die Inbesitznahme des den Umherirrenden verheißenen Landes, das Aaron nicht mehr zu sehen bekommt und sein Bruder Mose nicht mehr betreten darf: „Ich habe es dich mit deinen Augen schauen lassen. Hinüberziehen wirst du nicht" (Dt., 34,5). Verzweiflung, Auflehnung, ernste Verstöße gegen das göttliche Gebot und fortwährende Verlängerungen der beschwerlichen Wegstrecke als Sanktion auf ihre Sündenfälle machen den zähen Zug für viele zu einer Reise, deren Zielankunft sich mit dem Ende ihrer persönlichen Lebensreise, um diese naheliegende Metapher einmal zu verwenden, überschneidet. Und dennoch erweist sich die Strahlkraft der Verheißungen, allen Widrigkeiten zum Trotz, für das auserwählte Volk als eine ausreichend starke Motivation. „Schließlich erobern die Israeliten unter der Führung Josuas die unbekannte Heimat, doch weder Mose selbst noch die Generation derjenigen, die vierzig Jahre zuvor die Reise antraten, dürfen den Jordan überqueren. Wie Odysseus erst nach zahlreichen Beschwernissen in seine Heimat Ithaka zurückkehrt, gleicht auch hier die Heimkehr einem Hindernislauf" (Brenner, 2008, S. 18).

Auszug aus der Sklaverei, Zug durch die Wüste, der Bund am Berge Sinai, das Gelobte Land – Stationen einer ungeheuerlichen Reise, um mit Kafka zu sprechen, deren Verlauf ein archetypisch ausgelegtes Muster konstituiert. Es geht beim Reisen im ursprünglichen Sinne auch um die Bewältigung von unerwarteten oder erwarteten Herausforderungen, eine Stärkung der Bewältigungskompetenz und somit des Selbstvertrauens. Da gibt es den immensen, unwiderstehlichen Drang zum Aufbruch, zur Befreiung (aus der ägyptischen Tyrannis), ein „Weg von hier"-Müssen. Dieses kategorische Weg-von-hier wäre allein nicht stark genug, gäbe es nicht zudem die göttliche Verheißung, das Versprechen des Gelobten Landes, und als seine Unterfütterung und Lebensversicherung die eigene Immunisierung als auserwähltes Volk. Für Erich Fromm manifestiert sich in diesem Zug die Strahlkraft, die von der Existenzweise des Seins ausgehen kann, die er als im Nomadentum angelegt sieht. „Historisch gesehen ist der Bericht über den Exodus mit nomadischen Traditionen verwoben; es ist gut möglich, daß diese nomadischen Traditionen die Tendenz gegen jedes nicht-funktionale Eigentum und die Entscheidung für das Leben in der Wüste als Vorbereitung für ein Leben in Freiheit beeinflußt haben" (Fromm, 1988, S. 55). Eine ungeheure Reise in jeglicher Hinsicht, für die keine Vorräte erforderlich sind, sondern Vertrauen – in diesem Fall auf den Gott Israels. Der versorgt sein Volk mit Brot, das vom Himmel regnet, dem Manna, sowie Wachteln und gibt ihm mit den Worten „So viel ihr braucht" auch gleich einen vernünftigen Verteilungsschlüssel mit auf den Weg. All dem entgegenstehend gibt es den nagenden Zweifel an der Zielführung sowie zahlreiche Versuchungen zurückzustecken, gibt es Blendwerk, die Ablenkungen durch das Gleißnerische (Goldenes Kalb), die kleinmütige Verklärung des guten Alten im jämmerlichen Gefasel von den Fleischtöpfen Ägyptens. Als Gegenmittel wirken die fortwährenden Schilderungen und Beschwörungen des Reiseziels, der Zauber vom Land, wo Milch und Honig fließen, ein veritables, also zum Greifen nahes Utopia als das Belohnende und Versöhnende. Ein Himmel auf Erden, der leider auch schon von Menschen bevölkert ist, die ihn nicht freiwillig räumen und folglich erst noch verjagt oder ggf. getötet werden müssen. Was den Protagonisten der großen Erzählungen niemals Gewissensbisse verursacht, weil die Alteingesessenen in einer göttlichen oder andersartig überhöhten Mission keine Funktion erfüllen und sich sogar kontraproduktiv auswirken. Wer hingegen Gott auf seiner Seite hat, braucht sich selbst nicht infrage zu stellen.

Die Geschichte vom Auszug der Israeliten aus Ägypten hat über die Jahrhunderte hinweg ihre Faszination ausgeübt. Sie ist vielfach interpretiert worden, und zwar nicht nur als Reiseerzählung. Der amerikanische Philosoph Martin Walzer etwa deutet sie in seinem berühmten Buch „Exodus und Revolution", dessen Entstehung durch die Bürgerrechtsbewegung des 20. Jahrhunderts inspiriert wurde, als Modell für revolutionäre Befreiungsbewegungen und den Ablauf reformerischer Lernprozesse, das Buch „Exodus" also verstanden als ihr „heiliges"

Drehbuch, ihre „göttliche" Blaupause (Walzer, 1995). Auch Brenner erkennt den paradigmatischen Gehalt der biblischen Geschichte in den unterschiedlichsten Kulturen. Als bekannteste Belege erwähnt er das *New Canaan*, welches die puritanischen Siedler sich anschickten, in Neuengland zu errichten, oder die Gospels der schwarzen Sklaven, die auf den Plantagen Virginias vom Auszug aus Ägypten sangen: „Let my people go!" „Mit der Rezeption der Hebräischen Bibel durch Christentum und Islam wurde die Geschichte des frühen Israel zum Geschichtsmodell eines großen Teils der Menschheit" (Brenner, 2008, S. 21).

Ein Mensch steht allein am Strand. Mit der Handinnenfläche beschattet er seine Stirn und blickt hinaus auf das blaue Meer. Den Horizont fest im Blick, als wolle er darüber hinausschauen. Was bringt jemanden, der „eigentlich" alles hat, materiellen Besitz sowie verlässliche soziale Beziehungen, dazu, in die Ferne zu schweifen? Das unstillbare Verlangen, diese Sehnsucht nach der Ferne, die stets auch eine nach Weite ist, nach dem Gefühl von Unbegrenztheit – sie tut weh und rumort und beschwert so lange das Gemüt, bis diesem Verlangen nachgegeben werden kann. An diesem Punkt schlägt Fernweh um in eine Aufbruchsstimmung, in Reiselust oder gar in das mit Aufregung und Ungeduld verbundene Reisefieber: Weg von hier! Ganz eindeutig ist Fernweh eine Ausdrucksform eines deutlich empfundenen (mehr oder weniger diffusen) Mangels, einer Unbehaustheit nicht nur des modernen Menschen. Umgekehrt gilt: So lange dem Verlangen, aus welchen wirtschaftlichen Zwängen oder sozialen wie persönlichen Gründen auch immer, nicht nachgegeben werden kann, tut die Sehnsucht nach der Ferne „weh". Diesen Schmerz zu lindern oder zu heilen gibt es kein Mittel, aber den Ausweg in die träumerische Dimension der Vorstellungskraft: Die am Fernweh leidende Seele tritt aus dem Hier und Jetzt heraus und begibt sich auf eine imaginäre Reise. Die Ferne selbst wird mit (auch literarisch vermittelten) Visionen ausgeschmückt und wird, je unerreichbarer sie erscheint, zunehmend verlockender. Man könnte das Fernweh mit einer unerfüllten Liebe vergleichen. Gleich ihr kann diese zur (lebenslangen) Obsession werden, gleich ihr kann diese in Ernüchterung umschlagen, wenn sie der Erfüllung nahekommt. Christopher Isherwood (1904–1986) charakterisiert diesen Prozess als die Ironie des Reisens. Sein Fernweh hat 1947 einen Namen: die ecuadorianische Hauptstadt Quito. „Du verbringst deine Kindheit damit, von einem magischen, unendlich fernen Tag zu träumen, an dem du den Äquator überqueren wirst, an dem deine Augen zum ersten Mal Quito erblicken werden. Und dann, in dem langsam prosaischen Verlauf des Lebens, bricht dieser Tag undramatisch an – und du bist müde, hungrig und lustlos. Der Äquator ist einfach irgendein Tal. Du bist dir nicht mal sicher welches, und es ist dir auch ziemlich egal. Quito ist ein ganz normaler Bahnhof, mit viel Aufhebens um Gepäck, Taxis und Trinkgelder. Und die einzige tröstende Wirklichkeit inmitten all dieser pittoresken, lärmigen Fremdartigkeit besteht darin, eine saubere Pension zu finden, die von tschechischen Flüchtlingen betrieben wird, und sich in einem gemütlichen mitteleuropäischen Salon zu einem gut gebratenen Wiener Schnitzel hinzusetzen" (Isherwood, 2013, S. 126 f.). Die Poesie der Vorstellung zerschellt an der Prosa der Realität und den Anforderungen des Reisealltags. Trotzdem bleibt Quito ihm die Schönste und am nächsten Morgen sieht alles wieder ganz anders aus. Geht es um Freiheit, ist die Motivation bedeutsamer als das Ziel.

Wie auch immer die inneren (Motivlage) und äußeren Anreize (Verheißungen) konkret gestaltet sein mögen, grundiert und gespeist werden sie zumeist durch den Ennui, eine Schalheit im oder ein Nichtgenügen des Althergebrachten, seine Beschränkungen. Dieses Befinden muss keineswegs zur Trostlosigkeit hinabsinken. Bekannt ist doch auch – je nach Temperament – die stille melancholische Sehnsucht nach der unerreichbaren Ferne. Ein Grundton klingt jedenfalls an, eine Unruhe schwingt mit, die kaum gestillt werden kann, nur weg von hier; ein mächtiger Drang, der auf Dauer weder beschwichtigt noch sublimiert werden kann. Tritt dieser rein und unbedingt auf, kann von Fernweh gesprochen werden. Dieses kann auch heute, im Zeitalter einer beinahe unbegrenzten Mobilität, einem Menschen schwer zusetzen und ihm auf das Gemüt schlagen. Einer verständnislosen Nachkriegsepoche allerdings blieb es vorbehalten, diese irritierende Wehmut auch als Krankheit (der Nerven) zu diagnostizieren. So wurde der Schriftsteller Josef Ippers (1932–1989), bekannt geworden durch sozialrealistische Romane wie *Am Kanthaken* (1974), als Heranwachsender 1948 von einem Mediziner wegen „krankhaften Fernwehs" zur stationären Beobachtung in die damalige Provinzial Heilanstalt in Bonn eingewiesen. Nachdem er des Öfteren von zu Hause ausgerissen war und sich in den Häfen von Neuss und Düsseldorf herumgetrieben hatte, wusste die alleinerziehende Mutter sich keinen Rat mehr und konsultierte ihren Arzt des Vertrauens. Zusätzlich erkannte dieser bei dem Jungen, der – bereits berüchtigt als schreibwütiger Autodidakt – eben das Manuskript eines mit deftigen erotischen Passagen reichlich ausgestatteten Romans fertiggestellt hatte, eine gefährliche Schreibsucht. Ippers litt dort schrecklich unter den gefängnisähnlichen Zuständen und erlebte ein körperliches und seelisches Martyrium: „Ich war der einzig Gesunde unter fünfzig Kranken" (zitiert nach Spix, 2012, S. 51 f). Wie der Vogel sein Nest verlässt? Dieser hatte keines, das er verlassen konnte.

2 Viele Wege führen nach Rom – Reisen als Motiv der Literatur

2.1 Im Innersten Italien – Sehnsucht und Landschaft bei Seume, Goethe, Moritz und einigen anderen

„Der Gang ist lange Zeit eine meiner Lieblingsträumereyen gewesen", schreibt jemand, der seinen ganz großen Traum gehegt und im Dezember 1801 endlich realisiert hat: der Schriftsteller Johann Gottfried Seume (1763–1810). Nach Italien, heute das klassische Reiseland überhaupt, ins sizilische Syrakus, sollte es für ihn gehen und am Nikolaustag war es endlich soweit. Vielleicht bekommen wir es hier mit der ersten literarischen Pilgerreise zu tun. Beschäftigt gewesen war Seume bis anhin als Lektor und Druckereiaufseher in Grimma bei seinem Freund, dem renommierten Verleger Georg Joachim Göschen (1752–1828), vor allem mit der Herausgabe der Werke Christoph Martin Wielands (1733–1813). In dessen großem Altersroman *Aristipp und einige seiner Zeitgenossen* erfuhr er, wie der bewunderte Dichter der Aufklärung seinen Protagonisten zum Ende hin nach Syrakus schickt, einer Stadt, die auch für Seume bedeutungsvoll war, weil dort sein Lieblingsautor Theokrit (um 270 v. Chr.) geboren worden war. Nun brauchte es keinen weiteren Anstoß mehr. „Ich schnallte in Grimma meinen Tornister und wir gingen" (Seume, 1960, S. 15). Den Knotenstab in der Hand, lief er tatsächlich zu Fuß, erreichte Sizilien, kehrte über Paris zurück und erreichte im September 1802, nach etwa 6000 zurückgelegten Kilometern, seine Heimatstadt Grimma. Seume gehört zu den liebenswerten Menschen, die erfreulicherweise ihre Erlebnisse aufschrieben und veröffentlichten. Im Frühjahr 1803 erschien sein Bericht *Spaziergang nach Syrakus im Jahre 1802*. Wanderung und Buch wurden im Sinne einer Selbstfin-

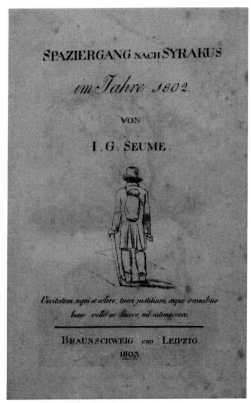

Abb. 1 Titelblatt der Erstausgabe von Johann Gottfried Seumes „Spaziergang nach Syrakus".

dung zum Wendepunkt in seinem Leben. Er selbst bezeugt im Vorwort die starke, unversiegbare Motivation, die ihn zu dieser Unternehmung drängte. „Meine meisten Schicksale lagen in den Verhältnissen meines Lebens; und der letzte Gang nach Sizilien war vielleicht der erste ganz freie Entschluß von einiger Bedeutung" (Seume, 1960, S. 8).

Das prägnante Fazit eines wagemutigen Menschen, der sich, aus kleinsten Verhältnissen stammend (in Stichworten: arme Bauernfamilie aus dem Dorf Poserna bei Lützen, allzu früher Tod des Vaters) und widrigen Umständen trotzend (als hessischer Söldner nach Amerika verkauft, später für vier Jahre in preußische Dienste gepresst), durch Studien in Leipzig aus einer nicht selbst verschuldeten Unmündigkeit gelöst, promoviert und sogar habilitiert hatte. In seinem eindrücklichen Reisebericht beschreibt Seume – äußerst ungewöhnlich für den damaligen Geschmack – in klarer, unmissverständlicher Diktion Armut und Elend, Hunger und Verbrechen. Er wendet sich nicht ab und erweist sich als unbestechlicher Prosaist. In Sizilien entsetzt er sich über das Elend der Bettler: „Erst küsste man das Brot, das ich gab, und dann meine Hand. Ich blickte fluchend rund um mich her über den reichen Boden und hätte in diesem Augenblicke alle sizilischen Barone und Äbte mit den Ministern an ihrer Spitze ohne Barmherzigkeit vor die Kartätsche stellen können. Es ist heillos" (Seume, 1960, S. 148). Das verarmte Volk, die Misswirtschaft des Adels und die sittliche Verwahrlosung des Klerus geraten ihm in den Blick und konstituieren eine Perspektive, die als „Wirtshausperspektive" von Zeitgenossen denunziert wird, aber seinen Bericht zu einer auch heute noch äußerst lesenswerten Lektüre macht. Da ist einer, der sagt: „Das ist falsch, falsch, falsch", der erste Schritt zum Widerstand gegenüber ungerechten Verhältnissen.

Zu Seumes Kritikern zählt Maria Karoline Herder (1750–1809), die Frau des Dichters Johann Gottfried Herder (1744–1803), der eigene Erfahrungen als Italienreisender gemacht und sich 1788/89 in Rom aufgehalten hat, freilich unter ganz anderen Voraussetzungen. So mancher von Seume aufgespießte Missstand gerät dem Reisenden des 21. Jahrhunderts immer noch zum Ärgernis. Auch das Preis-Leistungs-Verhältnis bietet damals schon Anlass zur Klage. In Ancona zahlt er mit Kaiserdukaten und „war für dieses Geld schlecht genug bewirtet" (Seume, 1960, S. 96). Um Begründungen, die uns durchaus vertraut klingen, ist man ebenfalls nicht verlegen: „Man schiebt noch alles auf den Krieg und auf die Belagerung; das mag den Aubergisten sehr gut zustatten kommen" (ebd.). Dessen ungeachtet beweist er ein sicheres Auge für die Schönheiten der Natur, lässt diese auf sich wirken und sein Erstaunen in geschliffene Landschaftsbeschreibungen einfließen: „Von Case Nuove nach Foligno ist eine Partie, wie es vielleicht in ganz Italien nur wenige gibt, so schön und romantisch ist sie. Man erhebt sich wieder auf eine ansehnliche Höhe des Apennins und hat über eine sehr reiche Gegend eine der größten Aussichten. Unten rechts, tief in der Schlucht, sind in einem sich nach und nach erweiternden Tale die Papiermühlen des Papstes angelegt, die zu den besten in Italien gehören sollen" (Seume, 1960, S. 102) Bei solchem Feinsinn des Geschmacks wundert es den Leser nicht weiter, dass Seume – die Vorlieben heutiger Italienreisender vorwegnehmend – den kulinarischen Genüssen des Südens ebenfalls zugeneigt ist. In einem Kloster bei Messina zu Tisch geladen, erhält er an einem Fastentage (!) eine stattliche Speisenfolge vorgesetzt. Damit man sieht, wie an einem sizilischen Klostertisch gefastet wird, hat er diese exakt notiert: „Zum Eingang kam eine Suppe mit jungen Erbsen und jungem Kohlrabi; sodann kamen Makkaronen mit Käse; sodann eine Pastete von Sardellen, Oliven, Kapern und starken aromatischen Kräutern; ferner ein Kompott von Oliven, Limonen und Gewürz; ferner einige große, herrliche, goldgelbe Fische aus der See, die ich für die beste Art von Bärschen hielt; weiter hochgewürzte vortreffliche Artischocken; das Dessert bestand aus Lattichsalat, den schönsten jungen Fenchelstauden, Käse, Kastanien und Nüssen: alles, und vorzüglich das Brot, war von der besten Qualität und schon einzeln *quantum satis superque*. Vor allem habe ich Kastanien nirgends so schön und delikat gebraten gefunden." Seumes heiter vergnügtes Fazit: „Das nenne ich einen Fasttag: nun denke dir den Festtag" (Seume, 1960, S. 209).

Das Spazierengehen an sich, das ausdauernde „Tornistern", scheint eine unauffällige, vor allem auch unverdächtige Form der Fortbewegung in einem unsicheren Landstrich zu sein: „In Syrakus ging ich durch alle drei Tore der Festung als Spaziergänger, ohne daß man mir eine Silbe sagte: auch bin ich nicht weiter gefragt worden. Das war doch eine artige stillschweigende Anerkennung meiner Qualität. Den Spaziergänger läßt man gehen" (Seume, 1960, S. 167). So bildet dieser „Spaziergang" ein wirkungsvolles und notwendig nüchternes Gegenbild ab zu jener idealen Schau auf ein Land der Sehnsucht, die Goethe (1749–1832) in seiner *Italienischen Reise* gibt, welche bereits um einiges früher, nämlich von 1786–1788 stattfand, deren Niederschrift jedoch erst in den Jahren 1813 bis 1816 erfolgte. Beide Italienreisen illustrieren in ihrer gegensätzlichen Ausprägung die Spannbreite eines individuellen Auf- und Ausbruchs um die Wende vom 17. zum 18. Jahrhundert. Als konträre Konzeptionen werden sie auch jeweils durch die beiden bekannten Bilder verdeutlicht. Während seines Aufenthalts in Rom wurde Seume gezeichnet. Der Maler Johann Christian Reinhart (1761–1847), eine zentrale Figur der damaligen deutschen Künstlerkolonie und mit einer Italienerin verheiratet, fertigt ein Bild, das den Wanderer auf seinem Spaziergang darstellt. Ein karger unprätentiöser Umriss mit Tornister auf dem Rücken und Knotenstock in der Hand; kein raumgreifendes Ausschreiten ist hier zu bewundern, sondern der gemessene stetige Schritt. Ein ruhiges, die Kräfte einteilendes Voranschreiten eines Mannes, der Italien „abzuwandern" gedenkt, wie er bereits während seines Dienstes bei Göschen kundgetan hatte. Die Realisierung eines Plans. Ganz anders dimensioniert und stilisiert ist die Darstellung des Dichters im berühmten Gemälde *Goethe in der Campagna* von Johann Heinrich Wilhelm Tischbein (1751–1829) von 1787, in dessen Haus an der Via del Corso 18, unweit der Piazza del Popolo, der Dichter nach seiner Ankunft in Rom am 29. Oktober 1786 lebte. Das Haus, ehemals als Casa Moscatelli bekannt, erhielt bereits 1872 eine Gedenktafel, die an den Aufenthalt des Dichters erinnert,

*Abb. 2 Johann Heinrich Wilhelm Tischbein:
„Goethe in der Campagna" (1787).*

und wird als Casa di Goethe von den Literaturbegeisterten bis heute zur literarischen Pilgerstätte erhoben. Eine lesenswerte Studie über die illustren Bewohner des Hauses und ihre wechselvollen Schicksale erschien kürzlich mit der Adresse als Titel (s. Hock, 2013).

Die groß dimensionierte Leinwand (164 x 206 cm) des Tischbein-Gemäldes zeigt eine Inszenierung in idealer Landschaft, eine Drapierung im weißen Reisemantel – der nachweisbar zum Besitz des Reisenden gehörte – auf umgestürztem Obelisken. Hinter dem in unnatürlicher Pose sitzenden Dichter ist auf den Trümmern des ägyptischen Obelisken ein Relief mit Iphigenie und Orest sichtbar – der Verweis auf Goethes aktuelle Arbeiten. Der Dichter, in Tischbeins Worten, über das Schicksal der menschlichen Werke nachdenkend. Das

Gemälde als klassizistischer Entwurf, der Goethes Wiedergeburt als Dichter in Italien feiert, das er selbst mehrere Male in der *Italienischen Reise* erwähnt, kommentiert und beschwört, nachdem er schon längst in die „nordische Nebelwelt" zurückgekehrt ist und nach vielen produktiven Jahren zurückschaut. Zwischen beiden Bildern liegen Welten, liegen soziale Unterschiede, liegen nicht zuletzt die Umwälzungen der Französischen Revolution.

In Bezug auf Goethe, Moritz, Herder ist Seume ein Nachläufer im doppelten Wortsinn, jedoch kein Nachahmer. Es bleibt indessen nicht bei seiner sizilianischen Unternehmung. Bereits wenig später (1806) erscheint unter dem Titel *Mein Sommer 1805* ein weiterer Bericht als literarischer Niederschlag einer Wanderung, die den gar nicht mehr so rüstigen Spaziergänger über Polen bis nach Moskau führt und von dort mit einem ordentlichen Umweg über Skandinavien zurück. Da er einen jungen Adligen begleitet und ihm das Laufen bereits beschwerlicher wird, ist seine Freiheit nun doch beeinträchtigt. Gleichwohl zeigt sich Seume auch in diesem Werk als scharfer Beobachter und geißelt die vorgefundenen Missstände wie Leibeigenschaft, Trunksucht und Brutalität.

Mehr noch als bei Seume, der die Französische Revolution bereits miterlebt hat und durchaus skeptisch die klerikale Restauration nach dem Abzug der französischen Truppen am Werke sieht, ist Italien bei Goethe und Moritz noch das verheißene Land der Spätaufklärung. Obwohl er weite Strecken seiner Reise zu Fuß zurücklegt, lässt sich Karl Philipp Moritz (1756–93) doch eher Goethe als Seume zuordnen. Zum einen fehlt ihm dieser entschieden parteiliche Blick auf die gesellschaftlichen Verhältnisse, zum anderen versteht er seine Reise als Pilgerfahrt. Er spürt, so schreibt er am 2. Oktober 1786 aus Verona, „den Wunsch des Pilgrims in mir [...] die heiligen Plätze zu besuchen, wo die Menschheit einst in der höchsten Anstrengung ihrer Kräfte sich entwickelte, wo jede Anlage in

Blüthen und Frucht emporschoß, und wo beinahe ein jeder Fleck durch irgend eine große Begebenheit, oder durch eine schöne und rühmliche That, welche die Geschichte uns aufbewahrt, bezeichnet ist" (Moritz, 2013, S. 14).

Seine Italien-Aufzeichnungen sind zunächst in den äußeren Rahmen eines tagebuchartigen und datierten Briefberichts eingepasst, der jedoch literarische Fiktion ist und sich im weiteren Verlauf auflöst. In Bezug auf sein Ziel charakterisiert er seine Reise an nämlichem Tag als „Wallfahrt" sowie Rom als den Ort, der „mein Verlangen stillen und meine Wünsche befriedigen soll ..." (ebd.). Moritz ist ein glühender Bewunderer Goethes, das zeigt sich bereits in seinem autobiografisch geprägten *Anton Reiser*-Roman. Mit kaum verhaltener Freude verzeichnet er am 20. November 1786 in den Italien-Briefen: „Der Hr. v. G. ist hier angekommen, und mein hiesiger Aufenthalt hat dadurch ein neues und doppeltes Interesse für mich gewonnen. [...] Der Umgang mit ihm bringt die schönsten Träume meiner Jugend in Erfüllung, und seine Erscheinung, gleich einem wohlthätigen Genius, in dieser Sphäre der Kunst, ist mir, so wie mehreren, ein unverhofftes Glück" (Moritz, 2013, S. 131). Goethe selbst erwähnt Moritz erstmals unter dem Eintrag vom 1. Dezember: „Moritz ist hier, der uns durch ‚Anton Reiser' und die ‚Wanderungen nach England' merkwürdig geworden. Es ist ein reiner, trefflicher Mann, an dem wir viel Freude haben" (Goethe, 1998, S. 144). Moritz wäre gern sein Jünger geworden, gegen ihn spricht offenbar (aus Goethes Sicht) seine Herkunft; er wurde in ärmlichen Verhältnissen als Sohn eines Militärmusikers geboren und brach eine Hutmacherlehre wegen unerträglicher Behandlung ab. Sein allzu früher Tod – er starb keine fünf Jahre nach der Rückkehr aus Italien – beendet alle Ambitionen. Goethe ist er in Rom willkommen als Probehörer und Korrektor seiner kunsttheoretischen Betrachtungen, darüber hinaus als Lieferant von Anregungen. Erst recht, als am 8. Dezember 1786 sein Pferd auf dem glatten römischen

Pflaster ausgleitet und er sich einen Arm bricht, eine damals durchaus ernst zu nehmende langwierige Verletzung. Goethe nimmt sich seiner an und bilanziert am 6. Januar 1787, als der geheilte Arm aufgebunden wird: „Was ich diese vierzig Tage bei diesem Leidenden als Wärter, Beichtvater und Vertrauter, als Finanzminister und geheimer Sekretär erfahren und gelernt habe, mag uns in der Folge zugutekommen. Die fatalsten Leiden und die edelsten Genüsse gingen diese Zeit her immer einander zur Seite" (Goethe, 1998, S. 154).

In Moritz' Reiseschilderungen klafft eine Lücke zwischen dem 20. November 1786 und dem 2. März 1787. Erst unter letzterem Datum berichtet er über Unfall und glückliche Genesung: „Darüber habe ich ein paar Monathe Bette und Zimmer hüten müssen. Nun kann ich, obgleich noch mit dem Arm im Bande wieder ausgehen, und habe seit einigen Tagen meine Wanderungen, da wo ich stehen geblieben bin, bei dem Obelisk auf dem Platze del Popolo wieder angefangen" (Moritz, 2013, S. 139 f.). Im September 1788, kurz bevor Moritz Rom verlässt, begegnet er auch Johann Gottfried Herder, der eben dort eintrifft (und dessen Frau sich 15 Jahre danach so rigoros ablehnend zu Seumes Italienbuch äußern wird): „Vor ein paar Abenden stand ich mit Herdern auf dem Thurm des Kapitoliums" (Moritz, 2013, S. 553). Als Moritz auf der Rückreise von Italien in Weimar Station macht, logiert er vom 3. Dezember 1788 bis zum 1. Februar 1789 in Goethes Haus am Frauenplan. Jetzt scheint er am Ziel seiner Wünsche angelangt zu sein. In einem Brief an den Maler Alexander Macco notiert er: „Seit gestern bin ich nun hier ... in Göthens Hause, wo ich mich, wie Sie leicht schließen können, sehr wohl befinde" (Moritz, 2013, S. 630). Er wohnt in einer Mansarde über den Arbeitsräumen Goethes, der tagsüber am *Tasso* und den *Römischen Elegien* schreibt. Er ist völlig mittellos und schäbig gekleidet in Weimar eingetroffen. Goethe lässt ihn für den Winter komplett neu ausstaffieren. Die langen Abende bieten beiden Gelegenheit, den italienischen Erlebnissen im gemeinsamen Gespräch ausgiebig nachzuhängen. Goethes Haushaltsbuch verzeichnet in diesen Wochen einen Bierkonsum von täglich sechs Flaschen. Er wird in der Weimarer Hofgesellschaft herumgereicht, hat als Spaßmacher Erfolg (dazu Goethe in einem Brief: „… besonders haben ihn die Frauen in Affection genommen, denen er allerlei Lichter aufsteckt" (Moritz, 2013, S. 633), erzählt italienische Anekdoten und bekommt eine Anstellung als Englischlehrer des Herzogs Carl August, wofür ihn sein früheres Buch *Reisen eines Deutschen in England* (1782) offenbar prädestiniert. Er verbreitet Kurzweil, ist aber auf Dauer nicht gut gelitten. Eine schillernde Existenz wie Moritz, aus dem Nichts aufgetaucht, wird in der Enge einer höfischen Gesellschaft schnell zum Störenfried oder gar als Provokateur empfunden. So zieht er nach Berlin weiter, wird auf Fürsprache des Herzogs Carl August beim preußischen König hin dort zum Professor für Ästhetik und zum Königlich-Preußischen Hofrat ernannt. Viel weiter kann jemand mit seiner Herkunft zur damaligen Zeit es wohl nicht bringen, so bleiben seine Träume vielleicht deshalb unerfüllt.

Fernweh- und Sehnsuchtsorte haben manchmal eine lange Geschichte und sind mit einer besonderen persönlichen Bedeutung verbunden. Goethes Liebe zu Italien reicht bis in seine Kindheit zurück. Im Frankfurter Elternhaus hingen die Erinnerungen an die Italienreise des Vaters im Jahre 1740 an der Wand. Unter dem Titel *Viaggio in Italia* verschriftlichte Johann Caspar Goethe (1710–1782) seine Reiseerlebnisse mithilfe eines italienischen Korrektors, so dass der Sohn ebenfalls schon früh mit der Sprache des Sehnsuchtslands vertraut wurde. Begeistert konstatiert er am 11. September 1789 in Rovereto, wo er mit einem „stockwelschen Postillon" eintrifft und der Wirt kein Deutsch spricht: „Wie froh bin ich, daß nunmehr die geliebte Sprache lebendig, die Sprache des Gebrauchs wird" (Goethe, 1998, S. 28). Den Brenner hinabsteigend, hätte er bei Rovereto geradewegs weiter nach Verona eilen können. Indessen lockt ihn der Gardasee, an dessen Ufer er unter Feigen- und Olivenbäumen spaziert. Goethe weiß sein Vergnügen an der Reise dadurch zu steigern, dass er sich auf Umwege einlässt und dabei „dem Naturzustande hier ziemlich nahe kommt" (Bucheli, 2018). Im Umweg offenbart sich ihm der Traum vom Süden, wächst die Vorfreude auf Rom. Als er den Hausknecht nach einer „höchst nötigen Bequemlichkeit" fragt, verweist ihn dieser in den Hof. Dort unten könne er verrichten, was zu verrichten sei. Eine naturgegebene Ungezwungenheit, die Goethe wie der Vorschein des Paradieses vorkommt.

Vier Jahre nach dem Tod des Vaters bricht er endlich auf. Lange hat es gedauert, aber dann: „… allein hier war nicht länger zu säumen. Ich warf mich ganz allein, nur einen Mantelsack und Dachsranzen aufpackend, in eine Postchaise …" Recht dramatisch beschreibt Goethe seinen Aufbruch aus Karlsbad am 3. September 1786 um drei Uhr in der Frühe nach einer Feier zu Ehren seines Geburtstages (Goethe, 1998, S. 9). Auch Wörter können sterben. Wer kennt heute noch die Bedeutung von „Dachsranzen", unter dem man sich einen mit Dachsfell überzogenen Rucksack, oder „Mantelsack", unter dem man sich eine runde oder eckige Reisetasche, die hinter dem Sattel aufgeschnallt wurde, vorzustellen hat? Diese verlorenen Wörter markieren auf beredte Weise den Bedingungswandel des Reisens. Vom Dachsranzen, der Postchaise bis zum Backpacker, vom Mantelsack bis zum Trolley.

Goethes Motivlage ist komplex und entwickelt sich über drei Stufen: Da ist zunächst das Bedürfnis des Studiums und eines Erwerbs von Bildung, für dessen Befriedigung die Beschäftigung mit der Antike allgemein als geeignet angesehen wurde. Die Selbstverwirklichung als Künstler nach Jahren der Unbestimmtheit und der Zerrissenheit zwischen der Schriftstellerei und der ministeriellen Tätigkeit erscheint als reale Option erst nach einem Ausbruch aus den weimarischen Zwängen und einen Aufbruch in die unbestimmte Weite einer Sehnsuchtslandschaft, mit Fromms Worten der Wechsel aus einer Funktionsweise des Habens in die Offenheit des Seins.

Goethe beschreibt diese Sehnsucht in seinen Aufzeichnungen als „Suche nach dem Mittelpunkt" und spricht von einem „unwiderstehlichen Bedürfnis". Unter dem 1. November 1786 notiert er ferner bei der Ankunft in Rom: „Ja, die letzten Jahre wurde es eine Art von Krankheit, von der mich nur der Anblick und die Gegenwart heilen konnte" (Goethe, 1998, S. 125). Motivationspsychologisch könnte man hier schon von einer ausgeprägten Freiheitsmotivation, einem Wunsch nach freiem Selbstsein und Selbstentwicklung sprechen, Inhalte, auf die wir in Kapitel III intensiver eingehen werden. Eine veritable Erlösung erlebt Goethe, die sich einstellt auch im Ergebnis der Flucht aus einer aktuellen Krise und in der Hoffnung auf ihre Überwindung. Goethe leidet zunehmend an der Belastung durch die herzoglichen Ämter und die Zwänge des Hoflebens, die sich als unvereinbar erweisen mit seinen künstlerischen Ambitionen. Beides nährt in ihm die Selbstzweifel an seiner Doppelexistenz als Künstler und Amtsmensch. Diesem inneren Widerstreit verleiht er in seinem Schauspiel *Torquato Tasso*, in dem beide Seiten allerdings durch zwei Personen (Torquato und Antonio) repräsentiert werden, einen dramatischen Ausdruck. Immer schwieriger gestaltet sich zudem seine Beziehung zu Charlotte vom Stein. Nachdem er zuvor beim Herzog Carl August um einen unbefristeten Urlaub nachgesucht hat, bricht Goethe während einer Kur von Karlsbad nach Italien auf. In seine überstürzte Abreise eingeweiht ist lediglich sein Sekretär und persönlicher Diener Philipp Seidel. Der europaweit bekannte Dichter des *Werther* gibt sich als Johann Philipp Möller aus, denn um nicht erkannt (und wohl auch nicht belästigt) zu werden, reisen prominente Personen auch damals schon inkognito und unter einem Pseudonym.

Mit der *Italienischen Reise* im (geistigen) Gepäck machten sich seither Generationen von Suchenden auf den Weg gen Süden. Darunter ganz junge Menschen, voller Enthusiasmus. Viele von ihnen haben ihre Eindrücke schriftlich festgehalten. Ein erst vor kurzem aus dem Nachlass des Marburger Literaturarchivs veröffentlichtes Buch – eine eigentümliche Mischung aus Tage- und Skizzenbuch, die Texte von einer verblüffenden Prägnanz in der Beobachtung –, das von Felix Hartlaub stammt, dokumentiert eine Reise, an der dieser als 17-jähriger Schüler der Odenwaldschule, einem Vorzeigeinternat der Reformbewegung, unter der Leitung des Altphilologen Werner Meyer im Mai/Juni 1931 teilgenommen hat (Hartlaub, 2013). Die kleine Gruppe, bestehend aus elf Mädchen und Jungen, ist mit Zelt und Schlafsack zumeist zu Fuß unterwegs und erregt viel Aufsehen bei den Einheimischen. Über Genua erreichen sie die damals noch schwer zugänglichen Dörfer der Cinque Terre und reisen von dort via Lucca und Pisa bis in die Kunstmetropole Florenz. Dort begeht der Chronist am 17. Juni seinen 18. Geburtstag, wird von Dodo und Kathinka, zwei Mitschülerinnen, und seinem Lehrer „mit rot-lilanem Feldblumenstrauss" frühmorgens geweckt, hat aber anderes im Sinn: „... ich aber völlig verschlafen und wortlos. Tramfahrt in die Stadt, stracks auf die Uffizien zu" (Hartlaub, 2013, S. 55). Staunenswert, wie präzise und mit Blick auf die wesentlichen Details der 18-Jährige seine Notate von den berühmten Gemälden akzentuiert. „Besondere Eindrücke: Verkündigung von Simone Martini, Gewand des Engels mit rotgoldenen Schatten in den Falten, seine Blume, die Haltung der Maria; zum ersten Male etwas richtig Gotisches in Italien" (Hartlaub, 2013, S. 55 f.). Eine derartige Intensität und das tiefe Erleben von Bedeutsamkeit ist, wie wir heute dank den Erkenntnissen der Neuropsychologie wissen, eine besondere Fähigkeit der Jugend, die u. a. mit der Gehirnentwicklung zu tun hat (Sapolsky, 2017). Hartlaub arbeitet ab 1939 in der Historischen Archivkommission des Auswärtigen Amtes im besetzten Paris, ab 1942 als Historiker im Führerhauptquartier. Dort schreibt er auf Anordnung für das Oberkommando der

Wehrmacht am *Kriegstagebuch*. Ihm ist ein kurzes Leben vergönnt, er verschallt in den letzten Kriegstagen bei Berlin. Seine Erinnerungen aus den Jahren im nationalsozialistischen Apparat wurden posthum von seiner Schwester Geno als *Aufzeichnungen des Obergefreiten Felix Hartlaub* veröffentlicht. Seine italienischen Reiseeindrücke sind in einer nervösen, kurzatmigen Prosa geschrieben und pflegen ein kunsthistorisches Sehen, das durch die abgebildeten Zeichnungen unterstützt wird. Darin erweist sich der Einfluss des Vaters, bis 1933 Direktor der Mannheimer Kunsthalle, der seinen Sohn stets zu einem differenzierten Sehen anhielt und ihn in der distanzierten Beobachtung schulte.

„In Wirklichkeit geht eine moderne Stadt, die einen sagenhaft gewordenen Namen wie ROM abdecken soll, eine Wette ein, die sie nicht halten kann" (Gracq, 1993, S. 119). Einen gänzlich anderen Zugang zur Ewigen Stadt eröffnet Julien Gracq den Lesern seines Rom-Buchs, das 1988 unter dem Titel *Autour des sept collines* in Paris erschien. Seine Italienreise findet 1976 statt und führt ihn über Venedig und Florenz nach Rom. Es ist ein unbestechlicher Blick, mit dem der 66-jährige Gracq das gewordene Rom durchstreift, das er mit dem vorgestellten vergleicht und in desillusionierenden Augenschein nimmt. „Der Respekt ist eine Haltung, in der ich wenig glänze" (Gracq, 1993, S. 8). Lange hat er gewartet, damit zwischen seinen Schulerinnerungen und diesem Besuch ein möglichst weiter Raum liegt. Er vergleicht die Stadt mit anderen Metropolen wie New York, Paris, Istanbul und Leningrad und Italien mit Ländern wie Frankreich und Griechenland, bei dem beide nicht sonderlich gut abschneiden. Er konstatiert eine übertrieben gepriesene Anziehung, spricht von einem durchschnittlichen Aufstieg auf die Höhen von Tivoli und Frascati und verwendet Pejorative wie „materialistische und zweckhafte Maßlosigkeit", spricht vom „antiken Plunder" und verspürt eine „herbe Modernität" (Gracq, 1993, S. 48, 62, 68). Natürlich kennt er die Rombeschreibungen von Goethe und Stendhal, aber auch die von Chateaubriand, der 1829, als Stendhal seine *Promenades dans Rome* ansiedelt, dort als Botschafter fungiert. Auf Chateaubriands frühere Reisen nach Griechenland und Nordamerika soll im Kapitel *Ortsbestimmungen* eingegangen werden. In Bezug auf die Notate dieser Geistesgrößen räumt Gracq freimütig ein: „Es hat kaum einen Sinn, die Reiseeindrücke eines Kunstfrömmlers von 1780 oder 1830 mit denen eines Touristen von 1980 zu vergleichen, weil es sich bei Rom nicht um die gleiche Stadt handelt" (Gracq, 1993, S. 109). Dazu mangelt es ihm am künstlichen Fieber, das heutzutage vonnöten wäre, um „den jahrhundertealten Zauber zu erwecken" (Gracq, 1993, S. 123). Der *genius loci* (s. a. Kap. IV, Ortsbestimmungen), dem jene zuhörten und in ihren Betrachtungen huldigten, scheint sich bei Gracq zwischen antiken Ruinen verkrochen zu haben und verstummt zu sein. Das wirft eine prinzipielle Frage auf, denn im Grunde findet sich Gracqs skeptischer Blick auch bereits bei Isherwood im Hinblick auf Quito, die alte Inkastadt in den Anden: „Was um Himmels willen muss mit einem lebendigen, historischen Monument geschehen? Räumt man es, versteinert es zu einem Fossil. Modernisiert man die Innenräume und Leitungen, wird es sich langsamer, aber ebenso gewiss in eine Totenmaske verwandeln. Und doch ist die Alternative undenkbar – zum Vergnügen von Archäologen und romantisch gesinnten Touristen Tausende von Menschen zu einem Leben des Elends und der Krankheit zu verurteilen" (Isherwood, 2013, S. 232 f.). Diese Frage scheint mittlerweile zu Gunsten der Totenmasken beantwortet zu sein.

Wie die beschriebene Vielfalt von Reiseerfahrungen vermuten lässt: Viele Wege führen nach Rom, viele, aber beileibe nicht alle Wege führen in gleicher Weise zum Selbst. Allerdings einem Ich oder Selbst, das sich, einmal in Bewegung gesetzt, wie „von selbst" einem Wandel unterzieht. Reisen kann, das wird bereits jetzt deutlich, den Reisenden verändern. Diese

Idee führt F. Gros in Bezug auf das Wandern konsequent dahingehend weiter, „dass wir beim Gehen nicht uns selbst begegnen, als handele es sich darum, sich wiederzufinden, sich von allen Entfremdungen zu befreien, um ein authentisches Ich zurückzuerobern, eine verlorene Identität. Beim Gehen entfliehen wir vielmehr schon der Idee der Identität, der Versuchung, jemand zu sein, einen Namen zu haben und eine Geschichte" (Gros, 2010, S. 12 f.).

2.2 Gut zu Fuß

Seit dem Erscheinen von Seumes Wanderwunderwerken ist das literarische Segment durch eine Vielzahl mehr oder weniger lesenswerter Titel erweitert worden, die – gerade zu Beginn des Jahrtausends, wie oben bereits angedeutet – beträchtlichen kommerziellen Erfolg verzeichneten. In diesem Kontext sei etwa erinnert an Hape Kerkelings erfolgreiche Vermarktung seiner Santiago-de-Compostela-Tour (Kerkeling, 2009) oder an die überraschend vielseitigen und sinnreichen Begriffsauslegungen des Schweizers Franz Hohler in seinen Sammlungen *52 Wanderungen* (Hohler, 2005) und *Spaziergänge* (Hohler, 2012), dem die Begegnungen unterwegs nicht ausgehen. Einen verblüffenden Erfolg erzielte bereits 2003 der Journalist Wolfgang Büscher mit seinem Buch *Berlin–Moskau. Eine Reise zu Fuß* (Büscher, 2003). Unschwer zu erkennen, dass sich der Autor in Seumes Tradition fortbewegt und diese fortschreibt. Bereits die Lakonie des ersten Satzes „Eines Nachts, als der Sommer am tiefsten war, zog ich die Tür hinter mir zu und ging los, so geradeaus wie möglich nach Osten" (Büscher, 2003, S. 11) verweist auf den Anfang des Syrakus-Buches: „Ich schnallte in Grimma meinen Tornister und wir gingen" (Seume, 1960, S. 15). Mit diesem sachlich berichtenden, gleichwohl, vor allem durch die ungewohnte Konstellation „Sommer" und „am tiefsten", poetisch aufgeladenen ersten Satz nimmt Büscher den Leser mit auf die Wanderung in eine europäische Region, die damals nach allen politischen und sozialen Umbrüchen nicht zur Ruhe kam und im Westen ein starkes, aus Anteilnahme gespeistes Interesse hervorrief. Auf den Bericht dieser fußläufigen Erkundung unbekannten Terrains ließen sich viele Leser ein, das Echo im Feuilleton hallte zustimmend und so ist es nicht verwunderlich, dass Büscher bereits am 6. Dezember 2003, also am Jahrestag von Seumes Aufbruch nach Syrakus, mit dem nach diesem benannten Preis geehrt wurde. Unter 115 literarischen und journalistischen Texten, so das Urteil des Johann-Gottfried-Seume-Vereins in Grimma, überzeugte Büschers Buch vor allem durch die Darstellung einer außergewöhnlichen Reise „aus eigener Kraft", durch das Gehen als Urform des Reisens.

Einer, der sich auf Seume beruft, und zwar explizit auf sein oben zitiertes Freiheitsmotiv, ist Paul Gompitz, der Protagonist in Friedrich Christian Delius' 1995 erschienenem Roman *Der Spaziergang von Rostock nach Syrakus*. Auch Delius beginnt mit einem lakonisch knappen ersten Satz: „In der Mitte seines Lebens, im Sommer 1981, beschließt der Kellner Paul Gompitz aus Rostock, nach Syrakus auf die Insel Sizilien zu reisen" (Delius, 1995, S. 7). Der Realisierung dieses Vorhabens steht „die höchste und ärgerlichste Grenze der Welt" (ebd.) entgegen und Gompitz wird sieben Jahre allein für die Vorbereitung seines Unternehmens benötigen. Der Realisierung seiner großen Sehnsucht ordnet er alles unter. Zeit, Geld, Energie sind auf das große Ziel ausgerichtet. Akribisch sondiert er alle vermeintlichen Möglichkeiten, die DDR zu verlassen. Am Ende bringt sich der gebürtige Sachse selbst das Segeln bei und bricht bei Nacht und Nebel in einer kleinen Jolle mit Kurs auf Dänemark auf. Gompitz geht es nicht schlecht in dem kleinen abgeschotteten Land. Als Kellner gehört er zu den Spitzenverdienern; mit Helga, seiner Partnerin, lebt er in einem gedeihlichen Einvernehmen. Deshalb will er nach seiner Syrakus-Reise auf jeden Fall zurückkehren; auf gar keinen Fall möchte er als Republikflüchtling erscheinen. Kein schlechtes Leben also. Warum sollte er es aufs Spiel setzen bei einem illegalen Grenzdurchbruch? Die Ferne lockt unwiderstehlich, das Reizvolle ist attraktiv. Seine Anziehung heißt Italien, genauer das, was Italien in seiner Vorstellungswelt verkörpert. Darin ist er Seume, dem großen Vorbild, und vielen anderen Reisenden gleich. Beide leben in der Priorität des Seins vor dem Haben, anders als moderne Kreuzfahrer, wie bereits ausgeführt. Vielleicht ist die Sehnsucht nach dem Zustand des Seins ein Beweggrund vieler Reisender. Knapp und klar arbeitet Delius die entscheidende Motivation seines Protagonisten heraus: „Ihm fehlt nichts, außer der übrigen Welt. Nichts, außer einem Ziel, Italien. Nichts, außer dem zweiten Ziel, von Italien wieder zurückzukehren nach Hiddensee und Rostock und Dresden und den Kumpels sagen zu können ‚Nu, Alter, da bin ich wieder, zurück aus Syrakus!'" (Delius, 1995, S. 65).

Konziser lässt sich das Freiheitsmotiv des Reisens kaum in Worte fassen. Natürlich befällt Gompitz unter seinen Vorbereitungen auch der Zweifel, das retardierende Moment scheint ihn mehrmals zu überwältigen. Leinen los? Noch unmittelbar vor dem Ablegen, auf dem Weg zur Jolle, quält ihn der Kleinmut: „Ja, es ist schön hier, ja, du mußt nicht weg, du kannst bleiben, hier am schönsten Flecken der Welt. Ja, gib dich zufrieden, warum das Leben riskieren, du kannst kuschen, viele Jahre kuschen, wie alle Leute, die zu ihrer Arbeit, zu ihrem Dienst schleichen und kuschen …" (Delius, 1995, S. 79). Je größer die Zweifel, desto erhabener der Aufbruch. Paul Gompitz schafft es über Dänemark und die BRD bis nach Syrakus. Dort, in der Stadt des Archimedes, dem „Armenhaus im wohlhabenden EG-Staat Italien" (Delius, 1995, S. 124) liest er im Seume und erhält eine Lektion darüber, wie sich Erinnerung ungleich gestalten und der Nachruhm ungerecht verteilen kann. „Überall sieht man Gedenktafeln deutscher Italienreisender: In Triest hat die Kommune Winckelmann ein Tempelmausoleum errichten lassen, in Venedig, dem Sterbeort Wagners, steht ein stolzes Monument, im Park der Villa Borghese in Rom steht das wohl größte Goethedenkmal der Welt, der Genius in seinen jungen Jahren auf einem 10 m hohen musenumschwärmten Sockel. Nur Seume ist hier völlig unbekannt, den wackeren sächsischen Wanderer nahmen die Italiener einfach nicht wahr" (Delius, 1995, S. 129). Verraten werden soll indessen, dass Paul Gompitz, nachdem er all das gesehen hat, nach Rostock und zu seiner Helga zurückkehrt. Als ein anderer seiner selbst, ein durch Reisen Erfahrener und Gewandelter wird er den Zurückgebliebenen zum Fremdling ihrer Lebenswelt.

Seit Goethe haben unzählige Wanderungen von Schriftstellern ihren literarischen Niederschlag gefunden. Zumeist wurden sie erst viele Jahre nach der tatsächlichen Wanderung zu einem belletristischen Destillat veredelt und veröffentlicht. Sehr oft griffen die Autoren dabei auf zeitunmittelbare Notizen in Reisetagebüchern zurück, wobei zu fragen bliebe, was dann aus der Unmittelbarkeit solcher Aufzeichnungen geworden ist. Dem Reisen selbst im Sinne eines lustvollen Sich-Einlassens auf das ungewohnt Fremde ist das Aufschreiben kaum zuträglich. Mit dem ersten notierten Wort verlässt der Schreiber das unvoreingenommene, mit allen Sinnen erfahrene Zugehen, kurz, das ursprüngliche Erlebnis, und nimmt eine Beobachter- und, daraus resultierend, eine Gestaltungsperspektive ein. Selbst ein lediglich kurzes Verweilen und Innehalten zu diesem Zwecke des Festhaltens schafft Distanz. Der Wanderer wird bewandert: Er ordnet, wählt, bewertet, setzt Maßstäbe im idealen Fall; archetypisch Goethe in der Erfassung der Kunstschätze des antiken Roms. Diese Distanzierung durch den Standpunkt der Beobachtung, von dem in der Praxis des Unterwegsseins niemals vollständig abstrahiert werden kann, stellt einen wichtigen Aspekt innerhalb einer Psychologie des Reisens dar, der im nächsten Kapitel noch eingehender erfasst werden soll. Neben Kunstschätzen können es auch Naturschönheiten sein. Die Reise des schottischen Autors Robert Louis Stevenson durch die Cevennen, die er im Jahre 1878 mit der Eselin Modestine unternimmt, ist motiviert von zivilisatorischem Überdruss und stellt ein frühes Zeugnis dieser besonderen Art von Melancholie dar. Stille, beinahe andächtig zu nennende Landschaftsbeschreibungen gehen einher mit Reflexionen über gesellschaftliche Zwänge, Betrachtungen über Land und Leute und lassen Stevensons Sehnsucht nach dem Erlebnis von Ursprünglichkeit spüren (Stevenson, 1986). Der Leser erfährt zudem einiges über das zeitspezifische Verhältnis des Menschen zum Tier. Stevensons Begleitung ist dabei durchaus vorbildstiftend gewesen. Denn tierische Begleiter, vor allem Hund und Pferd, und Letzteres nicht in erster Linie als Transportmittel, sondern als geschätzter Gefährte, hat es auf Reisen seitdem immer wieder gegeben. Zur zeitlos beliebten Lektüre geriet John Steinbecks Reisebericht *Travels with Charley: In Search of America*. Im Jahre 1960 bereist er mit seinem Pudel Charley innerhalb weniger Monate 34 Bundesstaaten der USA und hält die Eindrücke überraschender Entdeckungen und unerwarteter Begegnungen in seiner ureigenen Schreibweise fest, die bereits von ironischer Distanzierung geprägt ist und damit zum originären Produkt angelsächsischer Reiseliteratur nach dem Ende des 2. Weltkriegs wird (Steinbeck, 2007). Die Straße ist nicht nur die Verbindung zwischen zwei Punkten, sie ermöglicht auch das Unterwegssein und Umwege, das Reisen eben. So gesehen ist sie zu einem integralen Bestandteil des amerikanischen Mythos geworden, an dessen Entstehung auch die Literatur mitgeschrieben hat, ebenso wie der Film seine weltweite Verbreitung ermöglicht hat.

Ein Werk, das diesen Mythos bereits in seinem Titel verherrlicht und das auch wegen seines Entstehungsprozesses zu einer der berühmtesten Legenden der amerikanischen Literaturgeschichte avancierte, ist *On the Road* von Jack Kerouac. Die auf einer 40 Meter langen Papierrolle in nur wenigen Tagen zwischen dem 2. und 22. April 1951 getippte englische Urfassung des Romans ist allerdings erst 2007 erschienen und liegt mittlerweile auch auf Deutsch vor (Kerouac, 2010). Das Werk berichtet von mehreren Touren „quer durch den ächzenden Kontinent" zur Westküste und am Ende bis nach Mexiko. Tempo und Stimmung der Fahrt spiegeln sich dabei in kurzen, schnell geschnittenen Momentaufnahmen und lyrischen Verdichtungen wider. „Wieder Cheyenne, diesmal am Nachmittag, und dann westwärts über die Bergkette; wir querten die große Wasserscheide gegen Mitternacht bei Creston und kamen im Morgengrauen in Salt Lake City an – eine Stadt voller Rasensprenger [...] dann hinaus nach Nevada in glühender Sonne, Reno bei Anbruch der Nacht, mit seinen glitzernden chinesischen Straßen; dann hinauf in die Sierra Nevada ..." (Kerouac, 2010, S. 73). Der Sound der Straße hat sich in atemlose Prosa verwandelt. Das Ziel des Unterwegsseins bleibt unbestimmt, auf ein „Es" gerichtet, von dem auch der Leser lediglich weiß, dass es existiert. Das Unterwegssein ist auf eine unbestimmte Zukunft gerichtet, es ist Flucht, Ausbruch aus einer als unvollkommen empfundenen Gegenwart, aus dem Mangel. Es wird zur Lebensform. Allein das Zauberland liegt nicht in Amerika. Das wahre Leben findet erst außerhalb seiner Grenzen statt, in Mexiko. Dort wartet eine andere Kultur auf die Protagonisten des Buches, eine anders verfasste Mentalität der Lässigkeit. Ein anderer Himmel, den auch Sybille Bedford 1953 in ihrem autobiografischen Reisebericht *Zu Besuch bei Don Octavio* beschreibt, der ein luzides Vorwort von Bruce Chatwin enthält (Bedford, 2007).

Grandios fortgeführt in zahlreichen Titeln, aber entschärft um seinen existenziellen Untergrund, wurde diese Art, die Welt zu betrachten und darüber zu schreiben, vom US-amerikanischen Reisebuchautor Bill Bryson, geboren im selben Jahr, als Kerouac *On the Road* schrieb. Auf Deutsch liegen Titel wie *Streiflichter aus Amerika: Die USA für Anfänger und Fortgeschrittene* oder *Frühstück mit Kängurus: Australische Abenteuer* vor, die auf amüsante Weise das Abenteuer Reise zu einem ironisch abgeschmeckten Leseerlebnis aufbereiten.

Nicht zu vergessen sei Theodor Fontane, der in seinem Buch *Wanderungen durch die Mark Brandenburg* die Geschichte der von ihm besuchten Schlösser in den Mittelpunkt der Betrachtung gerückt hat. Die Liste ließe sich beliebig lang fortsetzen, was zeigt, wie vielfältig das subjektive Reiseerlebnis sein kein.

Aus der hier auch nicht annähernd vollständig zu berücksichtigenden Vielzahl von Reiseschilderungen sei noch der Sonderfall des britischen Abenteurers Wilfred Thesiger, eines der ganz großen Reisenden des 20. Jahrhunderts, angesprochen. Sein autobiografischer Bericht *Arabian Sands* entführt den Leser in die geheimnisvolle, aber keineswegs menschenleere Weite der arabischen Wüste (Thesiger, 2007). Thesiger wurde 1910 in Addis Abeba geboren und in England erzogen. Ab 1945 verbrachte er fünf Jahre unter oder besser mit den Beduinen im *Empty Quarter*, also im Süden der arabischen Halbinsel. Auch heutzutage übt das Stichwort „Arabien" durchaus noch eine ungeheure Faszination aus und ruft eine Fülle kulturell bedingter Assoziationen hervor, wenngleich im Zeitalter von GPS und Google Earth solche *Empty Quarters* kaum noch Bestand haben können. Thesiger gehört zu jenen Reisenden, die sich völlig an die vorgefundenen Bedingungen assimilieren. Unbedingt ein Zugehöriger, kein Tourist. Er wird unkenntlich, taucht ein in das Leben der Einheimischen, kleidet sich wie sie, teilt ihre Sitten und Gebräuche, ihre Entbehrungen, leidet unter Hunger und Durst: „Certainly I thought and talked incessantly of food, but as a prisoner talks of freedom, for I realized, that the joints of meat, the piles of rice, and the bowls of steaming gravy which tantalized me could have no reality outside my mind" (Thesiger, 2007, S. 158). Für ihn wird das Reisen zur Existenzweise der Sinne und er verschmilzt mit der vorgefundenen Lebenswelt, die Fremde wird seine Heimat, sein Zuhause. Als er nach all den Jahren von Sharja aus nach Großbritannien zurückfliegt, kommentiert er diesen tiefen Bruch mit einem eindrucksvollen Vergleich: „As the plane climbed over the town and swung out above the sea I knew how it felt to go into exile" (Thesiger, 2007, S. 330).

Eine solches „Reisen aus eigener Kraft" ist Abenteuer im eigentlichen Sinne. Für eine solche Unternehmung lassen sich kaum Ratschläge formulieren. Seine Erfahrungen wird jeder Reisende selbst machen (müssen). Der erste Schritt dazu ist ein Schritt innerer Überwindung und wie so oft der wichtigste. Eine Erkenntnis, die ähnlich bereits Laurence Sterne (1713–1768) in seinem überaus vergnüglichen Roman seinem Reisenden Yorick in die Feder diktiert: „DER Mann, welcher sich entweder zu fein ist oder zu bang, durch eine dunkle Einfahrt zu gehen, mag ein wackerer, vortrefflicher Mann sein; doch wird er nie und nimmer zu einem guten empfindsamen Reisenden taugen. Ich rechne wenig auf die zahllosen Dinge, die sich am helllichten Mittag und auf breiter und offener Straße abspielen" (Sterne, 2010, S. 256). Das Buch erschien 1768 nur wenige Wochen vor Sternes Tod. Gute vierzig Jahre älter und weit weniger ergötzlich ist hingegen die Aufstellung „Einige Regeln für diejenigen, die ihre erste Reise machen". Ein schönes Dokument der guten, besser gut gemeinten Ratschläge zur Vorsicht, Anpassung und zum Maßhalten, die durchaus nicht alle als veraltet oder skurril erscheinen mögen, vielleicht auch, weil es auf ein kognitives, rationales Vorgehen hindeutet. Einige Regeln sind indessen so selbstverständlich, dass ihre Erwähnung in dieser Liste verwundert. Allerdings verrät uns die Regel 12 mit ihrer verabsolutierenden Betonung einer wie auch immer gearteten Zweckmäßigkeit, dass es zu jener Zeit die pure Urlaubs- oder Erholungsreise noch nicht gegeben haben kann. Reisen kann wohl auch keine moralische Angelegenheit sein, wie der Titel der Zeitschrift den damaligen Lesern vielleicht zu suggerieren vermochte.

Hier das Regelwerk in seiner imperativen Originaldiktion:
1. Reise nicht mit Leuten, die du nicht kennst.
2. Nimm nicht zu viel Gepäck mit.
3. Prahle nicht mit deinem Geld.
4. Wenn du in einem Gasthof übernachtest, verriegele die Tür deines Zimmers.
5. Lerne die Sprache des Landes gründlich, in das du reisen willst.
6. Kleide dich so, wie es in der Fremde üblich ist.
7. Versuche Leute kennen zu lernen, die Ansehen genießen und von denen du etwas lernen kannst.
8. Gib dich nicht als jemanden aus, der du in Wirklichkeit nicht bist. Hüte dich vor jeglichen Übertreibungen. Du kannst sonst leicht entlarvt und verspottet werden.
9. Glaube nicht, dass alles Fremde gut ist. Halte aber nicht alles für schlecht, was dir unbekannt ist.
10. Hüte dich vor jeglichem Spiel. Denn du verreist nicht, um reicher, sondern um geschickter zu werden.
11. Besichtige nicht nur die wichtigsten Gebäude einer Stadt. Versuche auch die Sitten und Bräuche der Menschen kennen zu lernen.
12. Halte dir immer den Zweck deiner Reise vor Augen. Frage dich jeden Tag, ob du etwas gesehen und gehört hast, was diesem Zweck dient.

aus der Hamburgischen Moralischen Wochenschrift *Der Patriot* (1725).

Versuche, das Reisen zu reglementieren, hat es aus unterschiedlichen Antrieben und mit unterschiedlichen Absichten indessen immer schon gegeben. Mit seiner Einstellung, Reisen müsse der Bildung förderlich sein, ganz ein Kind seiner Zeit, stellte Leopold Graf Berchtold (1759–1809) seine 13 Regeln für das Reisen auf. In der fünften dieser gut gemeinten Maximen aus dem Jahre 1791 wird dann auch ganz folgerichtig deklariert: „Wer keinen Verstand und keine Beurteilungskraft von Natur hat, wird noch eher dümmer als klüger von seinen Reisen zurückkommen …". Auch die Neugierde, ein zentraler Beweggrund für das Reisen und dessen entwicklungsgeschichtliche Quelle wird in Berchtolds Betrachtungen diesem nicht näher definierten vorgegebenen Zweck einer „guten Reise" untergeordnet und damit ad absurdum geführt: „Neugierde wird eine Tugend, wenn sie aus der Neigung sich zu unterrichten und seinem Vaterlande nützlich zu werden, entspringt" (Berchtold, 2012, S. 84). Neugier ist eine belohnende Erfahrung um ihrer selbst willen und nicht eines Zweckes willen, Kraftquelle einer erfahrungsorientierten Motivation.

In seinem bereits erwähnten Buch versucht sich Sterne an einer Einteilung der Reisenden und ihrer Beweggründe. Yorick, Alter Ego, reklamiert für sich selbst den Status des empfindsamen Reisenden, der gereist ist „ebenso sehr aus *Notwendigkeit* und *besoin de voyager*" (Sterne, 2010, S. 27).

Der Bildung im Ergebnis einer Reisetätigkeit steht er eher skeptisch gegenüber: „Wissen und Verfeinerung lassen sich allerdings gewinnen, wenn man zu diesem Behufe zur See und mit der Post reist; ob aber nützliches Wissen und echte Verfeinerungen, dies bleibt eine reine Lotterie […] Ein Mann würde noch genauso weise handeln, brächte er es über sich, ohne ausländisches Wissen und ohne ausländische Verfeinerung zufrieden zu leben, zumal wenn er in einem Lande lebt, das an beidem keinen so gänzlichen Mangel leidet" (Sterne, 2010, S. 29 f.).

Dem können wir nur zustimmen. Bildung kann nicht Ziel des Reisens sein, allenfalls angenehmes Nebenprodukt.

Eine Phänomenologie des Reisens

Einen konzisen Überblick zur Kulturgeschichte des Reisens, seine Motivationen und seinen Niederschlag in der Literatur, vor allem in der Tagebuch-Mode im 19. Jahrhundert, liefert Katja Wolf (Wolf, 2010). Sie ordnet auch die Erwägungen des Grafen Berchtold dem Genre der Apodemiken zu. „Anfänglich in rein lateinischer Sprache verfasst, um das Reisen zu einer Kunst zu erheben und die Nützlichkeit und Schädlichkeit von Reisen zu erörtern, nahmen sie zunehmend den Charakter eines Reiseführers an, in dem detaillierte Anweisungen für Vorbereitung, Durchführung und Reflexion von Reiseunternehmungen beschrieben und regelrechte Fragenkataloge für eine wissenschaftsfundierte statistische Datenerhebung der bereisten Länder vorgegeben wurden" (ebenda, S. 11). Allzu nützliche Erwägungen und jedes Regelwerk erweisen sich als Ausdruck ihrer Zeit, die der Kunst des Reisens nicht gerecht werden (können). „Vergiß dabei nie die Hauptregel jeder gesunden Reise: Ärgere dich!" (Tucholsky, 1993, S. 116). Dass der eitle Anspruch auch satirisch gewendet werden kann, bewies Kurt Tucholsky in seinem Text *Die Kunst, falsch zu reisen*. Hier nimmt er den deutschen Spießer und Nationalisten aufs Korn und kritisiert den Misanthropen auf Reisen, insgesamt ein auch heute noch lesenswertes satirisches Meisterstück aus dem Jahre 1929. „In der fremden Stadt musst du zuerst einmal alles genauso haben wie es bei dir zu Hause ist – hat die Stadt das nicht, dann taugt sie nichts" (Tucholsky, 1993, S. 116). Wer indessen immer noch überzeugt davon ist, auf Ratschläge auch in puncto Reisen nicht verzichten zu können, dem sei bereits in Aussicht gestellt, dass im Kapitel II einige vorsichtige Hinweise aus funktionsanalytischer Sicht formuliert werden.

Eines ist unverkennbar und unverrückbar: Die Welt war immer schon in Bewegung. Aus einer Fülle historischer und zeitgenössischer Fortbewegungsgeschichten wurden in diesem Kapitel diverse Beispiele mit Bedacht herausgegriffen und unter dem Aspekt der ihnen zugrundeliegenden Motivationen betrachtet. Eine Schlussfolgerung liegt auf der Hand: Damit aus schnöder Fortbewegung genussvolles Reisen wird, sollte die pure Lust dazukommen, die Anstrengungen und Entbehrungen nicht ausschließen muss. Es kann auch lustvoll sein, unerwartete Probleme lösen zu können und Hindernisse zu bewältigen. Letztlich konstituiert die „Lust am …" erst das Reisen als Lebensäußerung an sich und bleibt sein entscheidendes Movens. Die Lust daran, irgendwo anders zu sein – darin soll die Übereinkunft dieses Buches bestehen, und zwar seine einzige – erhob das Reisen vom Bedürfnis in den Rang einer kulturellen Äußerung. Die wie jede kulturelle Äußerung auch zum Geschäft und zum Konsumartikel geworden ist. Das wie jedes Geschäft zerstörerische Tendenzen annehmen kann und damit das ursprüngliche Motiv korrumpiert. Diese Verbindlichkeit einmal angenommen, kommt es gar nicht mehr so sehr auf das explizit ausgewiesene Ziel einer Reise an, da ihre Motivation davon unabhängig ist und sich aus anderen Quellen nährt. Mit einem bekannten ukrainischen Trinkspruch, so berichtet John Steinbeck in dem fulminanten Bericht *Russische Reise*, die er zusammen mit dem Fotografen Robert Capa 1947 unternimmt, wird auf das Glück der Daheimgebliebenen angestoßen. Dieser elegante Toast impliziert einen Glückszustand der Reisenden (Steinbeck & Capa, 2013). Anderswo zu sein und sich selbst in einem andersartigen Zustand zu erfahren als im *modus operandi* der Alltagsroutine ist ein auch mit wenigen Mitteln erreichbares Glück, das im 3. Kapitel eingehender gewürdigt werden soll. Eine gut gefüllte Reisebörse ist nicht Voraussetzung einer glücklichen Reise, aber auch kein Hindernis, und auch die kostspieligste Reise muss nicht glücklos verlaufen. Mit dem Antritt einer jeden Reise nämlich wird die Brücke geschlagen von der Fantasie zur Anschauung. Die „Realisierung von Phantasien" (Hennig, 1999, S. 10) bleibt auch unter den Bedingungen der gebuchten Pauschalreise eine mächtige Triebfeder des Tourismus – ihr magischer (und deshalb kommerziell ausbeutbarer) Kern. Ohne die in ihm geborgenen Träume blieben alle Verlockungen der Tourismusindustrie glanzlos und wenig attraktiv. Reisen ist, weil für (fast) jedermann (in der industrialisierten Welt) mittlerweile erschwinglich, vom Kulturgut zur Ware – und das ist unwandelbar –, zu einer plebejischen, nicht aber demokratischen Veranstaltung geworden.

Weit eher als von pekuniären Mitteln ist das Erlebnis einer Selbsterfahrung von der Einstellung des Reisenden (und seiner Mitreisenden) abhängig. Der misanthropisch veranlagte Prototyp, wie er etwa in der Person des preußischen Barons Otto von Ottringel aus Storchwerder so geistreich im Werk der zeitlebens weit gereisten Schriftstellerin Elizabeth von Arnim (1866–1941) bespöttelt wird, wäre zu allen Zeiten besser zu Hause geblieben. Denn damals wie heute gilt zum Glück der Reisenden und Bereisten: Niemand wird zum Reisen gezwungen; ein Aspekt, der in einem späteren Kapitel aufgegriffen werden soll. Elizabeth von Arnim wurde in Australien unter dem Mädchennamen Beauchamp geboren. Sie war eine Cousine der berühmten Katherine Mansfield, mit der sie viel Zeit verbrachte, und ehelichte mit 23 Jahren den preußischen Grafen Henning August von Arnim-Schlagenthin. Mit ihm zog sie auf sein Rittergut mit dem freudlosen Namen Nassenheide im weltabgeschiedenen Pommern. Als sie sich 1908 wieder von ihm trennte und nach London zog, hatten sie fünf gemeinsame Kinder. Sie starb nach zwei weiteren Ehen hochbetagt in Charleston im US-Bundesstaat South Carolina. Ihre sterblichen Überreste gingen im Herbst 1945 auf eine letzte große Reise und wurden in England beigesetzt. Ihr satirisch grundiertes Meisterstück, der Roman mit dem mäßig anziehenden deutschen Titel *Die Reisegesellschaft*, erschien 1909 unter dem englischen Originaltitel *The Caravaners*. Wir dürfen annehmen, dass von Arnim auf eigene Reiseerlebnisse zurückgriff.

Im August 1906 fuhr sie für mehrere Wochen mit Pferd und Planwagen durch Südengland, eine damals absolut aufsehenerregende Unternehmung. In der literarischen Reisegesellschaft erleben wir den fiktiven Baron Otto von Ottringel als borniertin, sich der Lächerlichkeit preisgebenden preußischen Junker; ein knauseriger Nörgler, der mit dem Antikmodell eines Wohnwagens – von einem nicht immer lammfrommen Pferd, „überfüttert und unterfordert", gezogen – unterwegs ist.

Der Baron beschreibt dessen Interieur mit seinem Eindruck „von Behaglichkeit, hervorgerufen von dem grünen Teppich, dem grünen Arras-Leinen an den Wänden, den grünen Daunendecken auf den Betten, der grünen Portiere, die den Hauptraum von dem kleinen Teil vorn abtrennte, den wir als Ankleidezimmer benutzten, den geblümten Vorhängen, der Reihe bunt gebundener Bücher auf einem Brett und dem Glanz der Kerzenleuchter aus Messing, die mich jedesmal, wenn ich mich bewegte, zu stoßen schienen" (Arnim, 1995, S. 82 f.). Einer wie er kann die Beschränkungen seines Standes auch unterwegs nicht überwinden und tritt in alle möglichen Fettnäpfchen. Voll und ganz entspricht er dem Typus Reisender, den Kurt Tucholsky in seiner Satire *Von der Kunst, falsch zu reisen* bloßgestellt hat. Durch seine Übellaunigkeit und Miesepetrigkeit bringt er sich um jedes Erlebnis von Zugehörigkeit und Selbsterfahrung. Aufgeschlossenheit und Neugier sind ihm unbekannt, Weltläufigkeit ist ihm ein Gräuel. Er reist herum, weil er später unter seinesgleichen renommieren möchte, also aus Prestige-Gründen. Schon vor Reiseantritt malt er sich aus, „wie sie sich bei Soireen um uns drängen und uns mit Fragen bombardieren würden. Wir stünden dann im Mittelpunkt des Interesses" (Arnim, 1995, S. 23). Er ist jemand, der genau das auf Reisen sucht und der sich lediglich jenes bestätigen lassen möchte, was er immer schon gewusst oder auch nur geahnt hat: ein Selbstgefälliger und mehr als das, ein Chauvinist in doppelter Hinsicht. Zum einen ist er natürlich felsenfest von der

Überlegenheit des deutschen Wesens, insbesondere in seiner preußischen Ausformung, überzeugt: „Hätte ich doch meine Uniform und meine Sporen angehabt, damit die memmenhafte Insel einmal einen richtigen Soldaten gesehen hätte!" (Arnim, 1995, S. 41). Des Weiteren offenbart er ein exzessives männliches Überlegenheitsgefühl, eine damit einhergehende Herabsetzung und Verachtung der Frauen, unter der insbesondere auch Edelgard, seine Ehefrau, die „in der Küche äußerst intelligent und überhaupt nicht intelligent außerhalb derselben ist", zu leiden hat. Beide Defekte vereinen sich trefflich zu einem (ab)geschlossenen Weltbild: „... das ist der Typ Frau, der unsere große Nation zu dem gemacht hat, was sie ist, der sie auf breiten Schultern zum ersten Platz in der Welt hochgehoben hat ..." (Arnim, 1995, S. 33). In seiner Großmäuligkeit kommt ihm jedes Gespür für Takt, jeder Sinn für Anstand und Empathie für ihm fremde Kulturen und Lebensweisen abhanden. Wo er auftaucht, herrscht betretenes Schweigen. Hier tritt kein Tölpel auf, nicht der Elefant im Porzellanladen, sondern der aggressiv Unzufriedene, der mit seinen skurrilen Verstiegenheiten bereits als Bedrohung empfunden wird.

Der Baron verkörpert den Typus eines Reisenden, dessen persönlichkeitsstiftende Grundausstattung seither in Literatur und Film mannigfach variiert worden ist. Denken wir etwa an die Urlaubserlebnisse der bayrischen Familie Löffler aus Ampermoching am Tyrrhenischen Meer aus der Filmsatire *Man spricht deutsch* (1988) mit Gerhart Polt. Auch dieser, von Publikum und Kritik damals begeistert aufgenommene Film, präsentiert uns mit seinen Figuren und Situationen einen Typus von dreister Selbstbezogenheit, über den man durchaus herzlich lachen können, allerdings nicht die Nase rümpfen sollte, denn der stereotypen Verzerrung in der Wahrnehmung des Fremdartigen fallen wir wohl alle und, ohne dass wir es gerne wahrhaben wollen, allzu leicht anheim. Zwar gerät der Körper des Reisenden zwangsläufig in die Bewegung – in der Zeit, die dann nicht mehr stillsteht, und im Raum –, seine Sichtweisen müssen aber davon nicht unbedingt betroffen sein. Eine typische Otto-von-Ottringel-Einstellung wie „Die Engländer sind oberflächlicher als wir, leichtlebiger, weibischer, zimperlicher" ist auch heute in vielfachen stereotypen Varianten existent und wird gelegentlich sogar offen ausgesprochen (Arnim, 1995, S. 200). Einen Geistesverwandten von Ottringels dürfen wir getrost auch in jenem namentlich nicht genannten Reisenden erblicken, der vor dem Amtsgericht Hannover auf eine Erstattung von 50 Prozent des Reisepreises klagte. Er hatte eine Reise in die Türkei mit All-inclusive-Paket gebucht. In seinem Hotel in der Stadt, so seine Beschwerde, vernahm er mehrmals täglich, durch Lautsprecher verstärkt und erstmals um sechs Uhr früh, die Rufe des Muezzins zum Gebet. Die Richter wiesen seine Klage ab mit der Begründung, Muezzinrufe seien in der Türkei als landestypisch zu bezeichnen und damit hinzunehmen. Wir können vermuten, dass ihnen die Entscheidungsfindung nicht schwergefallen ist (nd ratgeber, 28. 05. 2014).

Unvoreingenommen und neugierig auf das, was sie sehen werden, sowie auf die, denen sie begegnen werden, unternehmen dagegen John Steinbeck (1902–1968) und Robert Capa (1913–1954) im Jahre 1947 ihre bereits erwähnte Erkundungsreise in die Sowjetunion. Eine in mancher Hinsicht abenteuerliche Reise in ein vom Krieg zerstörtes Land, das im Westen bereits durch die Brille des soeben eingesetzten Kalten Krieges betrachtet wird. Das Wort vom „Eisernen Vorhang" hat sich soeben in Sprachgebrauch und Bewusstsein eingenistet. Unter solchen Vorzeichen hätte es nahegelegen, dass die beiden US-Amerikaner den zahlreichen grotesken Darstellungen und verzerrenden Berichten einen weiteren hinzugefügt hätten. Es gelingt ihnen jedoch, von gängigen Vorurteilen abzusehen und sich auf das riesige Land und seine Menschen einzulassen. Genau dieser Lern-Prozess reduziert Fremdenfeindlichkeit (Sapolsky, 2017), ein positives Nebenprodukt des Reisens, wenn Kontakt zu den Individuen des Landes hergestellt werden kann. So besuchen sie etwa Stalingrad und beschreiben eindringlich, wie bewundernswert die überlebenden Menschen ihren Alltag unter Schutthalden und Trümmern gestalten. „Wir sind gekommen, um eine Reportage zu machen, falls das möglich ist. Wir haben vor, genau das aufzuschreiben und zu fotografieren, was wir sehen und hören, ohne Kommentare. Wenn es Dinge gibt, die wir nicht mögen oder verstehen, dann schreiben wir auch das auf. Aber wir sind wegen einer Story gekommen", erklären sie einem Moskauer Offiziellen, von dem sie eine Genehmigung brauchen (Steinbeck & Capa, 2013, S. 35 f.). Wo sie etwas nicht verstehen, räumen sie das ein; wo sie Differenzen ausmachen, sprechen sie diese an, ohne ihren eigenen Standpunkt als absolut zu betrachten und durchsetzen zu wollen. Wo es etwas Staunenswertes gibt, bestaunen sie es. Wenn es etwas zu bewundern gibt, bewundern sie es. Das Befremdende wird registriert und auf eine ausgesprochen hintersinnig ironische Art und Weise notiert, freilich ohne Menschen zu verletzen und ohne amerikanische Verhältnisse und Gewohnheiten im Vergleich unangetastet zu lassen. Mit dieser Herangehensweise erweist sich rasch, dass das Gemeinsame, und zwar auch auf dem Gebiet der Dummheiten, überwiegt.

Ein glücklicher Zufall erlaubt dem Leser einen interessanten Vergleich. Etwa zur selben Zeit, von September 1947 bis März 1948, geht ein anderes berühmtes Paar auf eine ebenso spektakuläre Reise, und zwar durch Südamerika, von der venezolanischen Hafenstadt La Guaira bis nach Buenos Aires. Es handelt sich um den bereits erwähnten britisch-nordamerikanischen Schriftsteller Christopher Isherwood und seinen Freund William Caskey, einen Iren aus Kentucky. Ihr gemeinsames Buch, inzwischen auch in Deutsch erhältlich (Isherwood, 2013), besteht aus Tagebuchaufzeichnungen und Fotos. Auch in seinen Schilderungen ist die unmittelbare Nachkriegszeit erkennbar, wenngleich im abgelegenen und von den Ereignissen weitgehend unberührten Südamerika bei weitem nicht auf so schreckliche Art und Weise präsent wie in der vom Krieg verwüsteten Sowjetunion. Aber die Konflikte der Zeit, der beginnende Kalte Krieg, sind spürbar. In beiden Büchern finden wir eine Offenheit für die Fremde; keine Unvoreingenommenheit, dafür sind sie als Reisende zu sehr geprägt, aber das aufrichtige, tätige Bemühen, ein Verständnis für die andere Lebensweise aufzubringen. Im Vergleich zu Steinbeck ist Isherwood der bessere Stilist, im Vergleich zu Caskey erscheint Capa als der inspiriertere Fotograf. Zweifellos ist die Aufgabe von Isherwood/Caskey die schwierigere. Für Steinbeck/Capa hat die Reise in die Sowjetunion einen klaren Schwerpunkt in der Darstellung der Beseitigung der Kriegszerstörungen aller Art sowie in der unverstellten Sicht auf ein Land, das in der amerikanischen Öffentlichkeit nur klischeehaft und zunehmend feindselig wahrgenommen wird. Armut, politische Instabilität, Kolonialismus und der Mythenreichtum des südamerikanischen Kontinents hinterlassen hingegen ihren Landsleuten eine Verwunderung, ja Verstörung, die Isherwood nicht wegleugnet und schon gar nicht mit gut gemeinten Ratschlägen aufzulösen versucht. Im Gegenteil gesteht er angesichts der gewaltigen Kontraste seine Ratlosigkeit ein und versucht sich in Gesprächen zu informieren. Er resümiert zumeist abwägend und hütet sich vor abschließenden Urteilen, so z. B. über die Entwicklung Ecuadors: „Während der letzten Jahre haben sie viel erreicht, doch die Aufgabe, die vor ihnen liegt, ist riesig. Also müssen sie an die Zukunft glauben, und ihr Stolz ist Teil ihres Glaubens" (Isherwood, 2013, S. 177). Zwar gibt er auch kritische Verweise auf die Rolle und die Interessen der USA in diesem geografischen Raum, in erster Linie führt er jedoch die registrierte Rückständigkeit auf die spanische Vergangenheit und die unrühmliche Rolle der katholischen Kirche zurück. Jederzeit und in allen Situationen erweist sich Isherwood als glänzender Stilist, dessen ironischer, auch selbstironischer

Sprachduktus die Lektüre der Reisetagebücher zu einem besonderen Vergnügen werden lässt. „Ein Tagebuchschreiber sollte sich, zumindest hin und wieder, lächerlich machen. Er zielt darauf ab, eher impressionistisch und spontan zu sein anstatt verlässlich" (Isherwood, 2013, S. 358). Nun gelingt es dem Autor jedoch allemal, die Spontaneität seiner Tagebuchnotizen in äußerst ansprechender Weise zu verdichten und dank einer ausgefeilten Ästhetik zu bemerkenswerten Einsichten in die Natur des Reisens und die höchst komplexen Motive des Reisenden zu gelangen.

Zu einer höchst wichtigen Erkenntnis verhilft einem das Reisen mithin allemal: Die grundlegenden Bedürfnisse der Menschen sind in allen Weltgegenden kongruent, variieren jedoch individuell. Zum Verbindenden zählt zweifellos auch der Wunsch nach einem friedlichen Zusammenleben. Zu dessen Voraussetzungen wiederum gehört gewiss auch das Reisen, das nun einmal nur in Friedenszeiten möglich ist.

Freilich gilt auch dieses, was uns nicht nur die literarische Figur des Barons von Ottringel vor Augen führt: Das Reisen garantiert nicht per se jene Offenheit und menschliche Wertschätzung dem Fremden gegenüber, die nichts mit Nivellierung zu tun hat, sondern vielmehr diese noble Grundhaltung auf eine – mitunter harte – Probe stellt. Eine solche jedoch einzunehmen, sich zumindest fortwährend darum zu bemühen, steigert indessen den Genuss am Reisen ganz ungemein. Dazu können auch die Begegnungen mit fremden Menschen nicht unerheblich beitragen. Das Beziehungsbedürfnis kann beim Reisen in besonderer Weise gestillt werden und stellt einen wichtigen Anreiz dafür dar (s. a. Kap. III, Psychologie des Reisens). Welterfahrung ist nicht ohne die Anstrengung eigener Bewegung, nicht ohne emotionale und intellektuelle Mobilität zu bekommen. Denn Erfahrung, wusste schon Goethe, manifestiert sich fast immer als Parodie auf die Idee. Diese beinhaltet auch das Scheitern im Sinne der Erkenntnis einer subjektiv erlebten Unvereinbarkeit der Lebenswelten, eines mitunter schwer aushaltbaren Zivilisationsbruchs. In einem Essay mit dem beredten Titel *Abschied von Europa* erinnert sich der Schriftsteller Paul Nizon an eine Fernreise, für deren Beschreibung er erst Jahre später die geeigneten Worte fand. Die Reise nach Sumatra, Thailand sowie an den Golf von Siam zu Menschen, die noch abseits unserer Zivilisation leben, fand im Sommer 1975 statt, der erwähnte und immer noch höchst lesenswerte Text wurde erst 1982 geschrieben. Zu nachhaltig erschreckend wirkten die Eindrücke dieser Reise auf ihn ein, stellten Gewissheiten in Frage: „Gemessen an dem Gesehenen, erscheint mir meine Eigenwelt seitdem oft wie ausgedacht, unwichtig. Aber was habe ich sonst? Es wurde etwas unterhöhlt in mir. Es ist etwas geschehen, wie wenn ich in Stücke fiel" (Nizon, 2003, S. 8). Wir können den Begriff Eigenwelt hier durchaus in Übereinstimmung mit dem Blumenberg'schen Lebenswelt-Konzept lesen und verstehen. Für sich selbst, nicht für seinen Reisekameraden, der sich in bewundernswerter Leichtigkeit durch die fremden Verhältnisse bewegt, gesteht Nizon freimütig ein, was er als Begrenztheit des Touristen ausgemacht hat: „Alle Touristen haben etwas Schafsköpfiges, nicht nur Verlorenes, sondern ausgesprochen Dümmliches, vor allem in den Augen der Ansässigen. Sie bewegen sich begriffsstutzig, wie in Zeitlupe, und da sie weder die Landessprache beherrschen noch sie lesen können, wirken sie wie Analphabeten. Sie stehen überall im Wege und entfalten umständlich Stadtpläne, hemmen den Ablauf, und sie reagieren verhältnisblöd, übervorsichtig oder überlaut, nie natürlich" (Nizon, 2003, S. 42 f.). Weswegen sie überall, möchte man hinzufügen, auch sofort als solche, als Nicht-Zugehörige, erkannt werden. Es sei denn, sie gäben ihre Existenz als Europäer – wie im Falle Wilfred Thesigers – zumindest vorübergehend auf. Ein Fazit, das es in sich hat und das nicht in Gänze von der Hand zu weisen ist. Sich mit ihm zu befassen, legt dem Reisenden jenes

Maß an Demut nahe, das wiederum weltweit eine geschätzte Visitenkarte abgeben würde, aber mitunter auch mit Herzlosigkeit verwechselt werden kann. Mit Nizon befreundet war Elias Canetti, der mit seinem Buch *Die Stimmen von Marrakesch* ein bleibendes Kleinod der Reiseliteratur geschrieben hat. „Auf Reisen nimmt man alles hin, die Empörung bleibt zu Haus. Man schaut, man hört, man ist über das Furchtbarste begeistert, weil es neu ist. Gute Reisende sind herzlos", befindet er, als er auf dem Markt in Marrakesch unter die Blinden gerät (Canetti, 2004, S. 23 f.). Blinde Bettler, die fortwährend den Namen Allahs anrufen und hölzerne Almosenschalen vor sich hinstrecken. Canetti ist tief berührt von den „Heiligen der Wiederholung" und begreift rasch die Verführung, die „in diesem Leben liegt, das alles auf die einfachste Art von Wiederholung reduziert" (Canetti, 2004, S. 72). Eine Sichtweise, die als literarische Überhöhung und damit einhergehende Relativierung schicksalhafter Härten spontanen Widerspruch evozieren mag. Die Art und Weise indessen, wie Nizon und Canetti die Gestalt des Reisenden in ihren Blick nehmen und jeweils ausleuchten, schlägt einen schönen Bogen zur Egozentrik des Reisens und damit zur Psychologie. Der soll im folgenden Kapitel abgeschritten werden.

Zusammenfassend ließe sich also erkennen:
- Reisen ist ein komplexes Phänomen, welches in seiner Vielfalt und seinen überlappenden Motivkräften nicht in drei Sätzen zu erklären und zu verstehen ist.
- Reisen hat einen Wert in sich selbst, ist ein starker Antrieb, den auszuleben Reisende viel investieren – Zeit, Energie, materielle Ressourcen – oder in Kauf nehmen, wie mögliche Verunsicherungen und das Risiko der Enttäuschung und des Scheiterns.
- Persönliche Bildung und eine Reduktion von Vorurteilen gegenüber fremden Kulturen sind Nebenprodukte des Reisens, können aber nicht das Ziel bzw. der Zweck der Reise sein.

- Es gibt niemals Unvoreingenommenheit, weder beim Reisenden noch bei den Besuchten. Der Reisende kann aber die touristischen Wagenburgen wie All-inclusive-Resorts oder Kreuzfahrtschiffe meiden und stattdessen Begegnung suchen, sich treiben lassen und sich einlassen.

III. Psychologie des Reisens

Gewisse Zustände der Seele jedoch scheinen uns, ob zu Recht oder zu Unrecht, sich selbst zu genügen: so die hohe Freude, der tiefe Kummer, die Leidenschaften des reflektierenden Gemüts, die ästhetischen Affekte.
Henri Bergson, in *Zeit und Freiheit*.

1 Ist Reisen wissenschaftlich erklärungsbedürftig und erklärbar?

Die unendliche Vielfalt subjektiver Reiseerfahrungen wird in den in Kapitel II vorgestellten Reiseerzählungen deutlich. Wenn das Reisen wissenschaftlich erklärt werden soll, geht es vor allem um die Klärung der unterschiedlichen Motive zum Reisen, darum, die Beweg-Gründe zu verstehen, und in diesem Bereich steht die Psychologie als Wissenschaft an prominenter Stelle.

Beim Phänomen des Reisens, welches ähnlich dem der Kunst keinen weiteren Zweck besitzt als den in sich selbst angelegten, gelangt man zu den Motiven, den Beweg-Gründen, die schon von der Wortbedeutung her (lat. = movere) mit dem Reisen eng verbunden sind. Auch die Kunst kommuniziert „Motive", die von anderen geteilt werden können und als Nebenprodukt die (innere) Bewegung des Zuhörers, Betrachters, erzeugen.

Führt man das Reisen auf jene Motive zurück, die in der Psychologie untersucht wurden, so gelangt man schnell zum Explorationsverhalten, zur Neugier und Entdeckerfreude, vielleicht sogar zur Abenteuerlust, in der Psychologie *sensation seeking* (Berlyne, 1960; Zuckerman, 1979) genannt. Die Ausprägung dieser Motive variiert in Bezug auf die Lebensphase und ihre Ausgestaltung individuell. Hier wird analysiert, inwieweit die verschiedenen psychologischen Theorien zur Erklärung des Reisens als menschliche Tätigkeit herangezogen werden können und welche Fragen weiterer wissenschaftlicher Untersuchung und Theoriebildung bedürfen. Erste Schritte in diese Richtung wollen wir mit diesem Buch gehen.

Ähnlich wie bei anderen Aktivitäten des Menschen, zum Beispiel dem Erzählen, dem Tagträumen oder dem Lesen, geht es darum, die Grenzen des Vertrauten zu überschreiten, sich auf fremde, unerwartete Erfahrungen einzulassen und somit den eigenen Erfahrungshorizont zu erweitern. Den meisten Menschen widerstrebt es, ein Leben in vorgefertigten Bahnen zu verbringen, wenn diese auch noch so angstreduzierend und vertraut sein sollten. Den Drang, diese Grenze zu durchbrechen, findet man nicht nur beim Reisen, hier wird der Begriff allerdings auch im konkreten räumlichen Sinne bedeutsam. Das Besondere am Reisen ist in Unterscheidung zu den vorgenannten Bereichen innerer Erfahrung die Körperlichkeit, jene sinnlich-körperliche Erfahrung, die durch kein virtuelles Angebot, auch nicht durch mentale Reisen, ersetzt werden kann. Auch dass dieser physische Aspekt, der eine einmalige Erfahrungsmöglichkeit bietet, nicht objektivierbar oder konsumierbar ist, wird hier ausführlich erörtert werden.

Das Ziel einer wissenschaftlichen Betrachtung wie dieser kann aus unserer Sicht u. a. darin bestehen, das Reisen für die Selbstentwicklung und die Gestaltung persönlicher Lebensqualität nutzbringend zu machen, denn die beste Theorie ist eine, die sich in der Praxis als nützlich erweist (Lewin, 1935). Sollte sich also herausstellen, dass das Reisen oder eine bestimmte Art des Reisens generell der Selbstentwicklung und der persönlichen Lebensgestaltung dient, ähnlich den Prozessen des biografischen Erinnerns und Erzählens (Ritz-Schulte & Huckebrink, 2012), dann kann das Wissen über den Gegenstand diesen Prozess verfeinern und unterstützen, kann Enttäuschungen vorbeugen, aber kein Sich-Einlassen auf individuelle Reiseerfahrungen ersetzen.

Die Geisteswissenschaften als text- und handlungsverstehende Wissenschaften (Janich, 2012) bieten eine Perspektive auf den Menschen als erlebnis- und handlungsfähiges Subjekt, und somit eine Perspektive auf den Menschen als Person in wechselnden Umwelten sowie als kulturgeprägtes Wesen. Diese quasi unendliche Phänomenologie wurde im vorigen Kapitel deutlich. Für die psychologische und naturwissenschaftliche Betrachtung des Reisens wurde die neuropsychologische Perspektive gewählt. Hierbei stellt die PSI-Theorie von Kuhl und seinem Team (2001) einen meta-theoretischen Ansatz dar, welcher aktuelles psychologisches Wissen und unterschiedliche Perspektiven wie keine andere integrierend verbindet, neuropsychologische Erkenntnisse auf didaktisch und allgemeinverständliche Weise präsentiert und genau jene Phänomene in den Vordergrund stellt, die beim Reisen für die Selbstentwicklung bedeutsam erscheinen: die Motivation zur Bewegung und die dynamische Persönlichkeitsentwicklung. Diese persönlichkeits- und motivationspsychologische Perspektive wird ergänzt durch einen tätigkeitsorientierten Ansatz, der die Motivation nach Umweltbezug aufgreift (Oerter, 2000; Leontjew, 1979). Darüber hinaus scheint es von Interesse zu sein, verschiedene Reisepersönlichkeiten zu unterscheiden, da nicht alle Erkenntnisse zum Thema Reisen gleichermaßen für alle gelten. Wie in unserem Vorwort bereits erwähnt, werden somit unterschiedliche Zielgruppen angesprochen: die Reisenden selbst, Psychologen, Literaturwissenschaftler und nicht zuletzt Tourismusexperten, die sich nicht nur einem ökonomischen, sondern einem nachhaltigen, sozial verträglichen und ökologischen Tourismus verpflichtet fühlen. Nicht zuletzt ist dieses Buch für alle Reisenden gedacht, die gleichzeitig Erkenntnis-Suchende sind. Erkenne dich selbst!

Es ist unser Anliegen, einen Weg zum Selbstsein und zu persönlicher Freiheit durch das Reisen aufzuzeigen. Dieser Weg ist kein geradliniger, direktiver Weg und beileibe nicht der einzige zu intensivem Selbsterleben. Reisen ist jedenfalls eine Möglichkeit des freien Selbstseins, welches gleichzeitig die Bedingung für künstlerisches Handeln ist. Reisen ist eine Art der Lebenskunst, ähnlich der autobiografischen Erzählung, die eine künstlerische Form der Selbstvergewisserung darstellt (Ritz-Schulte & Huckebrink, 2012). Vielleicht kann man aus der Tätigkeit des Reisens etwas für andere Lebensbereiche Bedeutsames extrahieren und auch für andere ähnliche, bisher von der Psychologie eher vernachlässigte Bereiche des Erlebens und Verhaltens erhellen, z. B. die Bedeutung autotelischer Aktivitäten sowie die des Erfahrungslernens.

Im vorhergehenden Teil dieses Buches wurde ein Einblick in die Vielfalt des Themas geboten, wie es sich in der Erfahrung von Reisenden in der Literatur sowie in der Geschichte des Reisens darstellt. Dabei ist sehr deutlich geworden, wie komplex und vielfältig das Phänomen des Reisens zu allen Zeiten sich entfaltet, so dass auch sein Verstehen vor dem Hintergrund der Psychologie nur eine Annäherung aus mehreren wissenschaftlichen Perspektiven sein kann. Bisher gab es kaum eine nennenswerte Auseinandersetzung mit dem Thema Reisen in der wissenschaftlichen Psychologie. Stand im ersten Teil dieses Buches die Erfahrungsvielfalt beim Reisen aus einer phänomenologischen, biografischen, künstlerischen, historischen und ethnologischen Perspektive im Vordergrund, geht es nun um die Abstraktion von konkreten Reiseerlebnissen, von den Inhalten der Erfahrung sowie um die Hinwendung zu den Prozessen, welche Reisen analysierbar machen, aber nicht vollständig erklärbar. Medizinische Wissenschaftler der Universität Helsinki fanden einen engen Zusammenhang zwischen regelmäßigen Urlauben und einer längeren Lebenszeit heraus (Großmann, 2018) und stellten diese Studie samt ihren

Ergebnissen auf dem Europäischen Kardiologenkongress in München vor. Regelmäßige Urlaube und Auszeiten senken gemäß der *Helsinki Businessmen Study* die Sterberaten (z. B. vor der Rente) deutlicher als eine gesunde Lebensweise. Nun, wie wir bereits im vorangegangenen Kapitel erfahren haben, kann man Urlaub und Reisen nicht gleichsetzen, beide Phänomene können sich überlappen. Die Er„laub"nis zum Reisen in Form betrieblich garantierter Ur„laub"szeiten ist ein wichtiger präventiver Baustein zur Gesundheitsfürsorge, die wiederum eine Basis der persönlichen Entwicklungsmöglichkeiten ist.

In wissenschaftlicher und funktionsanalytischer Sicht interessiert, wie Reisen psychologisch erklärt werden kann, was die Voraussetzungen des Reisens, was seine Konsequenzen sind und was die daraus gewonnenen Erfahrungen bei Menschen auslösen.

2 Einführung in die Psychologie des Reisens

Braucht das Reisen eine psychologische Erklärung? Die Antwort ist ganz klar verneinend und mag nach der Lektüre der vorherigen Kapitel nicht weiter überraschen. Reisen gab und gibt es ohne wissenschaftliche Erklärungen und jeder Reisende kann und soll seine Reiseerlebnisse auch ohne wissenschaftliches Verständnis genießen. Gleichwohl kann es in mancher Hinsicht bedeutsam sein, das Reisen als urmenschliche Aktivität psychologisch zu beleuchten und sich zu fragen, was genau es ist, was das Reisen so bedeutsam und attraktiv für Menschen macht? Wie kann ich es vermeiden, auf Pseudo-Reiseerlebnisse, auf Surrogate, hereinzufallen, die meine ursprünglichen Beweggründe und Bedürfnisse ungestillt und unbefriedigt lassen? Das hier präsentierte und von uns zusammengestellte

Wissen kann, so wünschen wir es, bei der Planung von Reisen hilfreich sein, um die Voraussetzungen für ein erfüllendes Reiseerlebnis zu optimieren.

Es geht darum, menschliche Bedürfnisse hinsichtlich der Reiselust wissenschaftlich besser zu verstehen und Erkenntnisse zu nutzen, um einen Blick auf die verschiedenen Möglichkeiten des persönlichen Lebensstils, auch beim Reisen, zu werfen. Die Frage, die sich viele Menschen stellen, heute und eigentlich schon immer – nämlich, seitdem sie ein Bewusstsein ihrer Selbst erlangten –, ist die nach einem grundlegenden Sinn und nach Orientierung in ihrem Leben. Welcher Lebensstil schenkt mir Lebensqualität, Wohlbefinden oder gar Erfüllung? Welche sind die Werte, für die ich ein Commitment spüre? Werte werden kulturell überliefert, aber nicht erst seit der Aufklärung auf individuelle Passung hinterfragt. Und in der heutigen Zeit verfallen immaterielle Werte zunehmend zugunsten des Kapitals auch und gerade im sozialen Bereich, im Gesundheitsbereich und in der Bildung. Dies sind originär keine materiellen Bereiche des menschlichen (Zusammen-)Lebens. Und in diesem Fragehorizont erscheint uns das Reisen oder auch das Nicht-Reisen als lohnendes Thema. Zurück zur Frage nach der Motivation, nach den „Beweg"-Gründen für das Reisen. Reisen verbraucht Energie und Ressourcen, erfordert Investitionen in Form von Zeit, Geld und physischer wie psychischer Energie und bringt dem Reisenden in der Regel keinen materiellen Profit. Wenn die Kosten für das Reisen so hoch sind, was ist der immaterielle Gewinn, worin besteht seine immaterielle Belohnung?

Reisen scheint der Prototyp intrinsisch motivierten Verhaltens zu sein. Intrinsisch motiviert zu sein bedeutet, dass der Anreiz in der Tätigkeit selbst liegt und keinen darüber hinaus verweisenden Zweck hat (Oerter, 2000). Aktivitäten, zu denen Menschen aus eigenem Antrieb ohne äußere Belohnungen motiviert sind, nehmen im Zeitalter des Funktionierens und der digitalen Dauerberieselung ab. Seit der Erfindung der Lohnarbeit, mit anderen Worten seit der Industrialisierung, haben Menschen lernen müssen, vor allem wegen extrinsischer Belohnungen aktiv zu werden, und möglicherweise die Bedeutung intrinsischer Motivation zunehmend verleugnet.

Wenn dem so ist, dann wird es tatsächlich spannend, der Frage nachzugehen, warum Menschen reisen. Der Mensch kann bestimmte Aktivitäten bevorzugen, die keinen primären Überlebenswert haben und keinen weiteren Zweck haben als die Erfahrung der Tätigkeit selbst. Die Neigung und Fähigkeit, Dinge und Erfahrungen wertzuschätzen, obwohl sie für das unmittelbare Überleben keine Rolle spielen, z. B. ästhetische Erfahrungen oder künstlerisches Gestalten, unterscheidet den Menschen vom Tier.

Das Reisen ist, wie wir in diesem Buch zeigen, eine Möglichkeit, unterwegs zu sich selbst zu sein. Dabei ist das intensive Selbstgespür, das freie Selbstsein eher ein Nebenprodukt des Reisens und kann nicht dessen Ziel sein, weil die erwünschten Zustände nicht zielorientiert herstellbar sind, sondern immer sein Nebenprodukt. Bestimmte Erfahrungen implizieren das Risiko der Enttäuschung und des Scheiterns, aber auch die Chance auf Glück und Erkenntnis. Solche Erfahrungen, die sich dem Utilitarismus entziehen, sind niemals ohne Risiko zu haben. Sich selbst zu erkennen, eigene Bedürfnisse zu spüren und Motive zu klären, ist die Basis für die Entwicklung von innerem Wachstum und Identität. Wer sich selbst nicht so gut verstehen kann, der kann auch andere nicht verstehen, ein naheliegender Zusammenhang, den die Empathieforschung bestätigt (Bischof-Köhler, 1989; Sapolsky, 2017; Decety, 2011). Die Verbindung von Selbstverstehen und Empathie entwickelt sich besonders beim Reisen, nicht nur, weil auf Reisen die Toleranz für Neues und Fremdes offensichtlich gefördert wird, wie eine Befragung an 7292 Personen in verschiedenen Ländern nahelegt (Münstersche Zeitung, 23. April

2016, Marktforschungsplattform cint.com). Das Selbstverstehen wäre für die Toleranz jedoch nicht zwingend notwendig, bildet aber dessen neurologische Basis, denn Selbstverstehen und Empathie erfolgen über die gleichen Gehirndynamiken: der Zusammenarbeit des anterioren cingulären Cortex (ACC) mit dem dentromedialen präfrontalen Cortex (dlPFC) sowie der Amygdala mit dem Insellappen. Allerdings bevorzugen diese Kreisläufe unter bestimmten Bedingungen die Ingroup. Diese Toleranz-Lücke wird durch Kontakt, d. h. durch Reiseformen, welche Kontakt zur einheimischen Bevölkerung ermöglichen, reduziert. Wer sich selbst gut spüren kann, kann auch andere besser verstehen und existenziell erkennen, dass es nicht das eigene Problem, Gefühl, Leben ist, sondern das des anderen (*Theory of Mind*).

Praktisch eingeübte Toleranz benötigt kein Selbstverstehen, und trotzdem erkennen wir das, was uns selbst ausmacht, gerade im Spiegel des Andersartigen. Eine vertiefte Selbstvergewisserung ist ein wichtiger Effekt beim Reisen, und so führt es auf vielen Wegen zu mehr sozialer Kompetenz und zu mehr Selbstkompetenz. Fremde Menschen zu verstehen, die kulturell ganz anders aufgewachsen sind und geprägt wurden als man selbst, bedeutet über sich selbst hinauszublicken und damit zu wachsen, sich quasi aus einer Außenperspektive zu betrachten, was eine größere Herausforderung darstellt als Empathie im eigenen vertrauten Kreis. Wegen dieser und noch weiterer Gründe kann man das Reisen als kraftvolle Möglichkeit der Persönlichkeitsbildung und Persönlichkeitsentwicklung betrachten. Dies entspricht dem Diktum Goethes, dass Reisen bilde. Wie sich zeigen wird, ist das Reisen eine *via regia* zum lebendigen Selbstsein, ein Ermöglichungsgrund eines kritischen Bewusstseins, was dazu führen kann, einen eigenen Standpunkt zu entwickeln, und nicht zuletzt helfen kann, persönliches Reisen (frei von weiteren Zweck- oder Nutzerwägungen) erfüllend zu gestalten.

Bei der folgenden funktionsanalytischen Betrachtung geht es weniger um das Was, um die Erlebnisinhalte und Phänomene, sondern vielmehr um das Wie und Wozu. Welche Funktion, welchen Sinn hat das Reisen? Wie wirkt sich das Reisen auf die Persönlichkeit aus?

Wie und wann auch immer das Reisen der Menschen in die Welt gekommen sein mag, die Motivation zum Unterwegssein ist und bleibt sein zentraler Aspekt, häufig der bedeutsamste, wie bereits Chatwin und viele andere Reisende ausführlich dargelegt haben. Manchmal ist die Verlockung des Aufbruchs treibende Kraft, das „Weg von hier", mal sind es Sehnsuchtsorte, die anziehen, und ein andermal ist das Fernweh eher unbestimmt (vgl. Kap. I). Manchmal geht es weniger um das Weg oder Hin, um Annäherung oder Vermeidung, um Anreize oder Ziele, sondern sehr häufig um das Unterwegssein an sich, um den Reiseprozess an sich. „Der Weg ist das Ziel", dieses Motto kann eine Motivation zum Reisen zum Ausdruck bringen. Verschiedene Motivquellen können zusammenkommen und sich überlappen. Die Frage nach der Qualität der Reiseerlebnisse kann ganz allgemein, aber auch individuell gestellt werden.

Die Psychologie wird als die Wissenschaft vom Erleben und Verhalten des Menschen definiert, die Motivation als bedeutsames psychologisches Phänomen verbindet Erleben und Verhalten. Sie stellt sowohl die Energie für das Reisen bereit und ist zugleich zielführend und handlungsleitend für den Reisenden.

Lineare Erklärungskonzepte sind nicht ausreichend, um die erkennbare Vielfalt der Motive befriedigend abzudecken. Deshalb können die derzeit so beliebten Patentrezepte und Anleitungen in kanonisierter Form, *must dos* oder *must haves*, niemals eine Hilfe zum erfüllenden Reisen sein, da es ja immer um die Interaktion eines individuellen Reisenden und einer einzigartigen Erfahrung zu einer bestimmten Zeit an einem bestimmten Ort geht. „1000 Orte, die man gesehen haben muss" – oder ähnliche Ratgeber, Führer oder „Manuale" – „101 Reisen für die Seele" sind deshalb vollkommen nutzlos; hier wird Entfremdung, der man durch das Reisen eigentlich entkommen möchte, neu programmiert. Und Entfremdung kann uns genau da, wo wir Reichtum erhoffen, treffen und bitter enttäuschen. Orte werden ihres individuellen Entdeckungspotenzials beraubt, sie werden zu *must haves* auf einer Abhakliste. Aus psychologischer Sicht kann man vor solchen Ratgebern nur warnen, denn schon, bevor man tiefer in die Motivationspsychologie des Reisens vorgedrungen ist, lässt sich erkennen, dass mit dieser Art von Listen genau das Gegenteil von dem erreicht wird, was das Reisen (und Leben) so beglückend macht. Das Reisen soll die Erfahrung von Freiheit und Selbsterleben freisetzen und mit inneren Wünschen übereinstimmen; der Begriff „Muss" widerspricht diesem Aspekt in fundamentaler Weise.

3 Allgemeine Psychologie des Reisens

Entwicklungsaufgaben, Entwicklungspfade, Träume und Sehnsüchte – Art und Ausprägung der Motive sind hochgradig individuell. Sie wirken in einem komplexen, sich überlagernden Kräftefeld ineinander. Suche ich derzeit Anschluss an andere Reisende oder bevorzuge ich in meiner aktuellen Lebenssituation das Alleinsein oder die Zweisamkeit? Allein zu reisen unterscheidet sich, wie man aus vielen Reiseberichten weiß, in vielerlei Hinsicht von Partner- oder Gruppenreisen. Die Beziehungsmotivation, die zu erfüllenden Partner- oder Gruppenreisen beitragen kann, darf auch bei Alleinreisenden vorliegen: Wer allein reist, hat schneller Kontakt zu Fremden, wenn er es will. Ein Reisender mit niedriger Beziehungsmotivation, die zudem häufig der Freiheitsmotivation diametral entgegengesetzt ist, wird lieber allein reisen und Rückzugsmöglichkeiten benötigen.

Wenn wir von diesen persönlichen Unterschieden der Reisenden einmal vorübergehend absehen, können wir eine allgemeine Psychologie des Reisens skizzieren, berücksichtigend, dass wir wissenschaftliches Neuland betreten. Wie lassen sich allgemeine Prozesse menschlichen Erlebens und Verhaltens beim Reisen beschreiben bis hin zum Aufriss einer Neuropsychologie des Reisens? Bestimmte neuropsychische Systeme, Prozesse und Strukturen haben mehr mit dem Reisen zu tun, ergo andere weniger.

Während ich (GR) über die Theorie und die wissenschaftlichen Grundlagen des Reisens schreibe, ist zwar immer noch Januar (s. Einleitungskapitel), aber ich halte mich in Florida auf, nördlich von Miami. Die tropische Umgebung hilft mir vielleicht, ein abstraktes theoretisches Kapitel etwas genussvoller und mit mehr Leichtigkeit zu schreiben als in einer kalten und dunklen Winterwelt in Nordeuropa. Wer sagt, dass Schreibtische im heimischen Kämmerlein stehen und besetzt werden müssen? Es kann Freude machen, auf Reisen zu schreiben oder gar das Reisen wissenschaftlich zu explorieren, überhaupt wissenschaftlich zu arbeiten, wenn man dabei selbst auf Reisen ist. Ein gutes Beispiel dafür ist Alexander Humboldt, der sogar in Pferdekutschen schrieb, während er die Steppen Russlands bereiste. Ich befinde mich beim wissenschaftlichen Schreiben auf Gedankenreise, die parallel zu meiner Entdeckungs- oder Besuchsreise stattfindet. Schriftsteller schreiben gelegentlich auf Reisen, sie befinden sich parallel auf einer fiktionalen oder biografischen Erinnerungsreise, oder sie verfassen eine Reiseerzählung – ein beliebtes Genre – und spiegeln sich selbst in ihren Reiseerlebnissen, denn kaum eine Reiseerzählung ist eine rein chronologisch strukturierte, sachliche Angelegenheit. Dargestellt wird stets die subjektiv-phänomenale Sicht auf die Reiseerlebnisse, vor allem geht es um persönliche Bedeutungen. Diese, also die Hervorhebung der Intensität sinnlicher Erfahrungen, werden vom ACC (Anterioren Cingulären Cortex) verarbeitet und mit Hilfe des Hippocampus mit anderen persönlichen Erfahrungs- und Erinnerungslandschaften als persönliche Identität konfiguriert. Der Hippocampus ist zudem für räumliches Vorstellungsvermögen und räumliche Orientierung wichtig (vgl. Kap. IV, Ortsbestimmungen). Der ACC wiederum ist zudem wichtig für die Selbstwahrnehmung, die Wahrnehmung eigener Bedürfnisse und für Empathie! Wenn man selbst, aus welchen Gründen auch immer, nicht reisen kann, so begibt man sich eben in seiner Fantasie auf Reisen, ein Grund dafür, warum die Lektüre von Reiseerzählungen erfreut.

Neuropsychologisch betrachtet erfordert das Reisen vor allem eine intrapsychische Systemkonstellation, die grundsätzlich auf dem ganzheitlich arbeitenden Erfahrungsgedächtnis und seinen Besonderheiten beruht. Das wesentliche Merkmal dieses Gedächtnisses ist die intensive parallele und mehrfache Vernetzung, die nicht-lineare Intuition ermöglicht. Der Netzwerkcharakter ermöglicht eine simultane und parallele Verarbeitung unterschiedlichster Informationen: Positive Bewältigungserfahrungen, Vertrauen, Gelegenheiten zur Bedürfnisbefriedigung, Gewohnheiten, Wahrnehmungen aus der Außen- und der Innenwelt, die mit subjektiven Bewertungen zu persönlichen Erfahrungen zusammengeschmolzen werden. Das ausgedehnte Erfahrungsgedächtnis enthält vor allem unendlich viele persönliche Erfahrungen, weshalb dieses System auch das ganzheitlich vernetzte Selbst oder das Selbstsystem genannt wird. Das Selbstsystem ist mit einzigartiger persönlicher Erfahrung, ja Lebenserfahrung, angereichert, es ist nicht die Person selbst, aber ihr Zentrum, das Betriebssystem ihrer Identität.

Das Erfahrungsgedächtnis ermöglicht das In-Beziehung-Treten einer lebendigen Person zur sozialen wie natürlichen Umwelt, zu anderen Personen wie zu sich selbst und besorgt die Speicherung dieser Erfahrungswelten. Es ermöglicht, wie bereits erwähnt, wechselseitige Transaktionen mit anderen Personen und mit der Umwelt und arbeitet überwiegend unbewusst. Transaktion bedeutet, dass eine Person, die sich subjektiv auf eine Erfahrung einlässt, auch immer Teil der Erfahrung ist und nicht, wie bei einer logischen Analyse, von außen auf die Erfahrung blickt. Wegen des transaktionalen Charakters sind diese subjektiven Erfahrungen nicht nur persönlich einzigartig, sie sind auch einmalig durch die Verankerung in einem bestimmten Kontext sowie durch Raum und Zeit strukturiert. Das Erfahrungsgedächtnis vermittelt zudem, wenn es aktiv ist, das Gefühl von Unmittelbarkeit und Lebendigkeit sowie der Einheit einer Person; es ist stark mit dem Körpererleben vernetzt (vgl. Tschacher et al., 2017).

Unter bestimmten Bedingungen bleibt dieser Zugang zum Selbstsystem verschlossen, z. B. bei Stress oder einem einseitig kognitiven Vorgehen bis hin zu fremdbestimmtem Funktionieren. Dann spricht man von Alineation oder Entfremdung. Dieser unangenehme Zustand wird dann als innere Leere, Sinnlosigkeit oder Depersonalisation beschrieben. Ohne Kontakt zu dem mit individuellen Erlebnisinhalten angereicherten Erfahrungsgedächtnis gäbe es die Motivation zum Reisen nicht, denn wo, wenn nicht im Selbstsystem, sollen die Motive zum Entdecken und Staunen energetisiert werden? Da „innere Leere" eine unangenehme Empfindung ist, wird sie ein diffuses „Weg von hier!" erregen oder als quälender Mangelzustand erlebt. Woher soll die Person erkennen, dass das, was sie gerade erleben muss, vom Vertrauten abweicht, wenn das Vertraute nicht irgendwo als solches sedimentiert worden wäre? Wenn das Vertraute hingegen aus einer gänzlich neuen Perspektive zusammengesetzt werden kann, wächst das kreative Potenzial. Und auch das ist neben der Vertiefung des Selbstgespürs ein Nebenprodukt des Reisens. In der Fortbewegung hat man häufig bessere Ideen als im stillen Kämmerlein verharrend. Das Vertraute konstituiert sich aus Erwartungsschemata, mit denen wir neuen Beziehungen oder Kontexten transaktional begegnen. Diese Entwicklung durch die Anwendung von Vertrautem auf neue Erfahrungen und der Differenzierung der vertrauten Schemata durch Erfahrungen, die von diesen abweichen, hat schon Jean Piaget in den siebziger Jahren als Assimilation und Akkommodation und Grundlage der Intelligenzentwicklung beschrieben. Und je mehr Akkommodationsmöglichkeiten eine Person ausgesetzt ist, umso differenzierter wird ihr Erfahrungsgedächtnis.

Das Erfahrungsgedächtnis (EG) arbeitet ganzheitlich-simultan und überwiegend unbewusst. Unbewusst ist es nicht, weil etwas verdrängt wurde, sondern aus ökonomischen Gründen. Man kann diese unendliche Komplexität individuellen Erlebens nicht bis ins Letzte bewusst machen, man kann diese aber als Ganzheitlichkeit, Kohärenz oder Identität spüren. Das ist nicht nur angenehm für die betreffende Person, sondern erhöht auch das Selbstvertrauen, denn Netzwerke können einzelne Fehler ausgleichen und bilanzieren grundsätzlich positiv. Diese parallele und positiv bilanzierende Arbeitsweise ist ausschließlich in Netzwerken möglich. Dabei kommt es auf die großen Zusammenhänge und nicht auf Einzelheiten an. Das Kohärenzgefühl gleicht auch negative Erfahrungen und Misserfolge aus und ist nach Antonovski (1987, 1997) die Basis der Resilienz, der Widerstandskraft gegenüber Stress und Krisen.

Das EG reguliert das Verhalten unmittelbar, ohne permanent Wenn-dann-Regeln, intervenierende Sprache oder ähnliche zielorientierte und konkrete Strategien anzuwenden. Diese Arbeitsweise des Erfahrungsgedächtnisses kann man als intelligente Intuition bezeichnen, weil sich eine Person ganz auf ihre Lebenserfahrungen verlässt, wenn sie spontan auf vertraute, aber auch auf neue Situationen zugehen kann, ohne dass sie begründen kann warum. Das Erfahrungsgedächtnis kann aufgrund seiner simultanen und ganzheitlichen Arbeitsweise Zusammenhänge gut erkennen, einen Überblick vermitteln und ist daher vor allem mit einem Gefühl souveräner Gelassenheit verbunden.

Dieses Erfahrungsgedächtnis speichert Informationen in einer vorbegrifflichen Art und Weise in Zeichen, Körperempfinden, Bildern oder komplexen Erfahrungslandschaften, wobei viele Sinneserfahrungen zusammenspielen. Bewertungen und Kontextmerkmale, vorausgehende und nachfolgende Bedingungen, die persönliche Bedeutung der Erfahrungen sowie die multisensorischen Eindrücke des Erlebten werden netzwerkartig verbunden und gespeichert und sind parallel, d. h. gleichzeitig, aktivierbar. Aber auch Wörter sind in solche Bedeutungs-Landschaften eingebettet, sonst gäbe es keine Semantik. Sprache kann sich in der Beschreibung der subjektiven Erfahrung lediglich annähern.

Diese komplexe Erfahrungslandschaft kann mehr oder weniger ausdifferenziert und daher in einer konkreten Situation auch mehr oder weniger leitend bzw. modulierend für die aktuellen Handlungsprozesse werden. Die subjektive Erfahrungslandschaft ist das Rohmaterial, aus der konkrete Handlungsziele gebildet werden können. Denn Erfahrungen verarbeiten Erlebtes, Ziele sind für konkrete, meist schwierige oder langfriste Handlungsabsichten wichtig.

Ob eine Handlungsabsicht ausgeführt wird, hängt von vielen Faktoren ab. Es kommt u. a. darauf an, wie die Vorerfahrungen in ähnlichen Situationen waren und welche Motive, die ebenfalls im Erfahrungsgedächtnis abgespeichert sind, aktiviert sind. Die wichtigsten Vorerfahrungen, die ein Mensch machen kann, sind positive Beziehungserfahrungen, die generell zu einem Gefühl der Sicherheit und des Vertrauens führen und positive Bewältigungserfahrungen in unvorhersehbaren Situationen ermöglichen. Der Vorteil des Erfahrungsgedächtnisses liegt darin, sehr schnell, ohne lange zu überlegen oder zu planen, sowie vor dem Hintergrund der persönlichen Bedürfnisse auf Situationen und Gelegenheiten reagieren zu können. Nicht nur Bedürfnisse und Motive werden berücksichtigt, sondern simultan auch Werthaltungen. Die Vorzüge dieser ganzheitlichen Erfahrungswelt wiederum liegen in der Unmittelbarkeit und dem Reichtum der sinnlichen Erfahrungen, die an sich als extrem belohnend erlebt werden, vielleicht auch dem „Naturzustand" gleichkommen, den Goethe auf seiner Italienreise beschreibt (vgl. Kap. II, Eine Phänomenologie des Reisens), oder ein Gefühl der Verschmelzung und Unmittelbarkeit erzeugen, das „Sein" nach Fromm oder das „freie Selbstsein" von Goethe.

Es wird also nicht nur ein Gefühl der Vertrautheit (durch die Schemata bereits gemachter komplexer Erfahrungen) und somit Sicherheit vermittelt, sondern trotz der Vertrautheit eine Lebendigkeit und Vitalität, die einen Belohnungswert in sich selbst besitzt. Dieses Gefühl der Lebendigkeit tritt besonders beim „Lernen" auf, das heißt dann, wenn die abgespeicherten Erfahrungen nicht ganz zu der erlebten Situation passen, Variationen von Vertrautem entstehen, also neue Informationen verarbeitet und vernetzt werden. Dieses Phänomen wurde von unterschiedlichen Psychologen beschrieben, z. B. von Jean Piaget (1975) und Daniel Stern (2010). Und Erfahrung von Neuheit und Vertrauen entsteht gerade beim Reisen, weil man sich aus der herkömmlichen Umgebung hinausbegibt und dabei alle Sinne aktiviert werden, in besonderem Maße das Körpererleben. Dieses ist eng mit dem Selbstsystem vernetzt, so dass man von einem Körperselbst sprechen kann. Das Erfahrungsgedächtnis speichert und verarbeitet in Kooperation mit dem Hippocampus vor allem die Raumerfahrung, die Erfahrung von Objekten (und deren Beziehung zur Person) sowie das Zeitbewusstsein simultan mit der Erfahrung der eigenen Körperlichkeit. Mit zunehmender Gleichförmigkeit (Selbstverständlichkeit) des Vertrauten werden neue Erfahrungen systematisch gesucht (Neugierde), um den Erfahrungsschatz zu erweitern und zu modulieren. Es gibt kaum eine bessere Möglichkeit, den persönlichen Erfahrungsschatz zu erweitern, als das persönliche Erfahrungsgedächtnis neuen Umwelten auszusetzen, d. h., sich selbst auf neue Umwelten einzulassen, eben durch das Reisen. Diese Zusammenhänge verdeutlichen sehr gut, dass ein bereits kanonisiertes „Reisen nach Katalog" (1000 Orte, die man gesehen haben muss) diesen positiven Effekt niemals bewirken kann.

Unser persönliches Erfahrungsgedächtnis ist etwas sehr Wertvolles, da es ein ganzes persönliches Leben in Realzeit bis zur jeweiligen Gegenwart benötigt, um hochgradig individuelle Informationen zu verarbeiten und Erfahrungsmuster bereitzustellen, auf die wir uns unmittelbar verlassen können. Ein Kanon oder Manual weiß nicht, was die Neugier einer bestimmten Person anstachelt, im Gegenteil, es negiert diese Neugier, weil es nicht mehr um das spannende Entdecken von Unbekanntem geht und also nicht darum, das persönliche Erfahrungsgedächtnis einer individuellen Person mit neuen Erfahrungswerten anzureichern, sondern um eine Abarbeitung vorgegebener Programmziele. Im Selbstsystem werden neue Erfahrungen nur dann abgespeichert, wenn sie zur Interessens- und Motivlage der Person passen, sowie vor allem, wenn sie Begeisterung und Staunen auslösen und die Qualität einer persönlichen Bedeutung annehmen, denn persönliche Bedeutung ermöglicht Lernen. Ohne emotionale Beteiligung erfolgt, wie vielfach gezeigt wurde, keine nachhaltige Vernetzung im Erfahrungsgedächtnis. Emotionen geben Hinweise zu persönlicher Bedeutung. Persönliche Bedeutung heißt, dass bestimmte Erfahrungsinhalte tief im Erfahrungsgedächtnis der Person und in deren Motivstruktur vernetzt sind. Die Verarbeitungstiefe ist ein psychologisches Konstrukt mit der Schlussfolgerung, dass, je mehr implikative persönliche Erinnerungen und Bedeutungen mit einer Erfahrung verknüpft sind, die Erlebensebene umso tiefer ist (Craik & Lockhart, 1972). Aktuelle neuropsychologische Forschungen zeigen, dass das Gehirn bei visueller Wahrnehmung nicht immer die vollständige Bildinformation überträgt (Nortmann et al., 2013). Vielmehr wird redundante Information auf ökonomische Weise unterdrückt, indem häufig nur Bilddifferenzen weitergeleitet werden. Bei kurzen Bildsequenzen werden paradoxerweise vollständige Bilder codiert, bei längeren Sequenzen repräsentieren die Neuronen ausschließlich neu hinzukommende oder fehlende Elemente, also Bilddifferenzen. Es wurden Antworten von Neuronen auf Szenen, in denen Vegetationslandschaften oder Gebäude abgebildet waren, mit bildgebenden Verfahren und Eyetrackern erfasst. Bei der Analyse einer Szene führt das Auge sehr schnelle Miniaturbewegungen aus, um Details und extreme Feinheiten zu erfassen. Bei Blickwechseln, die mehr Zeit erlauben, codiert die Sehrinde, was sich in dem Gesehenen ändert. Dadurch stechen bestimmte Bildbereiche hervor, interessante Orte lassen sich leichter entdecken. Das Gehirn vergleicht permanent aktuelle sensorische Eingänge mit Erwartungen, die aus früheren sensorischen Erfahrungen resultieren. Weitergeleitet wird dann lediglich die Abweichung. Diese Vorgänge spielen sich bereits auf elementaren Ebenen des Cortex ab und erklären beispielsweise das Phänomen, warum sich bei der Aufnahme interessanter und neuer Informationen im Unterschied zu konstanter Information die Zeit subjektiv ausdehnt. Diese Wahrnehmung der zeitlichen Ausdehnung ist ein wichtiger Aspekt der Bereicherung beim Reisen, denn Zeit ist die harte Währung im Leben eines jeden Menschen.

Während ich dies schreibe, bin ich mit Tochter und Enkelin unterwegs nach Key West. Ich hatte eine Vorstellung vom smaragdgrünen Meer, aber das, was mich auf der Seven Mile Bridge erwarten wird, wird mich in seiner Leuchtkraft und den vielen Schattierungen von Sand, Weiß, Creme, Smaragd bis Türkis überraschen. Es ist weitaus schöner und intensiver als erwartet und bleibt unvergessen. Es ist nicht nur das Überraschende, was das Reisen attraktiv macht, sondern auch das Schöne, die Ästhetik, die ein Staunen ermöglicht, eine Schönheit, die die eigene Vorstellungskraft überrascht.

Das Reisen ermöglicht den Zutritt zum „Staunen" wie kaum eine andere Erfahrung, hier das profunde Erstaunen darüber, dass alles auch ganz anders sein kann als erwartet. Und diese Wahrnehmung des Anders-Seins lässt sich gerade nicht vorhersehen oder einplanen. Es wird deutlich, dass es beim Reisen auf das Sich-Einlassen auf unberechenbare Erfahrungen ankommt, will man Staunen, Bereicherung des Erfahrungsschatzes, Begeisterung oder das Befreiende einer konstruktiven Verwirrung erleben. Und dieses Sich-Einlassen funktioniert ausschließlich über das Selbstsystem, das persönliche Erfahrungsgedächtnis, begleitet von intensivem Körpererleben, der subjektiven Ausdehnung des Zeiterlebens und dem Gefühl des Selbstvertrauens.

Es gibt viele Möglichkeiten, die unmittelbare Erfahrungswelt zu verlassen; außerhalb des Reisens geschieht dies im Reflektieren oder mit Hilfe der Vernunft (Distanzieren) oder aber auch durch Tagträumerei und Imagination, durch künstlerische Kreativität oder durch Begegnung mit einer anderen Person. Wir wissen also bereits, dass alles auch ganz anders sein könnte, und können uns Einsichten und Möglichkeiten außerhalb unserer Erfahrungswelt vorstellen. Trotzdem bleibt diese Vorstellungswelt auch bei den kreativsten Denkern begrenzt und zudem ist die Reflexion oder Transzendenz immer mit einer gewissen Entfremdung, einem Verlust an sinnlich-sensorischer Unmittelbarkeit verbunden. Ein wirkliches Staunen oder ein Überrascht-Sein scheint im Modus distanzierter Nachdenklichkeit nicht wirklich möglich zu sein, wenngleich gerade dieser zeitweise als weitere Erfahrungsmöglichkeit sehr reizvoll sein kann. Im Traum dagegen sind Staunen und verblüffende Entdeckungen schon möglich, vielleicht nannte Bruce Chatwin sein ethnophilosophisches Werk auch aus diesem Grund *Traumpfade*. Und deshalb können beim Reisen auch neue (kreative) Verknüpfungen entstehen, die Fantasie und Vorstellungskraft anregen.

Auf Reisen bietet sich, obwohl oder gerade weil die vertraute Lebenswelt verlassen wird, die Chance, in einen Modus der Unmittelbarkeit überzuwechseln, zu entdecken und zu staunen, und das mit aller Sinnlichkeit sowie der gesamten Körperlichkeit in Transaktion mit der Raumerfahrung.

Die Maxime „Zurück zu den Wurzeln" oder „Zurück zur Natur" beinhaltet eine Sehnsucht nach dieser vertrauten und selbstverständlichen Lebenswelt, vor allem wegen einer kreatürlichen Erfahrungsdimension, die sich dort angeblich auftut. Diese Erfahrungsdimension suchten Generationen von Schriftstellern, aber auch Naturwissenschaftler: Thoreau, Schelling, Alexander v. Humboldt (Wulf, 2017), Darwin, John Muir u. v. a., die wir in Kap. II gewürdigt haben. Diese wertvolle und bereichernde Erfahrungsdimension erklärt vielleicht auch das Interesse an den sogenannten Naturvölkern, die unter dem Einbruch der Zivilisation durch Kolonialisierung oder Missionierung einen Verlust ihrer Lebenswelt erleiden, der oft eine dramatische Leere hinterlässt. Dabei legen die wenigsten der indigenen Völker Wert auf ihre schlechten Lebensbedingungen wie hohe Kindersterblichkeit oder soziale Härten, die häufig als Nebenwirkungen der Lebensbedingungen in unberührter Natur zu betrachten sind. Trotzdem erleiden sie jene oben erwähnte Leere, wenn sie ihre kulturelle Lebenswelt aufgeben (müssen). Ihr Verlust ist nichts weniger als die Tiefe bisheriger vertrauter biografischer Erfahrungen. Solche Traumata ließen sich mindern, wenn neue Erfahrungen an alte anknüpfen oder auf diesen aufbauen könnten und nicht unvereinbar neben den alten stehen bzw. diese sogar denunzieren. Naturerfahrungen scheinen grundlegend für eine gesunde kindliche Entwicklung zu sein, wie entwicklungspsychologische Meta-Analysen zeigen (Ritz-Schulte, 2014).

Wichtig für die Ursprünglichkeit und Unmittelbarkeit der Erfahrungen, die wir beim Reisen als belohnend erleben, ist die mit dem Erleben der Bewegung verbundene eigene Körperlichkeit, also die freudvolle und intensive Wahrnehmung des eigenen Körpers in der Bewegung im Raum (Oerter, 2000), das In-der-Welt-Sein, was viele Philosophen und unter den Psychologen vielleicht Damasio in seiner Theorie der somatischen Marker (1995, 2010) erklärt haben. Deshalb sind die Formen des Reisens, die aus eigener Körperkraft vollzogen werden, besonders wirksam und belohnend, z. B. das Trecking, Wandern oder Segeln, weil sie einen echten Funktionswandel, nämlich den vom bewegten Objekt zur Aktivität einer selbstbestimmten Körperlichkeit und gleichzeitig eine Intensivierung des Selbsterlebens erlebbar machen.

3.1 Exkurs Philosophie und Wissenschaftstheorie: Reisen ist eine Transaktion

Wissenschaftstheorie beschäftigt sich damit, dass das, was wir erkennen und wissen, mit der Perspektive zu tun hat, mit der wir auf den Gegenstand des Interesses blicken. Wie können wir etwas möglichst sicher erkennen und wissen?

Auf zwei Betrachtungsebenen haben wir bereits hingewiesen, die für das Verstehen des Reisens als psychologisches Phänomen nützlich sind. Da ist zunächst die Inhaltsebene, die eine Dimension zwischen Sachlichkeit und subjektiver Phänomenebene beschreibt. Hier geht es um die Inhalte, die Narrative, die z. B. in einem Logbuch, einer Reiserzählung oder einem Reisetagebuch beschrieben werden. Es handelt sich um Erlebnisqualitäten, die mehr oder weniger von persönlich-subjektiver Bedeutung getragen werden.

Darüber hinaus haben wir das Wie, das Transaktionale sowie das Funktionale als Erkenntnisperspektiven dieses Kapitels beschrieben. Welche Funktion, welchen Zweck, welche Nebenwirkungen hat das Reisen? Wie kann man das Reisen erklären? Hier wird von den Inhalten abstrahiert. Inhaltlich befindet man sich in einer subjektiv-phänomenalen Erfahrungswelt, transaktional ist man Teil der sozialen und nichtsozialen Welt, die auf die subjektive Erlebniswelt zurückwirkt. In einer funktionsanalytischen Perspektive, die das Reisen erklären will, befindet man sich in einer objektiv-analytischen Betrachtungsweise, einer Außenperspektive auf sich selbst und die Prozesse. Der Reisende braucht keine Funktionsanalyse. Aber derjenige, der eine Reise plant und bewusst gestalten will, kann von dieser Perspektive profitieren. Er kann lernen, das Reisen und seine Bedingungen sowie sich selbst zu verstehen und diese Erkenntnisse in seine Reisepläne einfließen zu lassen.

Der Reisende ist Teil seiner Erfahrung, das macht die Unmittelbarkeit des Erlebens aus. In einem ursprünglichen, archaischen Sinn ist er Teil der Umgebung und erlebt es vielleicht als das mehrfach beschriebene Eins-Sein. Er kann nicht gleichzeitig reisen und eine analytische Perspektive einnehmen, dies würde sein intensives Erleben zerstören. Beim Reisen ist man nicht mehr nur Subjekt, man wird mehr oder weniger Teil der Kultur, in der man sich befindet, und Teil der Landschaft, durch die man reist. Dieses Gefühl einer globalen Zugehörigkeit scheint als sehr bereichernd erlebt zu werden.

Das reisende Subjekt ist kein Roboter, die Menschen und die Umwelt beim Reisen haben Einfluss auf das Subjekt, es finden kontinuierlich Transaktionen mit der sozialen und materiellen Umwelt statt. Bei dieser transaktionalen Perspektive ist ähnlich der subjektiv-unmittelbaren Erfahrung eine gleichzeitige analytische Betrachtung nicht möglich. Gerade dies macht ja die Attraktivität des Reisens aus, weil eine ursprünglichere

Erlebensweise aus einer alten Innenwelt (Damasio, 2017) sowie eine ursprüngliche Transaktion mit der Außenwelt, die auf Intuition, nicht auf Denken und zielorientiertem Handeln beruht, Raum erhalten. Der Wanderer etwa, schreibt Werner Jung, „ist ganz draußen und zugleich wieder bei sich. Nur im äußeren Raum der Natur gelingt dieses Bei-Sich-Sein und Zu-Sich-Kommen, dann nämlich, wenn das störende gesellschaftliche Sein suspendiert ist." (Jung, 2013, S. 120).

Man kann zwei transaktionale Ebenen unterscheiden, in denen sich menschliches Erleben und Verhalten abspielen: die soziale Ebene oder Beziehungsperspektive und die Seinsebene bzw. die Prozessperspektive. Beide Perspektiven erfordern ein Sich-Einlassen auf Prozesse und/oder Personen und ein intuitives Vorgehen. Watzlawick (1964) war der Erste, der zwischen Inhaltsebene und Beziehungstransaktionen unterschied.

Auf der Seinsebene, auch Prozessebene genannt, findet ein permanenter Prozess emotionaler Erfahrung statt. Auf dieser Ebene bzw. in dieser fortwährenden Dynamik erfährt die Person ihren eigenen Erlebensprozess, sie erhält eine intuitive Einschätzung ihrer Position in ihrer Umwelt (Vertrauen, Selbstvertrauen, ausgeglichener innerer Zustand und Balance mit der Umwelt). Dies kann unabhängig von präsenten sozialen Beziehungen erfahren werden, z. B. wenn sie allein oder mit anderen die Umwelt exploriert. Auch in der Natur oder in einer bestimmten Landschaft, in den Bergen oder am Meer, in einer fremden Stadt, erlebt sie ihren eigenen subjektiven Prozess. Beziehungstransaktionen/synchronisationen können sich mit diesem Prozess mehr oder weniger überlappen. Über die Sinnesorgane tritt man in eine Transaktion mit dieser materiellen Umgebung, über Geruch, Körperempfinden, das Wahrnehmen der Umgebung und eine Intensivierung des Körpererlebens und der Selbstwahrnehmung, die Auswirkungen hat auf das Innenleben, den inneren Erlebensprozess, den *stream of emotions*. Eine Vogelstimme, das Rauschen eines Wasserfalls oder des Meeres, das Knistern des Feuers, die Färbung des Sonnenuntergangs, die Bewunderung einer ungewöhnlichen Architektur lösen angenehme Gefühle aus, verschaffen Genuss. Diese Erfahrungen informieren Körper wie Geist darüber, sich im Einklang mit der Umgebung zu befinden. Diese positiven Gefühle sind Zeichen einer Balance zwischen außen und innen, zeigen den positiven Zustand der Homöostase an (Damasio, 2017). Dabei werden die Fernsinne, die die Umgebung kartieren und innere Repräsentationen hervorrufen (Sehen und Hören) mit den viel älteren Kontaktsinnen (Geruch, Körperwahrnehmung, Tastsinn) integriert. Dies dient dem globalen Zustand des Organismus und der Fortsetzung des Lebens, der Erhöhung der Leistungsfähigkeit, spontanen Energie und den inneren Bildern, die ins Selbstbewusstsein eingehen. Diese Gefühle bilden die nie verstummende Hintergrundmusik des Erlebens, sie bewerten das Erlebte und gehen auf frühere Lebensformen zurück. Sie handeln vor allem von der Qualität des Lebenszustandes, und das in jedem Moment, bei jeder Tätigkeit, auch während der Reaktion auf eigene Gedanken, bilden somit ein Gefühl des eigenen Lebens, der Existenz.

Aus analytischer Perspektive kann man versuchen, sich aus den Transaktionen, deren Teil man ist, herauszulösen und diese zu verstehen. Die psychologisch-wissenschaftliche Perspektive ermöglicht eine Erklärung und Reflexion der Phänomene, die mit dem Reisen zusammenhängen. Funktionsanalyse bedeutet, sich zu fragen, wie das Reisen psychologisch funktioniert, sowohl allgemein als auch individuell. Die Funktionsanalyse kann niemals eine subjektive Reiseerfahrung ersetzen oder vollkommen erklären, aber man kann mit ihrer Hilfe verstehen, warum Reisen erfüllend sein kann, warum Menschen sich beim Reisen mehr wie sie selbst fühlen, warum Reisen bereichernd ist im nicht materiellen Sinne. Transaktionen im kapitalistischen Sinn sind immer eindeutig und linear, es geht um

Tauschgeschäfte, bei denen nicht selten der Mensch mit seiner Zeit zur Ware wird. Die subjektive, bemessene Zeit erweist sich jedoch als die harte Währung des Lebens. Und diese subjektive Zeit lässt sich nicht takten und in feste Kategorien einteilen, sondern kann sich in jedem Augenblick erweitern. Transaktionen im Sinne von neuen Erfahrungen bereichern immateriell, indem sie subjektiv die Zeit ausdehnen und diese Erfahrungen durch immense implizite Verknüpfungen vertiefen.

Auch der zur Depression neigende Philosoph Kierkegaard, ein grüblerisches „Kind ohne Sonne", beschreibt in seinen Reden die unerwartete Daseinsfreude als „unbeschreibliche Freude ... ein Himmlischer Kehrreim, der gleichsam plötzlich unseren übrigen Gesang abschneidet; eine Freude, die gleich einem Windhauch kühlt und erfrischt, ein Stoß des Passats, der vom Hain Mamre zu den ewigen Hütten weht." Kierkegaard ist ein Geher, wie schon Chatwin in seinem Werk *Traumpfade* gerne zitiert, um die Vorzüge des Nomadentums zur Sesshaftigkeit zu veranschaulichen.

„Verlieren Sie vor allem nicht die Lust dazu, zu gehen: ich laufe mir jeden Tag das tägliche Wohlbefinden an und entlaufe so jeder Krankheit; ich habe mir meine besten Gedanken angelaufen, und ich kenne keinen, der so schwer wäre, daß man ihn nicht beim Gehen loswürde ... beim Stillsitzen aber und je mehr man stillsitzt, kommt einem das Übelbefinden nur umso näher ... Bleibt man so am Gehen, so geht es schon." (Sören Kierkegaard, *Brief an Jette*, 1847. Zitiert in Kuhl, 2010, S. 113).

Auch Kierkegaard wehrt sich gegen die Rationalisten unter den Bewusstseinsphilosophen, die durch den Versuch universalistischer Weltanschauungssysteme die Existenz des Subjekts kühn und kühl übergehen.

Reisen erlaubt mindestens diese zwei verschiedenen Betrachtungs- und Verstehensebenen:

- Subjektiv phänomenale Perspektive (Inhaltsebene)
- Funktionsanalytische Perspektive (Funktionsebene)

Nach diesem kleinen Exkurs in die Erkenntnistheorie wenden wir uns nun wieder der psychologischen Funktionsanalyse des Reisens zu. Die Kluft zwischen subjektiver Phänomenebene und Funktionsebene durchzieht die letzten 5000 Jahre Wissenschaftsgeschichte und kann auch von uns, trotz besten Bemühens, natürlich letztlich nicht überbrückt werden. Das ist auch nicht unser Ziel, denn es geht nicht um ein fragwürdiges Entweder-oder, sondern um dialektische Ergänzung. Das bedeutet, dass von den subjektiven Inhalten auch einmal abgesehen werden kann, um psychische Phänomene und Gesetzmäßigkeiten zu erklären.

Und da die individuellen Inhalte beim Reisen, die Subjektivität, quasi unendlich sind, ist diese Reduktion auf Funktionen ein großer Vorteil, wenn man das Reisen erklären und verstehen will.

3.2 Psychologische Funktionsanalyse des Reisens

In der Psychologie lässt sich wie in anderen Wissenschaften eine Zersplitterung in zahlreiche Unterdisziplinen beobachten: Psychologie der Wahrnehmung, der Motivation, des Lernens, der Persönlichkeit, der sozialen Beziehungen, die der Psychotherapie usw. Innerhalb dieser Teildisziplinen nimmt die Spezialisierung weiter zu, was die Genauigkeit der Detailerkenntnisse erhöht, die aber letztlich immer weniger Bezug zur Lebenspraxis aufweisen. Die Spezialisierung hat aber noch weitere Nachteile, weil mit ihr der Blick für Zusammenhänge zwischen den Teilgebieten verloren geht. Ähnlich wie in der Medizin verliert sich durch die Fachdisziplinen der Blick auf den ganzen Menschen.

Das Reisen ist ein Phänomen, welches den gesamten Menschen, die ganze Person mit Körper und Geist, umfasst. Die ganze Person geht auf Reisen, mit all ihren Sinnen und mit all ihren biografischen Erfahrungen, ihrem subjektiven Bewusstsein und mit einem einzigartigen Körper. Sie verlässt ihre vertraute Umgebung, die vertrauten Orte und begibt sich in eine neue, ihr mehr oder weniger vertraute Welt. Spezialistentum kann für diesen Fall keine befriedigenden Erklärungsansätze bringen, das liegt auf der Hand.

Eine nützliche ganzheitliche Meta-Theorie, die die Vielzahl wissenschaftlicher Einzelbefunde berücksichtigen und die Spezialtheorien integrieren kann, ist die PSI-Theorie von Julius Kuhl (2001). Das Akronym PSI bedeutet „Personality-Systems-Interactions" und verweist auf eine allgemeine Theorie der Persönlichkeit und der persönlichen Entwicklung sowie auf eine funktionsanalytische Betrachtungsweise, die sowohl persönliche Faktoren als auch Kontexte berücksichtigen kann.

Funktionsanalyse heißt zu verstehen, wie persönliche Systeme zusammenwirken. Ursprünglich stammen die Befunde, die in das Gedankengebäude der PSI-Theorie münden, aus der Experimentalpsychologie, einer Teildisziplin, die sich gerade durch Zersplitterung und Spezialistentum auszeichnet, nicht zuletzt, weil Experimentalpsychologen gerne alle Bedingungen ihrer Untersuchungen kontrollieren. Gerade das ist beim Reisen nicht möglich. Die PSI-Theorie ist ein didaktisches Modell psychologischen Funktionierens und ist deshalb nützlich, weil man sich nicht in das Spezialwissen der Neuropsychologie begeben muss, sondern ein didaktisch reduziertes Modell vorfindet, welches trotz aller Vereinfachung wissenschaftlich fundiert ist und so psychische Dynamiken auch psychologischen Laien anschaulich vermitteln kann.

Die PSI-Theorie verbindet und integriert die verschiedenen Menschenbilder der Psychologie und auch eine Fülle experimentalpsychologischer Befunde, sie beschreibt eine Systemdynamik persönlichen Erlebens und Verhaltens, die gut auf Gegebenheiten des Alltags übertragbar ist, und sie vereinfacht

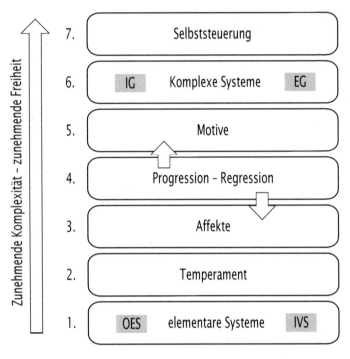

Abb. 3 Die sieben Ebenen der Persönlichkeitsarchitektur: IVS: Intuitives Verhaltenssystem, OES: Objekterkennungssystem, IG: Intentionsgedächtnis, EG: Extensionsgedächtnis.

die Komplexität menschlichen Erlebens lediglich so weit, wie dies für die Praxis erforderlich ist, ohne sie zu banalisieren. Die aus experimentellen Einzelbefunden abgeleitete funktionsanalytische Theorie wurde im Nachhinein (seit den 90er Jahren des vorigen Jahrhunderts) durch die Erkenntnisse der Neuropsychologie bestätigt und weiter ausdifferenziert (Kuhl, 2010; Roth 2011).

Es ist bemerkenswert und auch tröstlich, dass man aus verschiedenen Perspektiven und Erkenntniswegen zu gleichen Ergebnissen über Funktionszusammenhänge des menschlichen Erlebens kommen kann. Und wenn auch Wissenschaftler selbst nicht unbedingt immer gut kooperieren, so stimmen diese Konvergenzen in der Essenz der Erkenntnisse letztendlich doch zuversichtlich, denn niemand kann das Rad einer ca. 100 Jahre alten Menschheitswissenschaft allein neu erfinden.

Die PSI-Theorie unterscheidet sieben Ebenen der Persönlichkeitsarchitektur und vier neuropsychologisch unterscheidbare Makrosysteme der Persönlichkeit, deren Zusammenspiel sowohl situatives Verhalten (in bestimmten Kontexten) als auch persönliche Unterschiede verstehbar macht. So wird Reisen nicht nur beschreibbar, sondern auch verstehbar gemacht. Es geht um eine Annäherung an die Gründe und psychologischen Verursachungsprinzipien. Nicht „Wie?", sondern „Warum?" lautet die Ausrichtung der Fragestellung.

Die vier Makrosysteme (IVS, OES, EG und IG) sind Modelle für spezifische und unterschiedliche neuropsychologische Funktionen und Dynamiken. Zwei Makrosysteme befinden sich paarweise auf der elementarsten Ebene (IVS und OES) der Persönlichkeit sowie auf der Ebene der komplexen Systeme (EG und IG). Alle weiteren Ebenen beinhalten weniger strukturelle, sondern eher dynamische, prozesshafte Elemente. Beispielsweise auf der fünften Ebene werden unterschiedliche Motive zum Reisen funktionsanalytisch abgebildet sowie individuell unterschiedliche Umsetzungsformen der Motive. Damit gehören Motive zu den intelligenten (progressiven) Prozessen, wenn sie auch vorwiegend nicht-sprachlich repräsentiert sind, aber jenseits der ganz elementaren vitalen Prozesse wie Temperament und Affekte. Die vierte Ebene ist keine Struktur, kein Makrosystem, sondern eher ein Prozess, eine dynamische und flexible Schaltstelle zwischen einfachen, evolutionsgeschichtlich älteren Prozessen und denjenigen, die

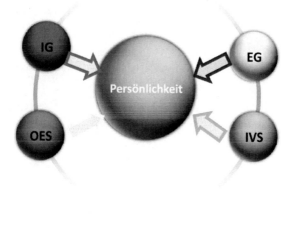

Abb. 4 Die beiden elementaren Systeme OES und IVS, die beiden komplexen Systeme IG und EG.

Geist und schließlich Bewusstsein verlangen. Diese Schaltstelle, die im Hippocampus zu verorten ist, kann zwischen Regression auf elementare Systeme und Progression auf intelligente Systeme wechseln. Der Systemwechsel kann mehr oder weniger angemessen sein, je nach Kontext.

Durch die Analyse des individuellen Verhaltens vor der Matrix dieser sieben Ebenen können, auch unabhängig vom Reisen, „Angelpunkte" für Entwicklung und Veränderung entdeckt werden – eine Möglichkeit, die man sich in Trainings, im Coaching oder in der Beratung zunutze macht (Ritz-Schulte, 2012, 2017).

Beim Reisen kann es, wie bereits subjektiv-phänomenologisch erkannt (vgl. Kap. II, Eine Phänomenologie des Reisens), nicht um zielorientierte Entwicklung und Veränderung gehen, wie beispielsweise beim Training oder Coaching, sondern um einen Umweg zum Selbstsein und zur Selbstentwicklung. Aber auch hier führen, was insbesondere die moderne Hypnotherapie erkannt hat, Umwege häufig nachhaltiger und effizienter zum Ziel als der direkte Weg. Dies wird durch die moderne Neuropsychologie bestätigt, denn Veränderungen lassen sich nicht auf direktem Wege, z. B. durch einfache Selbstverbalisationen oder Zielformulierungen erreichen, sondern eher indirekt, über Bilder oder paradoxe Interventionen, kreative Kontextveränderungen usw. Und wir sind überzeugt, dass sich so manche Entwicklung effizienter quasi unabsichtlich vollziehen lässt als mit aller auf ein konkretes Ziel gerichteten Anstrengung. Auf dem Prinzip des Umwegs und der Unabsichtlichkeit, des Geschehen-lassens, basieren zahlreiche Methoden therapeutischer Veränderungen.

Die offiziellen, d. h. expliziten Ziele beim Reisen sind meist bestimmte Orte, manchmal rätselhafte Sehnsuchtsorte, an denen man sich Erfüllung, Erholung oder Inspiration verspricht, oder Orte, die man aus purer Neugier kennenlernen möchte. Manchmal möchte jemand auf ein konkretes Ziel verzichten und sich einfach treiben lassen und schauen, wo er am Ende ankommt. Entdeckerfreude ist vom Säuglingsalter an das dialektische Pendant zur sozialen Bindung, die durch das Vertrauen in die Bezugspersonen Selbstvertrauen schafft, welches wiederum die Basis für das Ausmaß des Explorationsverhaltens bildet (Brisch, 2011).

Wenngleich Entwicklung und Veränderung oder intensives Selbstsein nicht beabsichtigt oder gar bewusst geplant sind, können sie angenehme, gar therapeutische Nebeneffekte des Reisens darstellen. So kann Reisen, gerade wenn ein konkretes inneres oder äußeres Ziel fehlt, als eine Universalmethode zur Entwicklung, eine Lernhilfe zur Erfahrungsbildung und Verbesserung von Strategien, ein Allheilmittel gegen Erstarrung und die Verfestigung von Vorurteilen gelten. Wir nennen diese Wirkung analog zur paradoxen Intervention „paradoxe Effekte" des Reisens. Das läuft der landläufigen Logik zuwider, dass man, wenn man Entwicklung und Veränderung anstrebt, konkrete Ziele und kausale Wirkmodelle benötigt. Diese können zwar auch wichtig sein, aber eher, wenn es um anspruchsvolle, schwierige und langfristige Leistungsziele geht, weniger um komplexe Erlebens- und Verhaltensweisen, um Haltungen und Erfahrungen, die entwickelt werden.

Hier sind möglicherweise Erkenntnisse zum Default Mode Network (DMN) hilfreich. DMN ist der Begriff für eine Gruppe von Gehirnregionen, die beim Nichtstun aktiv werden und beim Lösen von Aufgaben deaktiviert werden, weshalb es als Netzwerk bezeichnet wird. Zu diesem Netzwerk gehören der Mediale präfrontale Cortex (mpFC), Praecuneus, Teile des Gyrus Cinguli, der Lobulus parietalis superior sowie der Hippocampus. Das DMN wird unter anderem dann aktiv(er), wenn ein Mensch tagträumt, Zukunftspläne macht usw. Es ermöglicht das sogenannte reizunabhängige Denken (engl. *stimulus-independent thought*); in diesem Zustand ist die funktionelle Konnektivität im Gehirn am größten. Das Gehirn benötigt offenbar Zustände, in denen ihm keine spezifischen Aufgaben vorliegen. Es besitzt dann die größte integrative Power und Kreativität, die, so kann man annehmen, eng mit Konnektivität verbunden sind.

3.3 Die Architektur der Persönlichkeit

Cervone et al. (2004, 2006) postulieren, dass Theorien, die auf einer räumlich-hierarchischen Persönlichkeitsarchitektur beruhen, einen nützlichen Rahmen für die Erklärung menschlichen Erlebens und Verhaltens liefern können. Bereits Freud, Maslow und andere Theoriegründer in der Psychologie haben topologische Modelle gewählt, um psychologische Zusammenhänge darzustellen. Auch in der Kommunikationspsychologie sind hierarchische Modelle zur Vereinfachung und Veranschaulichung komplexer Zusammenhänge sehr beliebt. Hierarchien sind zweidimensional darstellbar, Räume und Landschaften kann man sich besser vorstellen als komplexe Wechselwirkungen oder dynamische Prozesse. Sogar das bekannte Rubikon-Modell für Entscheidungsprozesse ist eine Metapher für eine real existierende Landschaft. Genau so ein raumdimensioniertes Modell liegt mit der PSI-Theorie vor.

Räumliche Wahrnehmung und Vorstellung sind wohl die ursprüngliche und naheliegende Art, innere Repräsentationen, die im Gedächtnis abgebildet werden, zu gestalten. Die räumlichen Repräsentationen integrieren die Wahrnehmungen der Sinnesorgane und des Körpererlebens zu einer dynamischen Landkarte, zu einem Narrativ, das eng mit Selbstgespür, dem Bewusstsein von Subjektivität, verknüpft ist. Diese mentalen Vorstellungen lassen sich leicht symbolisieren und repräsentieren, z. B. durch Gedächtnissysteme, die innere und äußere Wahrnehmungen kartieren. So hat wissenschaftliches Verstehen mit dem Reisen, das ohne räumliche Vorstellung kaum denkbar wäre, etwas gemein. Vielleicht kann man wissenschaftliche Theoriebildung, die auf räumlichen Modellen beruht, als Gedankenreisen beschreiben.

Die unterste Ebene in diesem hierarchischen Modell, welche die elementaren Erlebens- und Handlungssysteme beinhaltet, ist die entwicklungsgeschichtlich und neuropsychologisch früheste Ebene. Sie birgt die ältesten Funktionen psychologischen Erlebens und Handelns. Diese Systeme sind zwar sehr alt, aber für uns Menschen noch immer sehr wichtig und gerade beim Reisen von Bedeutung, das vermutlich einer archaischen Lebensweise des Nomadentums ähnelt.

Aber auch beim Nichtstun, beim Erholen, bei Ritualen, beim Lernen durch Verstärkung (Belohnung) wird diese elementare Ebene wichtig. Die höchste Ebene in der Hierarchie ist gleichzeitig die evolutionsgeschichtlich jüngste, die zuletzt ausgereifte, die für die komplexesten Kompetenzen des Menschen steht, die Selbststeuerungskompetenzen. Die Systeme auf dieser siebten Ebene ermöglichen letztlich Willens- und Handlungsfreiheit durch Selbstbestimmung. Ohne Frage ist Freiheit beim Reisen eine ganz zentrale und erwünschte Grunderfahrung. Man kann also zusammenfassen, dass beim Reisen sowohl archaische Prozesse und Strukturen als auch hochentwickelte Kompetenzen zum Zuge kommen. Verändert und entwickelt wird nicht eine bestimmte Struktur, sondern die Flexibilität des Zusammenspiels der Systeme, deren Interaktion und Dynamik. Freiheit von inneren und äußeren Zwängen wird durch diverse Selbststeuerungsprozesse (7. Ebene) ermöglicht, die eng an die Funktionen des präfrontalen Cortex gebunden sind.

Willensfreiheit bedeutet insofern, persönliche Ziele bilden zu können, die mit den innersten Bedürfnissen und Werten übereinstimmen, und sich dabei nicht primär von äußeren Anreizen oder gesellschaftlich-kulturellen Erwartungen leiten zu lassen. Natürlich gibt es auch sogenannte Prestigereisen, die wenig mit den Bedürfnissen der Reisenden zu tun haben, vielmehr die ursprüngliche Motivation korrumpieren. Diese Korrumpierung ist vergleichbar mit zwischenmenschlichen Beziehungen, die mehr mit Status als mit Zuneigung oder gar Liebe zu einer Person zu tun haben.

Statusdenken kann aus verschiedenen Gründen nicht als zuträglich betrachtet werden, weil äußere anstelle von inneren Werten und Gütemaßstäben zugrunde gelegt werden. Es verdirbt die Freude an so manchen elementaren Erfahrungen. Handlungsfreiheit bedeutet, die persönlichen Ziele, die man sich selbst gesetzt hat, auch anstreben zu können, d. h. über die Motivation, Ausdauer und Anstrengungsbereitschaft zur Verfolgung dieser Ziele zu verfügen. Jemand mit einer schwach ausgeprägten Handlungsfreiheit würde vom Reisen träumen oder sogar Reisen planen, diese Vorstellungen aber nicht in die Tat umsetzen bzw. immer wieder aufschieben.

Persönliche Freiheit ist natürlich nie absolut, immer nur relativ möglich und von diversen Ressourcen und Möglichkeiten abhängig. Freiheit bedeutet auch, das Beste aus den vorhandenen und wahrnehmbaren Möglichkeiten zu machen.

Deshalb kann ein Reiseerlebnis mit knappen finanziellen Ressourcen genauso befriedigend oder sogar erfüllender sein als eine Luxusreise.

3.4 Die vier Makrosysteme beim Reisen

Im Unterschied zu den dynamischen Prozessen und Funktionen kann man analog zur PSI-Theorie vier Makrosysteme unterscheiden. Diese vier Systeme sind Strukturen, die neuropsychologisch in bestimmten Bereichen des Gehirns zu verorten sind. Sie sind mit verschiedenen Affektzuständen eng verbunden und mit einer charakteristischen Art der Informationsverarbeitung. Affekte und Kognitionen hängen eng zusammen. Die einfachste Unterteilung zwischen den Affekten ist *positiv* und *negativ*, die Informationsverarbeitung lässt sich grob in *holistisch* und *digital* einteilen, wobei positiv und holistisch versus negativ und digital koalieren.

Diese Systeme lauten:

Elementare Ebene:
- Intuitives Verhaltenssystem (IVS)
- Objekterkennungssystem (OES)

Komplexe/intelligente/hochinferente Ebene:
- Erfahrungsgedächtnis (EG)
- Intentionsgedächtnis (IG)

Alle vier noch zu beschreibenden persönlichen Makrosysteme sind auch für das Reisen wichtig. Das Zusammenspiel der Systeme ist entscheidend dafür, ob eine Person eine Erfahrung als erfüllend erlebt oder nicht, ob sie die von ihr initiierten Erfahrungen genießen kann oder sich enttäuscht fühlt.

Auf der elementaren Ebene befinden sich das Intuitive Verhaltenssystem (IVS) und das Objekterkennungssystem (OES). Diese beiden Systeme sind die entwicklungsgeschichtlich frühesten, sowohl evolutionsgeschichtlich als auch entwicklungspsychologisch, aber auch neuropsychologisch: Das Gehirn hat sich von unten nach oben und von hinten nach vorne immer weiterentwickelt. Der zuletzt ausreifende Teil ist der Präfrontale Kortex (PFC), ganz vorne im Stirnbereich lokalisiert.

Beide Systeme (IVS und OES), die auf „unterster" Ebene anzusiedeln sind, regulieren das Verhalten und Erleben einer Person in archaischer, elementarer Weise und sind für das Reisen als frühe Grunderfahrung des Menschen elementar.

Das IVS – ein elementares System

Das Intuitive Verhaltenssystem, das IVS, ist im Menschen vor allem für die Tätigkeits-Aktivierung angelegt und mit positivem Affekt (A+) verbunden. Das IVS spielt, von Neugier aktiviert, beim Spiel und beim Explorationsverhalten eine Rolle. Dies entspricht der Entdeckerfreude beim Reisen. Positiver Affekt wird im Dopamin-sensitiven Belohnungssystem (Nucleus Cautatus = NC, mesolimbisches System) generiert, welches wiederum eng mit frontalen, handlungsausführenden Strukturen verschaltet ist. Diese sind mit motorischen und feinmotorischen Zentren im Cortex verbunden.

Dopamin ist der Stoff, der uns antreibt, ein Neurotransmitter, eine körpereigene Droge, die positive Lernerfahrungen verstärkt, die Belohnungserfahrungen ermöglicht, energetisiert u. v. m. Dopamin macht das IVS gleichzeitig zu einem

Lustzentrum mit handlungsorientiertem Fokus. So ist Lernen am Erfolg möglich, intuitives Genusshandeln, ein intuitiver Austausch mit Menschen, Freude an Bewegung; automatisierte sensumotorische Programme wie Mimik und Gestik werden in Gang gesetzt, emotionale Ansteckung vieler Tätigkeiten, die in sich selbst belohnend sind. Auch das Explorieren der Umwelt, das Entdecken neuer Landschaften und neuer Zusammenhänge, einfach alles, was neugierig macht, braucht eine Aktivierung durch das IVS. Es leuchtet ein, dass das IVS für das Reisen ganz zentral ist, einmal um wirklich aktiv zu sein und zum andern, um das Reisen genießen zu können. Eine Aktivierung des IVS bahnt positiven Affekt, weshalb das Reisen von Grund auf viel Potenzial für positives Stimmungsmanagement besitzt. Und ist Reisen anstrengend, wird durch die positive Stimmungsbilanz noch mehr Handlungsenergie erzeugt.

Das Dopamin ist der Neurotransmitter, der dafür sorgt, dass Bewegungsabläufe intuitiv (geschmeidig) ablaufen. Es leuchtet ein, dass diese vielen Feinabstimmungen, wie sie für Mimik oder automatische Bewegungsabläufe benötigt werden, eine ganzheitliche (holistische) netzwerkartige Informationsverarbeitung erfordern. Die Dopaminkonzentration ist u. a. von der Tageslichtmenge abhängig, weshalb es bei sensiblen Personen in der Winterzeit leichter zu Depressionen im Sinne von Lustlosigkeit und Antriebsschwäche, in schwereren Fällen bis zur inneren Erstarrung kommen kann. Jetzt, da ich dieses Kapitel schreibe, habe ich relativ viel Sonne und Tageslicht, da ich mich zwar im Monat Januar, aber in der subtropischen Klimazone befinde. So freue ich mich auf den Ausflug ins schöne Key West, zu dem wir, das sind meine Tochter, meine Enkeltochter und ich, heute aufbrechen werden. Ich bin voller Neugierde und Vorfreude und weiß nicht viel über den neuen Ort, den ich kennenlernen werde, außer dass es dort ein Hemingway-Museum gibt und dass eine schöne Straße viele

Meilen über das Wasser und über viele Inseln führt, die Keys, die allerdings vom Hurrikan Irma in diesem Jahr verwüstet worden sind. Meine Neugier und mein Dopaminspiegel sind also entsprechend hoch; ich scharre schon mit den Hufen und warte frühmorgens darauf, dass meine Familie aufwacht, damit wir endlich aktiv werden und aufbrechen können. Mein IVS ist im Moment demnach stark gebahnt, weshalb mir das Schreiben leicht von der Hand geht. Immerhin kann ich vor dem Aufbruch etwas aktiv sein und wenigstens ein bisschen schreiben. Das bedeutet, das IVS wirkt schon vor der eigentlichen Aktivität belohnend, was als Vorfreude empfunden wird und dazu führt, dass ich letztendlich auch freudig aufbreche und mich nicht dazu zwingen muss oder mich mit der Vorfreude begnüge und am Ort verharre.

Eindeutig wird das IVS beim Reisen aktiviert, insbesondere dann, wenn mit der räumlichen Veränderung körperliche Aktivität verbunden ist, wie Spazierengehen, Wandern. Dabei wird gleichzeitig positives Stimmungsmanagement betrieben, denn je aktiver wir sind, umso mehr positiver Affekt wird im Belohnungszentrum erzeugt und umso mehr Handlungsenergie und Leichtigkeit sind vorhanden. Reisen kann so dem positiven Stimmungsmanagement dienen. Dieser positive Kreislauf von positivem Affekt und motorischer Aktivierung funktioniert natürlich nur, wenn wir uns nicht unter Druck setzen oder allzu ehrgeizig zu unseren Zielen antreiben. Denn Zielbildung hemmt das IVS und bahnt die Vernunft, das Denken und Planen, das handlungsorientierte Gegenspielersystem, das IG. Alles, was neu und interessant ist, regt das Belohnungssystem an. Ohne IVS würden wir antriebslos und lustlos bleiben. Die einzelnen Komponenten dieses Systems regen sich wechselseitig an, sie schaukeln sich hoch. Wenn wir in positiver Stimmung sind, fällt es uns leichter, aktiv zu sein. Wenn wir in wenig positiver Stimmung sind, aber trotzdem in irgendeiner Weise motorisch oder feinmotorisch aktiv, merken wir nach kurzer Zeit, auch wenn es uns zuerst keinen Spaß macht, dass die Stimmung, der positive Affekt und auch die Handlungsbereitschaft zunehmen. Diesen Zusammenhang kann man auch beim Reisen herstellen, indem motorische Aktivitäten eingebaut werden und die prozessorientierte Neugier überwiegt. Da das IVS holistisch arbeitet, läuft es „wie von selbst", automatisch und ohne großes Nachdenken. Diese Prozesse sind positive Auswirkungen einer an persönlichen Bedürfnissen orientierten Reise.

Das OES – ein elementares System

Das Objekterkennungssystem, das OES, ist das zweite System auf elementarer Ebene und für andere Kontexte gedacht als das IVS. Ist das IVS in paradiesischen Umwelten sinnvoll, so ist das OES in bedrohlichen Situationen sehr nützlich. Das OES kann Objekte aus Kontexten herauslösen und ganz schnell wiedererkennen, somit erfüllt es eine Warn- und Schutzfunktion. Das OES ist mit negativem Affekt verbunden und stellt mit seiner Neigung, Unstimmigkeiten sensibel wahrzunehmen, eine wichtige Schutzfunktion in möglicherweise bedrohlichen Kontexten dar. Alles, was anders ist als erwartet, wird als Diskrepanz wahrgenommen, und dies löst (leichten bis mittelmäßigen) negativen Affekt aus und eine sehr genaue Detailwahrnehmung (Fehlerzoom). Das OES ist gerade wegen der Sensibilität für Unterschiede und Diskrepanzen wichtig für die Selbstentwicklung und Reifung, denn das Selbstsystem kann immer neue differenzierte Erfahrungen machen, vor allem, wenn viele Diskrepanzen und Unstimmigkeiten in das Erfahrungsgedächtnis eingespeist werden. Piaget nannte diese Lernprozesse, die Grundlage persönlicher Entwicklung sind, „Akkommodation". Wenn es darum geht, etwas ganz Neues oder gar Fremdes zu entdecken, kann dieses System enorm hilfreich dabei sein, immer mehr Expertise zu entwickeln, aber nur, wenn die Fremdartigkeit auch bewältigt und integriert werden kann.

Das OES führt also zu einem Wechselspiel von positivem und leicht negativem Affekt und besonders dann zu belohnenden Erfahrungen, wenn die Person diese neuen Situationen bewältigen kann und sich anschließend souveräner fühlt. Auf elementarster Ebene macht sich somit etwas wie Entdeckerfreude breit, wenn eine Person kleine Risiken eingeht, wenig vertraute Umgebungen erkundet und diese dann in ihr Erfahrungsgedächtnis als positive Bewältigungserfahrung einspeisen kann. Das OES kann auch schützen vor allzu großer Naivität und Vertrauensseligkeit, wenn wir uns auf Reisen tatsächlich in bedrohliche Situationen begeben und spüren: „Hier stimmt etwas nicht." Bereits der Steinzeitmensch, der durch den Urwald schritt, achtete bei aller Vorfreude auf ein bevorstehendes positives Ereignis, z. B. ein Rendezvous mit einer Steinzeit-Frau, auf das Knacken im Unterholz, das auf einen Feind oder ein Raubtier hinweisen konnte. Er war auf das konzentriert, was anders war als erwartet, und negativer Affekt war hier ein guter Schutz, genau wie der diskrepanzsensitive Prozess des genauen Hinhörens.

IVS und OES im Wechselspiel

OES und IVS ermöglichen auf einer elementaren Ebene die Anpassung an verschiedene Umgebungen und Kontexte und primitive Lernformen wie klassisches und operantes Konditionieren. Automatische sensumotorische Programme werden an die Umwelt angepasst, eingeübt, verfestigt und automatisiert. Gewohnheiten können so entstehen, aber noch keine wirkliche Differenziertheit und Flexibilität, wie sie die intelligenteren Makrosysteme ermöglichen, auf die wir noch zu sprechen kommen.

In guter Stimmung wird das IVS leichter aktiviert, die Person erlebt mehr Handlungsbereitschaft, ist genussfreudiger, intuitiver. IVS und OES als archaische Systeme werden nicht durch die intelligenteren und im Modell höher platzierten Systeme ersetzt, sondern bestehen fort und besitzen auch für den modernen Menschen ihren Sinn.

Dieses ist vergleichbar mit evolutionsgeschichtlich älteren Strukturen des Skeletts oder der Organe (z. B. Steißbein oder Blinddarm), die immer Basis der späteren Strukturen bleiben. Entwicklung baut stets auf älteren biologischen Strukturen auf. Die früheren bzw. elementaren Makrosysteme OES und IVS verfügen über eine starke Eigendynamik, auf die Personen insbesondere unter Stress zurückfallen. Deshalb sind Verhaltensänderungen unter Stress schwieriger umzusetzen. Wir werden im Abschnitt Modulationsdynamik auf diese Eigendynamik eingehen können, die auch als Regression auf die Funktionalität dieser archaischen Systeme beschrieben werden kann.

Auf höherer Ebene des PSI-Modells befinden sich die weiter entwickelten, die intelligenten oder komplexen psychischen Makro-Systeme: das Intentionsgedächtnis und das Erfahrungsgedächtnis.

Das Intentionsgedächtnis – ein intelligentes System

Eine Fahrt ins Blaue, die bewusst auf das Entdecken unbekannter Landstriche oder unvorhersehbarer Ereignisse ausgerichtet ist, erfordert weniger Planung als die Besteigung des Kilimandscharo oder die Durchquerung der Sahara.

Das Intentionsgedächtnis (IG) ist, wie der Name schon andeutet, ein Gedächtnis für Absichten, genauer gesagt für schwierige und langfristige Absichten. Grundlage für dieses Makrosystems ist das Denken und Planen, so dass schwierige oder langfristige Absichten, die nicht automatisch durch die elementaren Systeme umgesetzt werden können, genau geplant werden können.

Das IG ist wichtig, damit Absichten und Pläne nicht vergessen werden, für den Fall, dass sich dem IVS neue attraktive Handlungsalternativen bieten. Das IG lässt sich nicht leicht verführen und ablenken, die Aufmerksamkeit bleibt auf das schwierige oder langfristige Ziel gerichtet. Ohne das IG wäre es nicht möglich, schwierige und langfristige Ziele zu erreichen. Das IG sorgt dafür, dass ein (wichtiges, schwieriges, langfristiges) Ziel im Auge behalten wird, dass Teilziele hierarchisch von diesem Ziel abgeleitet werden und die notwendigen Schritte einer nach dem anderen ausgeführt werden. Das IG arbeitet also sequenziell und hierarchisch. Diese Aufgaben sind natürlich auch beim Reisen wichtig, es sei denn, man verzichtet auf Planung und reist grundsätzlich ins Blaue hinein. Aber auch diese Fahrt ist ohne ein Minimum an Vorbereitung nicht denkbar. Obwohl Planung beim Reisen nützlich ist, lassen sich die positiven Nebenprodukte des Reisens kaum einplanen: intensives Selbstgespür, Erfüllung durch Entdeckerfreude, Aktivierung, positive Stimmung. Wenn aber leistungsmotivierte Reisende gleichzeitig ehrgeizige Ziele verfolgen, z. B. die Besteigung eines Berggipfels oder eine Atlantik-Überquerung, dann ist eine gute Planung vonnöten. Die leistungsorientierte Reise fordert einen Preis im Hinblick auf Genuss und Selbstsein, weil das IG seine Arbeit zeitweise vom erfahrenden Selbst abkoppelt. Das ist funktionell bedingt, aber für die Zielerreichung auch passend.

Es werden Ziele festgelegt, die Reise wird je nach Vorlieben und Notwendigkeit mehr oder weniger genau durchgeplant, das hängt auch von den Bedürfnissen der Reisenden und dem Schwierigkeitsgrad oder dem Risikopotenzial der Reise ab. Eine genaue Planung gibt Sicherheit und spart Ressourcen. Je herausfordernder das Reiseziel ist, umso mehr Planung ist nötig. Für diese Planungen bei schwierigen Reisezielen benötigt man stärker das Intentionsgedächtnis, welches beim Planen aber immer auch Handlungshemmung aufbaut. Der positive Affekt,

Psychologie des Reisens 151

der im IVS generiert wird, wird durch die Aktivierung des IG gehemmt. Das hat damit zu tun, dass man beim Planen gerade nicht sofort begeistert losagiert, sondern erst mal abwarten muss, bis dieses damit fertig ist. Schritt für Schritt wartet man die Gelegenheiten ab oder nimmt sich die nächste Etappe vor.

Diese Unterdrückung von unerledigten Absichten und spontanen Handlungsimpulsen kostet Energie, so dass manche Reisende im Planungsstadium stecken bleiben und den Aufbruch immer weiter aufschieben. Diese Aufschieberitis nennt man mit einem Fachbegriff Prokrastination. Unter Seglern ist diese Neigung als „Hafenvirus" bekannt, die derart „Infizierten" verlassen den Hafen nicht und schieben das Auslaufen ständig hinaus, natürlich nicht nur deshalb, weil sie im Planen hängen bleiben, sondern manchmal auch aus anderen Gründen. Der Aufbruch ins Ungewisse ist immer etwas Aufregendes, so sehr man ihn sich herbeiwünscht. Das Ausmaß des Planens hängt nicht nur vom Gegenstand der Reise, sondern auch von den Vorlieben und der Persönlichkeit des Reisenden ab. Wie stark spielt seine Leistungsmotivation in die Reisemotivation hinein? Ist er überhaupt leistungsorientiert oder eher freiheitsmotiviert? Wie groß ist sein Sicherheitsbedürfnis? Personen mit starkem Sicherheitsbedürfnis benötigen auch bei wenig anspruchsvollen Reisezielen mehr Planung, da Planen eine größere Sicherheit bietet als ein ungeplantes Sich-Einlassen auf Neues.

Je mehr geplant wird, umso mehr Sicherheit scheint es zu geben. Nicht alles ist jedoch planbar, nicht nur unvorhergesehene Naturereignisse können alle Pläne über den Haufen werfen. Das IG ist horizontal auf gleicher Höhe mit dem Erfahrungsgedächtnis (EG) verschaltet, beide Systeme befinden sich in einer dynamischen, antagonistischen Wechselspielerbeziehung. Man kann nicht gleichzeitig planen und sich auf eine Erfahrung intuitiv einlassen, jedes erfordert ganz unterschiedliche Systeme und Prozesse.

Erfahrungsgedächtnis als intelligentes System

Auf das Erfahrungsgedächtnis sind wir bereits zu Beginn eingegangen, weil es das wichtigste Makrosystem beim Reisen als Selbstentwicklungsquelle ist.

Das Erfahrungsgedächtnis (EG) gehört zu den beiden intelligenten Systemen auf sechster Ebene in der PSI-Persönlichkeitsarchitektur und arbeitet ähnlich dem IVS ganzheitlich intuitiv. Da die Information nicht wie im linkshemisphärischen IG sprachnah verarbeitet wird, wurde das EG in einer Wissenschaft, die auf der Sprache basiert, lange übersehen. Wir nennen diese Prozesse im EG intelligente Intuition oder analog C. G. Jungs Theorie, der schon früh ein dem Denken antagonistisches intelligentes System erkannte, ganzheitliches Fühlen. Im vernetzten EG können komplexere Aufgaben bewältigt werden, kann mehr Information verarbeitet werden, da die gesamte Lebenserfahrung, insbesondere die subjektiv bedeutsame, simultan berücksichtigt werden kann.

Im Erfahrungsgedächtnis werden alle persönlichen Erfahrungen, auch unbewusste und nicht reflektierte, in ausgedehnten assoziativen Netzwerken abgespeichert. Die Verarbeitung erfolgt ganzheitlich und parallel, da viele Informationen gleichzeitig abgespeichert werden: die Eindrücke aus vielen verschiedenen Sinneskanälen, Kontextinformationen.

Kein System eignet sich besser zur Repräsentation von räumlichen Erfahrungen und zur gleichzeitigen Verortung der Person mit dem eigenen Körper in einer Landschaft (im Raum) als das Erfahrungsgedächtnis! Gleichzeitig wird die persönliche Beziehung zum Kontext, zur materiellen und sozialen Umwelt abgespeichert, die persönliche Wertigkeit des Erlebten durch Gefühle, so dass diese Erfahrung für spätere Situationen nutzbar gemacht werden kann. Diese intelligenten Erfahrungsnetzwerke, die sich überwiegend auf der rechten Hemisphäre des Cortex befinden, enthalten weniger Neuronen und mehr synaptische Verbindungen, die parallel und mehrfach miteinander vernetzt sind. Diese Netzwerke speichern komplexe Erfahrungen in den jeweiligen Kontexten zusammen mit den emotionalen Bewertungen ab und können gleichzeitig aufgrund ihrer hohen Flexibilität die Basis für Kreativität liefern, weil neue Konfigurationen als die bereits bekannten Muster zusammengestellt werden können.

Zusammen mit den persönlichen Motiven und Werthaltungen kann eine neu erfahrene Situation mit situativen Details sowie mit persönlicher Bedeutung und Sinn angereichert werden. Da das Erfahrungsgedächtnis derart ausgedehnt und weit vernetzt ist, nennt Kuhl (2001) dieses System auch Extensionsgedächtnis (EG), von *extensio* (lat. Ausdehnung).

Dieses EG ist Grundlage aller biografischen Erfahrungen, der Berufs-, der Beziehungs-, der Lebenserfahrung. Es bildet die Brücke zur subjektiv phänomenalen Welt. Diese ganzheitlich abgespeicherten Erfahrungen sind umso differenzierter vernetzt, je mehr Varianten von vertrauten und neuen Erfahrungen in unterschiedlichen Situationen eine Person erlebt hat. Diese Differenziertheit, die auf Weisheit hinauslaufen könnte, ist nicht nur abhängig von der Quantität der Erfahrungen, sondern auch von der Vielfalt und Differenziertheit der Erfahrungsmöglichkeiten und einer Offenheit für neue Erfahrungen.

Das EG ist die Basis der Selbstentwicklung und des Erfahrungslernens, Prozesse, welche den evolutionären und persönlichen Zugewinn des Reisens ausmachen.

Das Erfahrungsgedächtnis ist das Makrosystem, welches beim Reisen von Nutzen ist, allerdings nur dann, wenn es aktiviert ist, d. h., wenn das Selbst einer Person beim Reisen beteiligt ist, anders ausgedrückt, wenn eine Person als Ganzes mit ihrer Identität und Körperlichkeit präsent ist. Ob das bei bestimmten fremdbestimmten Formen des Reisens der Fall ist, darf bezweifelt werden: z. B. bei vom Veranstalter durchgeplanten Reisen, Prestige-Reisen, Pseudo-Reisen (auf Luxuslinern o. Ä.).

Reisen dient also nicht nur der Verbesserung der Stimmung und der Energiereserven durch das IVS, sondern kann zur echten Persönlichkeitsentwicklung beitragen, und zwar nicht nur durch eine Anhäufung von Wissen, sondern auch durch die Bereicherung und Vertiefung persönlicher Erfahrungen. Das Erfahrungsgedächtnis enthält alle Erfahrungen, die eine Person im Laufe eines Lebens gemacht hat, und weil das EG so individuell und persönlich ist, kann man es auch das Selbstsystem nennen oder kurz das Selbst.

Das Erfahrungsgedächtnis speichert nicht alle Situationen detailgetreu in Realzeit ab, dazu würde die „Speicherkapazität" des menschlichen Gehirns nicht ausreichen, sondern Fragmente, vornehmlich verdichtete prototypische Erfahrungen (vielleicht in Zeitraffer), die beim Erinnern wieder zusammengebaut (rekonstruiert) werden. Diese Fragmente werden in der Psychologie auch modellhaft als Schemata bezeichnet, diese können ebenfalls mehr oder weniger differenziert, „tief" verwurzelt und „weit" vernetzt sein. Am bekanntesten sowie am besten untersucht sind die verschiedenen Beziehungsschemata, die die Art und Weise bezeichnen, wie sich Personen in Beziehungen auf ihre Bezugspersonen verlassen, ob sie sich eher sicher in Beziehungen fühlen oder ob sie sich lieber auf sich selbst verlassen und weniger Vertrauen in andere haben.

Im Kontext des Reisens ist das Beziehungsmotiv interessant, denn es ist entwicklungsgeschichtlich das früheste Motiv. Von der Qualität früher Beziehungserfahrungen hängt die Qualität und Bereitschaft des Explorationsverhaltens bei Kindern ab, eine bedeutsame Basis für Selbstwirksamkeitsüberzeugungen (Selbstvertrauen). Reisen kann Selbstwirksamkeitserfahrungen ermöglichen, indem unvorhersehbare und neue Situationen gemeistert werden und so das Selbstvertrauen gestärkt wird.

Vielleicht sind deshalb betriebliche Reisen ein beliebtes Mittel der Teamentwicklung in Firmen, denn viele Gehirne schaffen mehr als eines. Auch die Überwindung der Wir/ihr-Dichotomie, der Aufbau von mehr Toleranz und Empathie fremden Kulturen gegenüber basieren auf der Kommunikation bzw. dem Austausch verschiedener Selbst-Systeme (Sapolsky, 2017). Diese werden vor allem durch Erfahrung, also durch die Lebenswelt und Kultur, in der jemand aufwächst, geprägt.

Die Freiheitsmotivation ist sozusagen dialektisch die Gegenspielermotivation zur Beziehungsmotivation, die ursprünglich aus dieser resultiert. Diese Dialektik zwischen Bindung und Autonomie bleibt ein Leben lang von Bedeutung. So ist ein Kind eng an seine „Sicherheitsobjekte", meist seine Eltern, gebunden und lernt so im Idealfall, sich selbst und anderen Personen zu vertrauen. Je sicherer sich ein Kind in der Beziehung zu seinen Bezugspersonen fühlt, umso stärker ist sein Explorationsdrang bzw. der Mut, die Umwelt zu erkunden. Dies ist lerntheoretisch paradox, denn aus dieser Perspektive müssten Kinder schon früh lernen, selbstständig zu werden und ohne Bindung auszukommen, um sich daraus lösen zu können. Das Gegenteil ist der Fall (Brisch, 2011). Sichere und verlässliche Beziehungen schaffen das Vertrauen, auch das Selbstvertrauen, sich auf Neues einzulassen.

Erwachsene gehen im Unterschied zu Kindern Beziehungen auch um ihrer selbst willen ein, nicht nur der Sicherheit willen. Natürlich sind Stärke und Ausformung des Beziehungsbedürfnisses und des Freiheitsmotivs von Person zu Person unterschiedlich. Es gibt Umwelten, die vertraut sind, was durch den Heimatbegriff bezeichnet werden kann, sowie andere Umwelten, die einer Person fremd erscheinen. Es gibt also nicht nur typische mehr oder weniger vertrauensvolle Person-Person-Transaktionen, sondern auch Person-Umwelt-Transaktionen, die von einem gegebenen Maß von Entdeckerfreude getragen sind. Person-Umwelt-Transaktionen sind beim Reisen von zentraler Bedeutung, denn in diesen spiegelt sich die Beziehung einer Person zu sich selbst: Wie geht sie mit Herausforderungen um? Wie viel Selbstvertrauen besitzt sie? Wie gut sorgt sie für ihre eigenen Bedürfnisse? Wie souverän bewältigt sie unvorhergesehene Schwierigkeiten? Individuell erworbene Erfahrungsmuster und Schemata steuern die Erwartungen, mit denen eine Person auf neue Situationen zugeht. Diese sind mehr oder weniger kongruent mit den Erwartungen, was beim Reisen kontinuierliche Lernerfahrungen und Erfahrungszuwachs ermöglicht, und zwar mehr als es das Aufhalten in einer vertrauten Umgebung vermag. Das Selbstsystem ist sehr stark mit dem Körper vernetzt, so dass Person-Umwelt-Transaktionen auch als Erfahrungs-Hologramme oder somatische Marker (Damasio, 1995, 2010, 2017) im Körper, also auch im EG der Person, abgespeichert werden.

Mit der Aktivierung des EG ist ein bestimmter Affektzustand eng verbunden, und zwar der des gelassenen Selbstvertrauens: Ich kann mich auf meine Erfahrungsnetzwerke verlassen und werde durch diese aufgefangen, wenn ich in einer verunsichernden, schmerzlichen oder bedrohlichen Situation bin. Diese Gelassenheit wird in der PSI-Terminologie (Kuhl, 2001, 2010) als A(−) bezeichnet oder als herabregulierter negativer Affekt. Zwangsläufig nehme ich auf Reisen immer wieder Diskrepanzen mit dem OES wahr, wenn ich eher wenig vertraute Situationen und Orte erkunde, was mein OES aktiviert. Die Regulierung dieser durch negativen Affekt begleiteten OES-Aktivierung erfolgt durch den Zugang zum EG, welches mir vermittelt, dass ich mich auf mich selbst und meine Bewältigungskompetenzen verlassen kann. Wichtig ist hier für die meisten Reisen eine mittlere Aktivierung des OES, so dass es nicht als zu bedrohlich oder gefährlich erlebt wird. So wird es ermöglicht, sich auf neuartige Situationen, die nicht vorhersehbar sind, einzulassen und dadurch ein Wachstum des Selbstvertrauens zu bewirken. Die Aktivierung der Systeme pendelt beim Reisen hin und her, es kommt zu vielen kleinen Verunsicherungen, zum Staunen angesichts des Neuen und zur Einspeisung neuer Erfahrungen in die subjektiven Selbstsystem-Netzwerke. Dieses intensive Erleben, welches parallel mit Gefühlen, mit persönlicher Bedeutung koloriert wird, vertieft das Bewusstsein der eigenen Existenz, des eigenen Lebens, man fühlt sich lebendig.

Da das EG eine Wahrnehmung von großen Zusammenhängen begünstigt und eher aus dem Überblick heraus operiert, werden Details sehr leicht übersehen; das OES hingegen sorgt dafür, sensibel auf Details zu achten. Manchmal wird jedoch übersehen, dass eine Situation gar nicht zu einem Erwartungsschema passt, die Tendenz des EG geht dahin, die vorhandenen Erwartungsschemata zu bestätigen: Hier ist es wie zu Hause, oder umgekehrt, hier ist alles ganz anders. Nur wenn eine innere Haltung der Offenheit für neue Erfahrungen vorliegt (Neugier), also eine Haltung, die berücksichtigt, dass es auch ganz anders kommen kann als erwartet, nur dann ist ein Dazulernen und Anreichern mit neuen Erfahrungen möglich. Trotz äußerer und innerer Veränderungen verleiht das EG einer Person Kontinuität und Stabilität und ermöglicht aufgrund der persönlichen Erfahrungen das Gefühl der Einzigartigkeit, denn die subjektiven Erfahrungen gehören der Person selbst, so dass die Aktivierung des EG und die Anreicherung mit neuen Erfahrungen durch Reisen identitätsstiftend wirken können. Bei wichtigen persönlichen Entscheidungen, z. B. bei der Konkretisierung von persönlichen Lebenszielen, ist es wesentlich, dass der Zugang zum Selbstsystem gebahnt wird, damit auf die komplexen Erfahrungsnetzwerke, die intelligente intuitive Lebenserfahrung, zurückgegriffen werden kann. Aber auch in anderen Situationen ist der Selbstzugang wichtig, z. B. beim empathischen Einfühlen in eine andere Person, bei persönlicher Begegnung (wenn zwei Selbstsysteme aktiv sind, vgl. Buber, 1995) – dies ist bei der Begegnung mit Personen aus anderen Kulturen von Bedeutung. Beim Reisen kommt es zwangsläufig zu komplexen Situationen, bei denen man vieles nicht im Voraus berechnen und planen kann, sondern sich auf seine Erfahrung, auf seine intelligente Intuition verlassen können muss. Neben dem Affekt der souveränen Gelassenheit ist das EG am Erkennen von persönlichen Bedeutungen und Zusammenhängen und weniger am Erkennen von Details beteiligt. Das EG benötigt eine bestimmte Voraussetzung: eine Verlangsamung der Prozesse, damit möglichst viele Netzwerke gleichzeitig aktiviert werden können und eine Tiefe des Erlebens und der Verarbeitung eintritt, die sich subjektiv als Identitäts- oder Kohärenzgefühl äußern kann.

IG und EG im Wechselspiel

Das oszillierende Wechselspiel zwischen IG und EG ist die Grundlage dafür, dass die Reisepläne auch tatsächlich mit den persönlichen Motiven und Bedürfnissen abgestimmt sind. Das EG enthält alle biografischen Erfahrungen und ist somit eine Basis des Selbsterlebens und der Subjektivität. Fremde Ziele, die nicht den innersten eigenen Wünschen entsprechen, können zu einer entfremdeten und somit enttäuschenden Reiseerfahrung führen, d. h., die Selbstbeteiligung und das Gefühl der Erfüllung gehen dann verloren. Denn Sinn und Erfüllung kann nur im Selbstsystem erfahrbar werden, welches alle persönlichen Erfahrungen mit individueller Bedeutung konfigurieren kann. Das IG ist für das zielorientierte Handeln wichtig, das EG dagegen für das Lernen aus Erfahrung. Das Planen kann auch an Reiseveranstalter delegiert werden, was Vor- und Nachteile haben kann. Es wird weniger Handlungshemmung aufgebaut, aber die Abstimmung mit persönlichen Motiven kann inkongruent sein.

Der Wechsel zwischen IVS und IG wird ebenfalls durch eine Modulationsdynamik reguliert und durch positiven Affekt moduliert. Dieser sorgt für die notwendige Handlungsenergie sowie bei schwierigen und langfristigen Planungen dafür, dass vor überschäumender Begeisterung das Ziel und die einzelnen notwendigen Schritte dahin nicht aus den Augen verloren werden. Denn die Bahnung des IG hemmt die Handlungsenergie und sorgt so dafür, dass man nicht durch attraktive Alternativaktivitäten abgelenkt wird, sondern am Ball bleibt (Konzentration). Eine Bahnung des IVS aktiviert den positiven Affekt und steigert die Handlungsenergie, hemmt aber das IG, so dass bei zu viel ungebremster Begeisterung die Vernunft, die langfristige Konsequenzen bedenkt, schon mal ausgeschaltet werden kann. So kann ein von der Neugier geleiteter Reisender – ähnlich dem Rotkäppchen im Märchen – vom Weg abkommen. Glücklicherweise hat dies nicht immer die gravierenden Konsequenzen, wie sie das Märchen aufzeigt. Geht man in guter Stimmung einkaufen, so leidet so mancher unter zu viel Impulsivität beim Geldausgeben, langfristige finanzielle Konsequenzen geraten leicht aus dem Blickfeld. Wer aber zu viel plant, gefährdet seine Handlungsenergie, denn es kann zu viel Handlungshemmung aufgebaut werden, so dass man aus der Planungsphase gar nicht mehr herauskommt und die Umsetzung einer Absicht immer weiter aufschiebt. Es ist ziemlich offensichtlich, dass die Bedeutung, die dem IG beim Reisen zukommt, sehr stark vom Charakter der Reise abhängt. Nicht jede Reise erfordert gleichermaßen eine detaillierte Planung. Aber dennoch benötigt man das IG, allein schon, um zum selbstgewählten Ort zu gelangen.

3.5 Erfahrungsgedächtnis und Identität

Das Konstrukt der Identität beschreibt die Art und Weise, wie Personen kohärent, d. h. zusammenhängend, Informationen über das eigene Selbst organisieren. Egal ob wir uns äußerlich verändern, ob wir an unterschiedlichen Orten sind oder älter werden, wir sind immer dieselbe Person, und unser Kohärenzgefühl zeigt uns das an, je nachdem, wie weitreichend und trotzdem zusammenhängend die Vernetzung dieser persönlichen raum-zeitlichen Erfahrungen gelingt. Diese Selbst-Erfahrungen können als zusammenhängend und tief erlebt werden, als ganzheitlich (kohärent) oder auch fragmentarisch sowie vom eigenen Erleben abgetrennt, was als quälende innere Leere oder Entfremdung, als Alineation, empfunden werden kann. Bestenfalls gelingt durch den Strom innerer Erfahrungen und äußerer Erlebnisse ein intuitives subjektives Bewusstsein. Offenbar gibt es ein Bedürfnis nach Kohärenz und ganzheitlichem Erleben, das Bedürfnis, sich selbst als Einheit zu erfahren und in Einheit mit der Umwelt zu erleben. Das Kohärenzgefühl ist nach Antonovski (1987, 1997) die Grundlage psychophysischer Resilienz, der Widerstandskraft gegenüber seelischen und körperlichen Erkrankungen selbst unter schwierigsten oder gar traumatischen Bedingungen, da dieser Zustand eine hohe integrative Power besitzt. Immer, wenn wir enttäuscht werden, Misserfolge haben oder ähnliche mehr oder weniger schmerzliche Erfahrungen machen (A−), wird dieses Kohärenzgefühl zumindest zeitweise beeinträchtigt. Durch die Fähigkeit zur positiven Bilanzierung solcher weit verbreiteter, aber zusammenhängender Netzwerke können negative Erfahrungen integriert werden. Natürlich gibt es Personen, die negative Erfahrungen einfach ignorieren, und manchmal ist das auch notwendig, aber „lernen" kann ein Erfahrungsgedächtnis nur dann, wenn für ein bestimmtes Zeitfenster der negative Affekt zugelassen und somit das angeschaut werden kann, was inkongruent ist, was mein Anteil an einem Problem ist (Verantwortungsübernahme) oder der Anteil anderer (Abgrenzung), so dass ein wirklicher Erfahrungszuwachs für zukünftige Situationen möglich wird.

Mit Identität ist die synchrone Identität gemeint, das Gefühl, sich selbst als einheitliche Ganzheit zu erleben, sowie die Fähigkeit, die Organisation einzelner Informationen und

Ereignisse über das eigene Selbst zu einer Ganzheit zu integrieren. Bei kaum einer anderen Aktivität wird die synchrone Identität so gefördert wie beim Unterwegssein des Reisens, da die sich zu verschiedenen Zeitpunkten eröffnenden unterschiedlichen Perspektiven vor dem Panoramabild des subjektiven Selbst zu einer Ganzheit integriert werden (Scopelliti et al., 2019). Dabei bleibt man trotz der Veränderungen der Orte und Landschaften, aus denen man sich herauslöst und auf die man sich einlässt, dieselbe Person, die wechselnden Erfahrungen gehören ihr selbst ganz persönlich, sie sind nur an einem bestimmten Ort zu einer bestimmten Zeit möglich und unwiederholbar. Im Unterschied zur synchronen Identität, die einer Person die Sicherheit gibt, die sich in wechselnden Umwelten als dieselbe verortet, vermittelt die diachrone Identität die Gewissheit, dass man derselbe ist, der man gestern war. Kohärenz benötigt genau diese raum-zeitliche Integration. Die integrierende Kraft des Erfahrungsgedächtnisses kann, wenn das Selbstgespür gebahnt ist, dieses Selbst-Bewusstsein und sogar Selbstvertrauen vermitteln. Von allen Systemen kann nur das Erfahrungsgedächtnis das Gefühl vermitteln, bei einer Person oder an einem Ort persönlich präsent zu sein. Auch ein Ort, z. B. Lieblingsort, kann Teil der subjektiven Identität, des Selbstbewusstseins sein. Gefühle malen das Bühnenbild dieses Bewusstseins und schaffen Wertigkeit: Dieser Ort ist gut für mich. Auch imaginierte Orte können eine heilsame Wirkung entfalten, die Suche nach einem imaginierten „guten Ort" wird in der Psychotherapie, insbesondere der Traumatherapie, verwendet. Ähnlich den Bindungserfahrungen in Beziehungen können auch Bindungen zu Orten hergestellt werden, wenn man die Orte kennengelernt und sie häufiger besucht hat (Korpela, 2012). Der vertrauteste Ort ist häufig der, wo man aufgewachsen ist, der mit dem Begriff der Heimat bezeichnet ist. Auch darin liegt ein interessanter Ansatzpunkt für weitergehende Forschungen (Vining & Merrick, 2012).

4 Reisen und Selbstmanagement

Abschließend soll noch auf jene Ebene der Persönlichkeitsarchitektur eingegangen werden, die das Zusammenspiel der vier Makrosysteme der Persönlichkeit dirigiert bzw. kontrolliert, wenn die automatische Dynamik nicht greift. Es handelt sich um die Ebene der Selbststeuerungskompetenzen. So wie es zwei Gehirnhälften mit jeweils zwei kortikalen Makrosystemen gibt, so gibt es zwei grundlegend verschiedene Formen von Selbststeuerungskompetenzen: Selbstkontrolle und Selbstregulation. Dies sind die Systeme, die entwicklungsgeschichtlich zuletzt ausreifen und im präfrontalen Cortex zu lokalisieren sind, also direkt hinter der Stirn. Dieses System mitsamt seiner Dynamik ermöglicht dem Menschen Freiheit und bildet die Grundlage zivilisatorischen Handelns.

Selbststeuerungskompetenzen benötigt man vor allem im beruflichen Alltag, in Studium und Beruf, oder aber um mit persönlichen Entscheidungen, Schwierigkeiten und Schicksalsschlägen klar zu kommen. Diese Kompetenzen sind die Grundlage des Wohlbefindens und der psychophysischen Resilienz, die uns, unabhängig von äußeren und inneren Schwierigkeiten, Freiheit und Würde ermöglichen.

Selbstkontrolle ist die Grundlage von Handlungsfreiheit. Dabei geht es darum, dass man das, was man sich vorgenommen hat, auch umsetzen kann. Es geht um Disziplin, um Willensbahnung, um Planungsfähigkeit und die Fähigkeit, Absichten ohne langes Zögern (trotz Handlungshemmung) auch auszuführen. Diese sprachnahe Kompetenz ist recht gut untersucht, z. B. Zielbildung und Zielerreichung, die Fähigkeit, bei schwierigen oder langfristigen Zielen am Ball zu bleiben.

Selbstregulation unterstützt die Berücksichtigung eigener Bedürfnisse und die emotionale Bewältigung von Stress, z. B. die im vorigen Kapitel beschriebene Verarbeitung von enttäuschenden Erfahrungen; es geht also auch um Lernen aus

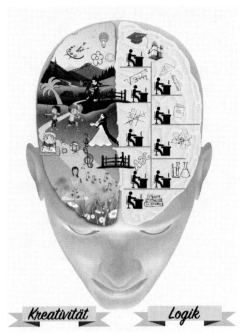

Abb. 5 Hemisphären

Erfahrung, um Selbstwachstum und Selbstentwicklung. Erfahrungslernen ist möglicherweise der wichtigste Lernmodus überhaupt und entspricht ungefähr dem, was bereits Piaget (1975) beschrieben hat. Das funktionale Grundprinzip dieses Lernens beruht auf der Vernetzung und Bildung von temporären und stabilen Neuronenkoalitionen (konnektionistische Netzwerke). Unterschiedlichste Arten von Netzwerken „feuern" gleichzeitig und bahnen zukünftige Erregungsbereitschaften. Wenn neue stabile Erregungsbereitschaften gebahnt sind, hat man etwas Neues gelernt. Diese Erfahrungsnetzwerke sind nicht an eine bewusste Verarbeitung gebunden. Beim Reisen können zusätzlich zum Kohärenzgefühl oder der souveränen Bewältigungserfahrung (Herabregulierung von A–) auch dopaminerge Systeme aktiviert werden (operantes Lernen), was als Freude, Glück oder Lust erlebt werden kann.

Diese beiden Arten von Selbststeuerung, Selbstkontrolle und Selbstregulation beeinflussen das Verhalten normalerweise automatisch, ohne dass dazu Bewusstsein nötig wäre. Bei der Selbstkontrolle, z. B. bei der Zielbildung und -verfolgung, scheint die bewusste Verarbeitung von Vorteil zu sein (Gollwitzer, 1999), die Selbstregulation dagegen ist auf unbewusste Verarbeitung angelegt. Die Qualität der Selbstregulation ist von der Qualität früherer Bewältigungserfahrungen und vom aktuellen Zugang zum Selbstsystem abhängig, d. h., inwieweit dieses ganzheitliche Netzwerk einer Person gebahnt ist. Dieser Selbstzugang erfordert eine Verlangsamung der Prozesse, gerade weil viele Informationen gleichzeitig verarbeitet werden, und insbesondere dann, wenn sie dem Bewusstsein zugänglich gemacht oder verändert werden sollen. Befindet sich eine Person im Zustand der Selbstkontrolle, kann der Zugang zum Selbstsystem vorübergehend gehemmt werden, um die Zielerreichung nicht zu gefährden. Solch eine „innere Diktatur" kann hilfreich sein, um selbstgesteckte Ziele zu erreichen, denn dabei kann es manchmal stören, auf viele Möglichkeiten und Alternativen, die vom Ziel ablenken, zu achten. „Innere Demokratie" ist wichtig, um viele Aspekte, z. B. viele Entscheidungsmöglichkeiten, gleichzeitig zu beachten und jene Alternative auszuwählen, die eigenen Bedürfnissen, Kompetenzen und möglicherweise auch den Voraussetzungen anderer Personen am besten entspricht.

Beide Formen von Selbstmanagement sind ähnlich wie Muskeln sehr stark vom Training abhängig, sie bilden sich im frühen Erwachsenenalter heraus und lassen sich ein Leben lang weiterentwickeln (Ritz-Schulte, 2008). Gäbe es eine bessere und schönere Möglichkeit des Trainings dieser „Muskeln" als die des Reisens? Wohl kaum, doch gibt es viele Wege der Selbstentwicklung: autobiografisches Schreiben, biografische

Aufmerksamkeit, persönliche Begegnung, künstlerisches Gestalten, selbstbestimmte Arbeit.

Man weiß inzwischen aus zahlreichen Untersuchungen, dass die Qualität der Selbstmanagement-Kompetenzen bzw. deren Fundament sehr stark von der Qualität von Beziehungserfahrungen abhängt und bei Kindern in sehr frühen Beziehungserfahrungen angelegt wird. Die positiv bilanzierende Basis, die man auch einfach Vertrauen und Selbstvertrauen nennen kann, ist je nach Qualität der Erfahrungen bei Personen unterschiedlich angelegt. Korrigierende Erfahrungen und angemessene Herausforderungen sind jedoch ein Leben lang möglich, bei fehlenden Herausforderungen können diese Kompetenzen sich jedoch auch ähnlich einem Muskel zurückbilden. Herausforderungen sind nötig, um das souveräne persönliche Gleichgewicht immer wieder ein bisschen ins Wanken zu bringen und aus eigener Kraft zurückzugewinnen. Beim Reisen geht es vor allem um Prozesse des intuitiven Erfahrungslernens sowie um eine Verbesserung von Selbstzugang und Lebensqualität. Und diese Art von Entwicklung ist ausschließlich durch ein Sich-Einlassen auf Neues zu haben, nicht selbstkontrolliert und zielorientiert.

Ob und welche Selbststeuerungskompetenzen beim Reisen gefordert und somit auch gefördert werden, hängt dennoch sehr stark davon ab, wie eine Reise angelegt ist bzw. um welche Art der Reise es sich handelt. Dabei ist die Art der Reise weniger wichtig als die Person-Reise-Interaktion, genauer gesagt die Passung zwischen Person und Reise. Hierbei sind der persönliche Stil, die Bedürfnisse und Motive und nicht zuletzt die Art der Herausforderung an die persönlichen Kompetenzen wichtige Einflussfaktoren. In der Regel ist eine „mittlere" Herausforderung optimal für die Entwicklung von Selbststeuerungskompetenzen.

Es liegt in der Natur der Sache, dass Reisen ohne Selbstzugang, d h. ohne Aktivierung des Erfahrungsgedächtnisses, enttäuschend fade bleiben müssen. Beim Reisen, wie es dem Grundbedürfnis vieler Menschen entspricht, werden Selbstbewusstsein und die Erfahrung persönlicher Identität automatisch gebahnt, sozusagen als Nebenprodukt der Reise, wobei Selbstregulationskompetenzen kontinuierlich entwickelt werden können. Der Reisende wird zunehmend in die Lage versetzt, eigene Bedürfnisse und ggf. gleichzeitig die seiner Mitreisenden im Blick zu haben und seine Entscheidung nicht einem einmal gesteckten Ziel oder einer Gewohnheit unterzuordnen, sondern flexibel an den Gegebenheiten von Raum und Zeit auszurichten. Das liegt daran, dass beim Reisen, wie schon mehrfach dargelegt, der flexible und kontextangemessene Wechsel der psychischen Makrosysteme idealerweise angeregt und trainiert wird, was der einseitigen Aktivierung eines Systems entgegenwirkt.

Eine einseitige Nutzung von Systemen beinhaltet Risiken und bildet häufig die Grundlage für persönliche Probleme und Blockaden. Je extremer ein persönlicher Stil ausgeprägt ist, umso schwieriger und unterschiedlicher sind die persönlichen Entwicklungsaufgaben. Eine temperamentvolle Person profitiert von mehr Impulskontrolle und Besonnenheit, eine zurückhaltende Person profitiert von der Entwicklung von mehr Spontaneität, eine ängstliche Person kann ihren Mut und mehr Zutrauen entwickeln. Das Selbstgespür wird also beim Reisen „wie von selbst" gebahnt, wenn die Art der Reise, der Reisemodus, passt, und ist eine tragende Säule aller anderen Selbststeuerungskompetenzen, vor allem der Selbstbestimmung und der Selbstberuhigungskompetenz.

Die Modulationsdynamik der vier Systeme

Nicht nur der kontextangemessene Wechsel zwischen den verschiedenen Makrosystemen mit ihren jeweiligen kognitiven und emotionalen Merkmalen ist wichtig, um das Reisen zu erklären. Die Dynamik zwischen den Systemen ist möglicherweise für das Verständnis entscheidender, aber schwieriger vorstellbar und abbildbar. Wir sind als Menschen nicht dazu gemacht, Dynamiken zu verstehen, sondern eher dazu, diese intuitiv zuzulassen. Um die Dynamik der Makrosysteme zu verstehen, wurden in der PSI-Theorie typische Modulationsannahmen herausgearbeitet (Kuhl, 2001). Die Modulationsdynamik der Persönlichkeitssysteme lässt sich folgendermaßen zusammenfassen: Ist ein elementares System aktiviert, so wird es weiter gebahnt und verstärkt, so dass man sich eine zirkuläre Dynamik oder Selbstaufschaukelung vorstellen kann. Diese zirkuläre Dynamik bezieht sich vor allem auf die elementare Ebene, also auf das OES und das IVS. Eine Bahnung des OES bedeutet letztendlich: „Angst macht Tunnelblick", weil immer mehr Einzelheiten hervortreten und der Blick für Zusammenhänge verlorengeht. Dabei wird die Nutzung des EG verringert, der Selbstzugang ist gefährdet und von mehr oder weniger starkem negativem Affekt und einer sensiblen Diskrepanzwahrnehmung begleitet. Die Bewältigung des negativen Affekts hängt von Selbstberuhigungskompetenzen ab, die eng mit der Fähigkeit zur Aktivierung des EG, des Selbstsystems und der beschriebenen Fähigkeit zur positiven Bilanzierung verbunden sind. Der Systemwechsel gegen die Dynamik der Selbstaufschaukelung führt dann zur Selbstberuhigung.

Das EG unterbricht mit Hilfe der Selbstregulationskompetenz den Teufelskreislauf und zeigt den Zugang zu positiven Bewältigungserfahrungen intuitiv auf, bilanziert dabei positiv, indem es auf diese früheren Bewältigungserfahrungen zurückgreift und eine positive (souveräne) Haltung vermittelt. Ist dagegen das IVS gebahnt, so führt die damit zusammenhängende positive Stimmung in eine andere zirkuläre Entwicklung: Mögliche Gefahren werden übersehen, ebenso wie mögliche langfristig negative Konsequenzen. Je besser die Stimmung, umso unvernünftiger wird man und geht gefährliche Risiken ein, wenn nicht gegenreguliert wird und das IG, das besonnene Gegenspielersystem, also die Vernunft, die Aktivität des IVS hemmt.

Eine Bevorzugung dieser elementaren Systeme kann man entsprechend der Persönlichkeitsarchitektur als Regression bezeichnen. Die Ausrichtung auf die intelligenten Systeme und deren Aktivierung, die ein Quäntchen Selbstmanagementkompetenz erfordert, bezeichnet man als Progression. Dabei können elementare Systeme auch sinnvoll sein, z. B. dann, wenn intuitives Handeln ermöglicht werden soll, wenn Energien aufgebaut werden sollen.

Was passiert, wenn Angst den bekannten Tunnelblick erzeugt? Der ganzheitliche Überblick geht verloren, der weite Möglichkeitsraum, den das EG aufgrund seiner vernetzten Struktur anbieten kann, schwindet ebenfalls. Die Aufmerksamkeit wird allein auf Unstimmigkeiten gerichtet, was zu Angst, Panik und/oder Depression führen kann. Der negative Affekt wiederum verstärkt die Aktivität des OES usw. Deshalb ist die Passung des Reisemodus an die Persönlichkeit des Reisenden so entscheidend!

Jemandem, der an sich selbst oder anderen Unstimmigkeiten entdeckt, wird es entweder schmerzlich zumute sein oder er wird nörgeln. Der Zugang zum Selbstsystem wird dann eher gehemmt, mit entsprechenden Folgen: Es wird zunehmend schwieriger, gegenzusteuern. Reisende, die sich unwohl oder ängstlich fühlen, werden sich an Kleinigkeiten stören, über die sie in einer anderen Stimmungslage hinwegsehen, und können sich so zum Dauernörgler entwickeln. Das ist alles andere als Selbstentwicklung und Erfahrungslernen, die man als subjektiven Gewinn vieler Reisen davonträgt.

Gelingt die progressive Entwicklungsrichtung, so wird dies als Erleichterung und Souveränität, als Zuwachs von Bewältigungskompetenz und Selbstvertrauen empfunden. Der dialektische Wechsel zwischen dem Erleben von Unstimmigkeiten und dem ganzheitlichen Überblick bis hin zum Erleben des Selbstgespürs ist ganz elementar für das Wohlbefinden und die Fähigkeit, nicht dem Teufelskreislauf von negativem Affekt und Unstimmigkeitserleben zu verfallen.

Was bei diesen wiederkehrenden Prozessen gelernt wird, ist zudem Selbstberuhigungskompetenz, die für spätere schwierige Situationen in anderen Kontexten außerhalb des Reisens zur Verfügung steht. Beim Reisen lernt man die Regulierung negativer Affekte, emotionale Bewältigungskompetenz, Selbstermutigung sowie die Fähigkeit, stets das Beste aus schwierigen Situationen zu machen. Zumindest bekommt man die Chance, all dies zu lernen.

Der Reisende ist mit einer Vielzahl von Unstimmigkeiten bis hin zu Risiken und Gefahren konfrontiert. Ständig erfährt er Neues, macht Erfahrungen, die nicht zu seinen Erwartungsschemata, zu den mehr oder weniger stabilen persönlichen Netzwerken passen. Die integrative Verarbeitung dieser vielfältigen Erfahrungen und ihre Einspeisung in das persönliche Erfahrungsgedächtnis führen nicht nur zu einem Zuwachs an Selbstvertrauen und Souveränität, sondern zu einer Ausdifferenzierung der Netzwerke und zu einer Fähigkeit der vergrößerten Perspektivübernahme anderen Personen und fremden Kulturen gegenüber. Es entsteht das Bewusstsein, sich auf neue Erfahrungen und fremde Personen souverän einlassen zu können, auch wenn sie nicht zur vertrauten Erfahrungsbasis passen. Reisen fördert und trainiert den dialektischen Wechsel zwischen OES und EG, was zu einer Zunahme von Selbstberuhigungskompetenz und Selbstvertrauen führt.

Vertraute Situationen, die exakt zu den persönlichen Erfahrungen passen, wirken angstreduzierend und beruhigend. Fehlt aber ein regelmäßiges Einlassen auf Situationen, die anders sind als erwartet, so entsteht nicht das Gefühl der Gelassenheit gegenüber neuen und fremdartigen Situationen, selbst wenn diese nicht als bedrohlich erscheinen. Alles Neue wird dann als fremdartig und bedrohlich erlebt.

Hier liegt eine wissenschaftliche Begründung der Wirksamkeit erlebnispädagogischer Maßnahmen bei bestimmten Zielgruppen, deren Offenheit für Neues, deren Souveränität und Selbstwirksamkeit gefördert werden sollen.

Der flexible Wechsel zwischen OES und dem EG wird gefestigt, einer regressiven Zunahme von Angst, Hilflosigkeit und Depression entgegengewirkt. Das EG ist nicht nur mit dem Körper vernetzt, so dass zu jeder Erfahrung auch die zugehörigen Körpersensationen als somatische Marker (Damasio, 2017) abgespeichert und abgerufen werden, sondern auch für die räumliche Orientierung zuständig, die das Reisen voraussetzt. New Yorker Taxifahrer haben nachweislich einen größeren Hippocampus als Personen, die sich nicht permanent in einer Millionenstadt orientieren müssen. Eine räumliche Orientierung ohne ganzheitliche Verarbeitung und eigene Körpersensationen wäre wohl gar nicht möglich.

Das Gehirnsystem, welches die komplexen Vernetzungen auch in immer neuen Konfigurationen bilden kann, ist der Hippocampus, in dem sich auch der „Arbeitsspeicher", also das Kurzzeitgedächtnis des Gehirns, befindet. Der Hippocampus kann so Erinnerungen konstituieren, wobei veritable Erinnerungslandschaften entstehen, die mehr oder weniger bewusst auch bei neuen, ähnlichen Erlebnissen als Assoziationen bereitgestellt werden. Auch komplexe Vorstellungen und Fantasien werden (immer aus den Grundbausteinen vorhandener Schemata aufbauend) durch den Hippocampus konstruiert. Leider ist der Hippocampus, der auch für die räumliche Orientierung wichtig ist, ziemlich anfällig für Stress. Unter Stress arbeitet er nur eingeschränkt und kann bei chronischem Stress sogar strukturelle Schädigungen erleiden (Sapolsky, 2017).

Andererseits ist, wie bereits oben beschrieben, der Kontakt zur Natur und zu natürlichen Umwelten überaus heilsam, gerade weil der Hippocampus unter stressfreien Bedingungen genutzt und trainiert wird.

Dass Reisen bilde, wusste schon Goethe zu behaupten, und diese These wird durch die moderne Neuropsychologie unterstützt. Gerade der kreative und integrative Teil des Gehirns wird sehr wahrscheinlich durch das Reisen „gebildet" und in seiner Funktion und Flexibilität unterstützt. Ob es sich damit wirklich so verhält, wie wir hier deduktiv aus den bestehenden Erkenntnissen ableiten, wäre ein interessantes Forschungsfeld. Auch Flade postuliert unabhängig von unserer funktionsanalytischen Perspektive, aber mit unseren Annahmen übereinstimmend: „Weil insbesondere Naturumwelten alle Sinne anregen, fördern sie auch in besonderem Maße die Entstehung komplexer neuronaler Verschaltungsmuster im Gehirn" (2012, S. 37). Aus funktionsanalytischer Sicht darf hinzugefügt werden: Nicht nur die Entstehung neuer komplexer Verschaltungsmuster wird durch Reisen gefördert, sondern das subjektive Selbstbewusstsein, das Selbstgespür, erfährt Unterstützung. Dieses vertieft die subjektiven Erfahrungen und dehnt die subjektiv erlebte Zeit aus – die maßgebliche Währung unseres zeitlich begrenzten Lebens. Da das Reisen aber vorwiegend intrinsisch motiviert ist, seinen Zweck in sich selbst besitzt, erfüllt es diese positive oder heilsame und entwicklungsfördernde Funktion nebenbei, quasi wie „von selbst", und eben nicht als Mittel zum Zweck.

Für das Reisen werden alle Systeme inklusive der Selbststeuerungsebene benötigt! Der Hippocampus reguliert die Vernetzung der im persönlichen Erfahrungsgedächtnis, also im Selbstsystem gespeicherten Inhalte und bildet zudem eine Relais-Station zwischen Regression und Progression. Der Hippocampus entscheidet, wann elementare Systeme genutzt werden, z. B. zur Erholung oder dem Aufbau von Handlungsenergie (IVS) oder zur Risikoabwägung (OES), und wann dagegen hochinferente Systeme angemessen aktiviert werden sollen. Im Folgenden wird beschrieben, wie sich die Aktivierung der verschiedenen Makrosysteme beim Reisen manifestiert. Dabei ist Angemessenheit wichtig, und nicht ein „Mehr desselben". Selbstdisziplin ist beispielsweise in unserer Entwicklung das Produkt eines langen Erziehungsprozesses und offenbar schwierig zu erlernen, aber ein Zuviel oder ein Immer-mehr-desselben kann dazu führen, dass man sich weiter antreibt, bis über die persönlichen Grenzen und Bedürfnisse hinweg, was zu psychosomatischen Problemen, im beruflichen Alltag zu Entfremdung oder zum Burnout führen kann. Ein destruktives Zuviel an Selbstdisziplin kann nur durch Selbstregulation verhindert werden. Wo kann man besser flexibel auf eigene Bedürfnisse eingehen als beim Reisen?

Es spricht vieles dafür, dass beim Reisen vor allem der Aktivierungs- und Belohnungskreislauf angesprochen wird, und dies auf eine ursprüngliche, durchaus archaische Art und Weise, da dies von der Funktion der ältesten Hirnsysteme abhängt, die den Menschen seit seiner Frühgeschichte zum Reisen, zum Nomadisieren oder zu Entdeckerfahrten angeregt haben. Das Reisen als Bildungs- oder Urlaubsreise ist zwar eine neuzeitliche bzw. bürgerliche Erfindung, hier werden aber Urmotive des Menschen, ähnlich denen des Geschichten-Erzählens (Ritz-Schulte & Huckebrink, 2012), aufgegriffen. Die Integration innerer und äußerer Bilder beim Reisen erfolgt in einem subjektiv-phänomenologischen Narrativ, das in Worte gefasst werden kann, aber nicht muss. Das Geschichtenerzählen bedarf allerdings sehr stark der Mitarbeit der komplexen, intelligenten Gehirnsysteme, neben dem Erfahrungsgedächtnis vor allem der Sprachzentren; das Reisen dürfte im Vergleich zum Erzählen unmittelbarer und ursprünglicher sein, da es nicht der Versprachlichung bedarf. Der dialektische Wechsel zwischen sensibilisierendem OES und aktivierendem IVS kann die positiven Effekte der Erlebnispädagogik auf die Entwicklung von Kindern und Jugendlichen (oder bei Führungskräften – hier nennt man es *Incentive*) erklären. Erlebnispädagogische Angebote regen genau diese elementaren Systeme an und wirken auf hochinferenter Ebene erfahrungs- und somit selbstbildend, können so den Aufbau von Selbstvertrauen und Handlungsenergie fördern.

Motive sind über die oben beschriebenen Kompetenzen hinaus bedeutsam. Sie sind wichtige persönliche Kraftquellen, geben dem Verhalten Richtung und Energie und sorgen für eine befriedigende Erfahrung, wenn diese zur Motivlage der Person passt. Motive wirken langfristiger als kurzfristige elementare Affekte und können konkreter gefasst werden, z. B. wenn Motive in konkrete Ziele umgewandelt werden. Sie haben ihre Wurzel in den Bedürfnissen einer Person, die mit frühen Bewältigungserfahrungen (oder Frustrationserfahrungen) und konkreten biografischen Erfahrungen sowie biografisch gewachsenen Werthaltungen verknüpft sind. Motive sind komplexe Netzwerke, die im persönlichen Erfahrungsgedächtnis abgespeichert sind.

Motive sind beim Reisen die Energien, welche antreiben und den Reiseprozess inhaltlich gestalten. Gleichzeitig sorgen sie für den belohnenden Effekt. Sie werden permanent von Gefühlen, die über die innere Balance der Bedürfnisbefriedigung (Wertigkeit, persönliche Bedeutung) informieren, unterstützt.

5 Motivation

Energie wird nicht nur für das bloße Überleben aufgebracht, sondern reicht bei Menschen über dieses Erfordernis hinaus. Solche unterschiedlichen, über die vitalen Bedürfnisse hinausgehenden Energiequellen nennt man in der Psychologie auch Motive, von lat. *movere* (bewegen). Es gibt Bildmotive, die innerlich bewegen, Tatmotive, die bestimmte Verhaltensweisen erklären, und selbst in dem Titel unseres Buches sind *Beweggründe* im wörtlichen und übertragenen Sinn ganz zentral für das Reisen. Die Motivation gibt dem Verhalten laut psychologischem Wörterbuch Energie sowie eine Richtung. Wir selbst verbrauchen nicht nur Energie, sondern generieren sie für unsere vielfältigen Tätigkeiten. Gerade in das Reisen wird häufig erstaunlich viel Energie investiert, aber aus ihm auch viel Energie und Leichtigkeit gewonnen. Der Gewinn ist ein subjektiv bereicherndes Erleben, und man muss gar nicht danach fragen, worin dieser Erfahrungszuwachs genau besteht, weil die Effekte nicht linear, sondern multifaktoriell und sehr komplex sind. Reisen wird, wie mehrfach betont, für viele Menschen als in sich selbst belohnend erlebt und benötigt keinen darüber hinausweisenden Zweck.

Motive sind von ihrer Entwicklungsrichtung der Progression zuzuordnen, so können sie als intelligente Bedürfnisse bezeichnet werden.

Motive sind allerdings ein überwiegend unbewusster Teil des persönlichen Erfahrungsgedächtnisses, und zwar jener, der mit den tätigkeitsanregenden Systemen eng verbunden ist. Sie gehören zu den Energiequellen der Person, die aber nicht ungerichtet oder einfach aktionistisch sind, sondern eine bestimmte inhaltliche Richtung haben. Da Motive auch wegen ihrer Komplexität überwiegend unbewusst sind, kann man sie unbewusste Kraftquellen der Person nennen.

In der wissenschaftlichen Psychologie sind vier Basis-Motivbereiche besonders erforscht:
- die Beziehungsmotivation
- die Leistungsmotivation
- die Machtmotivation
- die Freiheitsmotivation

Jedes Motiv besitzt entwicklungsgeschichtliche Wurzeln, enthält einen älteren Bedürfniskern: Sicherheit (Beziehung), Autonomie und Exploration (Freiheit), Kompetenzentwicklung (Leistung) und Einfluss/Orientierung (Macht) in klaren sozialen Hierarchien.

Zur Freiheitsmotivation gehören: Offenheit für Neues; Freude an Exploration; Neugier; der Wunsch, eigene Grenzen zu sprengen; das Bedürfnis nach intensivem Selbsterleben und nach Selbstentwicklung. Die Freiheitsmotivation scheint auf den ersten Blick für die „Reisemotivation" grundlegend zu sein, wobei auch die anderen drei Motive sich mit diesem Beweggrund überlappen und eine Rolle spielen können. Motive können unterschiedlich stark mit Energie geladen sein, hier sprechen wir von unterschiedlich ausgeprägter Motivation. Ist jemand „sehr motiviert", dann ist viel Energie für eine bestimmte Tätigkeit, z. B. das Reisen, vorhanden.

Werden Tätigkeiten als in sich selbst belohnend erlebt, kommt die Motivation also von innen, sprechen wir von intrinsischer Motivation. Dies ist etwa für die Beziehungsmotivation charakteristisch, denn Zeit für Beziehungen nehmen wir uns meist einfach deshalb, weil diese ihren Wert in sich selbst tragen. Wir sind mit anderen Menschen vor allem zusammen, weil es uns einfach guttut und „bereichert" und nicht aus äußeren Gründen oder als Mittel zum Zweck. Ähnlich verhält es sich mit der Freiheitsmotivation. Während Beziehungen in der persönlichen Entwicklung zunächst vor allem Sicherheit spenden, spielt die Freiheit mit dem Reiz des Neuen und Unsicheren. Die Freiheitsmotivation ist die Gegenspielerin zur Beziehungsmotivation, basiert aber auf deren Fundament, woraus auch Urvertrauen und Selbstvertrauen entstehen, welches in frühen verlässlichen Beziehungserfahrungen gelegt wurde. Die Dialektik zwischen Bindung (Anschluss, Beziehung) und Autonomie (Freiheit, Exploration) bleibt ein Leben lang von Bedeutung (Brisch 2011; Bischof, 1993).

Die Beziehungsmotivation ist die entwicklungsgeschichtlich früheste Form der Motivation und fundamental für die weitere Entwicklung. Kein Mensch könnte heranwachsen und sich ohne soziale Beziehungen entwickeln. Menschen sind zum Zeitpunkt der Geburt und noch lange danach von fürsorglichen Bezugspersonen abhängig. Diese Abhängigkeit allein würde aber Entwicklungsstillstand bedeuten. Die Beziehungsmotivation und die Freiheitsmotivation sind beide erfahrungsorientierte Motive, die man um ihrer selbst willen umsetzt. Im Gegensatz hierzu sind Leistung und Macht wirkorientiert.

Bei den beiden erfahrungs- oder erlebnisorientierten Motiven ist der intrinsische Anteil hoch, denn Kinder explorieren ihre Umwelt um ihrer selbst willen und nicht wegen eines bestimmten Zwecks oder weil sie dafür gelobt werden. Dass die beiden entwicklungsgeschichtlich frühen Motive eher erfahrungsorientiert sind, liegt vielleicht daran, dass Säuglinge und Kinder, so aktiv sie auch sein mögen, doch eher auf die Erfahrungen angewiesen sind, die ihnen ihre Lebenswelt bereithält und auf deren Basis sie intuitiv lernen, Kompetenzen zu entwickeln. Das Reisen als autotelische Tätigkeit hat als Phänomen eine Nähe zum kindlichen Spiel, zur spielerischen Exploration der Umwelt.

Die älteste Reise, die sich im Spannungsfeld zwischen Beziehungs- und Freiheitsmotivation abspielt, ist die Odyssee von Homer. Im Unterschied zur älteren Ilias-Sage, die eher kriegerische Aspekte betont, besitzt die Odyssee geradezu emanzipatorische Züge. Odysseus will zunächst gar nicht in den Krieg, er will lieber bei Frau und Kindern bleiben.

Die wirkungsorientierte Leistungs- und Machtmotivation wird erst zu einem späteren Zeitpunkt in der Entwicklung wichtig, wenn bereits eine gewisse Autonomie sowie Selbstbestimmung vorhanden sind. Es stehen sich also zwei erfahrungsorientierte und zwei wirkorientierte Motive gegenüber, wobei jeweils eines davon soziozentrisch und eines prozessorientiert oder nach Leontjew (1979) „tätigkeitszentriert" ist.

Bei der Freiheitsmotivation geht es um die Ausrichtung nach außen, in die materielle, physische Welt, z. B. die Natur oder räumliche Umgebung, die auch unabhängig von sozialen

Kontakten möglich ist. Beziehungs- und Machtmotivation beziehen sich auf die soziale Lebenswelt der Person, bei der Freiheits- und Leistungsmotivation geht es um die materielle oder physische Lebenswelt, in der sich die Person handelnd (tätigkeitszentriert) bewegt.

Die erfahrungsorientierte Freiheitsmotivation geht der wirkorientierten Leistungsmotivation voraus, bei der es um die Freude an der Entwicklung und Verbesserung eigener Kompetenzen geht. Beides gelingt auf der Basis einer sicheren Bindung an frühe Bezugspersonen besonders erfolgreich.

Wie entsteht die intrinsische Motivation für Tätigkeiten wie das Reisen, die auf Explorationslust und Neugier gründen? Nach Murphy (1939) wird jede Aktivität als belohnend erfahren, wenn sie einer Person erlaubt, ihr sensorisches und physisches Potenzial auf eine neue und anregende Weise zu nutzen. Dieses Postulat erklärt die Reisemotivation ziemlich genau. Dabei muss ein Reiz neu sein, um als belohnend erlebt zu werden, beispielsweise durch Aktivitäts- und Stimulationsmuster, die sich von Gewohnheiten abheben. Darüber hinaus muss sich der Handelnde als Urheber der Erfahrung fühlen. Wird die Autonomie missachtet, kann die intrinsische Tätigkeitsmotivation korrumpiert werden. Dieser Korrumpiereffekt ist beispielsweise bei Kindern beobachtet worden, die man für das Malen belohnt hat, also für das Ausführen einer Tätigkeit, die sie von sich aus gerne ausüben. Gibt es eine Belohnung, verlieren Kinder das Interesse am Malen. Verloren geht nicht nur das Gefühl für Autonomie, sondern möglicherweise noch etwas viel Bedeutsameres, das Erleben der eigenen Subjektivität.

Autonomie ist ein wichtiger Bestandteil des Reisens und für das Erleben von Subjektivität von Bedeutung, dem ganzheitlichen, auch körperlichen Erfahren des eigenen Selbst, des freien Selbstseins, des Selbstgespürs. Und genau diese Erfahrungsbereiche werden durch das Reisen gefördert. Unser Anliegen ist es, aufzuzeigen, wie und warum.

Wie die psychologische Forschung vielfach gezeigt hat, ist die intrinsische Motivation als Energiequelle der extrinsischen überlegen, nicht nur wegen des Korrumpiereffekts. Wir investieren erhebliche psychische Anstrengungen in herausforderungsvolle Projekte und schwierige Ziele, die wir frei gewählt haben. Das kann etwa bei leistungsmotivierten Reisenden der Fall sein: Weltumsegelung oder die Besteigung immer höherer Berggipfel. Bei der Leistungsmotivation geht es um die Freude an der Entwicklung eigener Kompetenzen, wobei innere oder äußere Gütemaßstäbe und Qualitätsmerkmale zur Bewertung herangezogen werden können.

Einfache Aktivitäten und genussvolle Handlungen dagegen, die unabhängig von schwierigen Zielen für uns wichtig sind, können dabei helfen, erneut Energie zu tanken und nebenbei das Selbstgespür und die Selbstentwicklung zu stärken (Freiheitsmotivation). Reisen kann folglich mehr oder weniger im Dienst der Regeneration oder der Entwicklung von Leistungskompetenzen stehen, je nachdem, wie sich die Beweggründe zum Reisen mit anderen Motiven überlappen. Jemand mit einer starken Beziehungsmotivation wird Gruppenreisen dem Alleinreisen vorziehen, während eine andere Person das Reisen mit leistungsorientierten Herausforderungen verbindet, um eigene Kompetenzen zu entwickeln. Reiseanbieter mit Service-Gespür können so auf eine gute Passung von Reiseangebot und Reisemotivation ihrer Kunden achten.

„Life Balance" (Strehlau & Kuhl, 2011) bedeutet, dass die Tätigkeiten so viele intrinsische Elemente wie möglich enthalten, damit sie als erfüllend erlebt werden und mit Leichtigkeit umgesetzt werden können.

Leichtigkeit heißt, trotz Handlungshemmung, die immer zu schwierigen Zielen dazugehört, eine innere Hürde zu überwinden und das Intuitive Verhaltenssystem (IVS) zu aktivieren. Je mehr schwierige Absichten parallel vorhanden sind, je mehr geplant wird, umso schwieriger ist die Umsetzung, weil jede unerledigte Absicht und jedes schwierige Ziel Handlungshemmung aufbauen. Am leichtesten gelingt die Umsetzung einer schwierigen Absicht, wenn man sich nur auf ein einziges schwieriges und automatisch abgeschirmtes Ziel fokussiert. Ein Zusammenhang, der in dem bekannten Rubikon-Modell der Handlungsregulation beschrieben wurde (Heckhausen et al., 1987; Gollwitzer, 1999). Weniger Absichten bedeuten mehr Umsetzungsstärke und mehr Leichtigkeit.

Herausforderungsvolle Reiseziele erfordern immer mehr Planung, hierbei kann es zum Energieverlust bis hin zur Lustlosigkeit kommen, sogar zu einer generellen Handlungsblockade, wenn zu viel innerer Druck aufgebaut wird, das Intentionsgedächtnis (IG) überladen ist. Die Leistungsmotivation an sich ist durch ihre implizite Zweckorientierung ein Risiko für eine erfahrungsorientierte Reise.

Die praktische Konsequenz daraus ist, dass wir uns nicht zu viel auf einmal, vor allem nicht parallel, vornehmen sollten, um das Intentionsgedächtnis nicht zu überladen, wenn wir unsere Kraftquellen ökonomisch nutzen wollen. Weniger Pläne und angemessene Ziele sind leichter umsetzbar. Die detaillierte Planung wird deshalb gerne von Reiseunternehmen als Kundenservice übernommen, was u. a. den Nebeneffekt hat, dass die Reisenden diesen Energieverlust nicht erleiden, da sie Planungstätigkeiten delegieren können. Das Risiko hierbei ist, dass Reisende, die sich an einen ausgearbeiteten Plan halten, ihre eigenen Bedürfnisse nicht in die Planung einfließen lassen können. Das A & O ist und bleibt die Passung an die verschiedenen komplexen Bedürfnisse Reisender. Die Herausforderung von Reiseanbietern ist es, beides miteinander zu verbinden, d. h., die Reisenden sowohl von der Planung zu entlasten als auch gleichzeitig in ihrem Angebot Individualität und Flexibilität zu ermöglichen.

Übertragen auf das Reisen als erfüllendes Erleben bedeutet dies, dass die Angebote sowohl an die Bedürfnislage als auch an die Kompetenzen der Reisenden angepasst werden sollten und so ganz nebenbei die Selbstmotivierungskompetenz trainiert werden kann. Wie wir feststellen, werden viele Kompetenzen beim Reisen ganz nebenbei trainiert, aber das ist nicht alles: Auch das subjektive Erleben der eigenen Existenz, das Identitätsgefühl, wird durch die Berücksichtigung der Beweggründe bereichert und vertieft. Dieses Erleben ist aber immer nur als Nebenprodukt erhältlich und nie durch direkte Absicht. Man kann nur die Rahmenbedingungen und Voraussetzungen optimieren.

Motive sind komplexe neuronale Netzwerke und enthalten einen Bedürfniskern, der nach Befriedigung strebt und dadurch energetisiert. Dieses beruht auf einem Ist-Sollwert-Vergleich oder auf den ältesten Prinzipien des Lebens: der Homöostase (Damasio, 2017). Motive sind jedoch neuropsychologisch komplexer als Bedürfnisse, da sie in autobiografische Erfahrungen, z. B. frühere Bewältigungserfahrungen und persönliche Wertigkeit, die durch Gefühle angezeigt werden, eingebettet sind.

Das bedeutet, dass Erfahrungs-Netzwerke aus unterschiedlichen phänomenologischen Bereichen und von ganz verschiedener Qualität integriert werden: frühere Bewältigungserfahrungen, Episoden, alle Sinneserfahrungen, Werte sowie Erwartungen, die vor dem Panorama des subjektiven Bewusstseinsstroms sinnvoll konfiguriert werden. Durch diese motivationalen Prozesse wird nicht nur das Selbstgespür verstärkt, sondern das subjektive Bewusstsein der eigenen Existenz vertieft und mit subjektiver Wertigkeit, persönlicher Bedeutung verknüpft, was für die weitere kreative Lebensgestaltung, etwa die Orientierung und Neuorientierung, hilfreich sein kann (vgl. Baumann et al., 2018). Die Aktivierung von biografischen Netzwerken und Erfahrungslandschaften ermöglicht mehr Tiefe als die lineare Wenn-Dann-Verknüpfung von Plänen und Zielen.

Reisen sind durch die biografische Anknüpfung auch immer Zeitreisen, z. B. durch die retrospektive Erfahrung, die eigene Biografie; es werden frühere ähnliche Erfahrungen und Erinnerungen aktiviert. Reisen bedeutet ebenfalls immer, sich an Orte mit Geschichte zu begeben und sich in der eigenen Vorstellung zu früheren Generationen, Kulturen zugehörig zu fühlen. Persönliche Beispiele wären eine Radtour zum Jimi-Hendrix-Denkmal auf Fehmarn, wo der Gitarrist das letzte öffentliche Konzert seines Lebens gab, oder ergriffen über die Schlachtfelder des deutsch-dänischen Krieges von 1864 in der Umgebung des Schlosses in Sonderburg (Dänemark) zu wandern.

Da Motive eng in biografisch erworbene Bewältigungserfahrungen und Umsetzungsmöglichkeiten eingebettet sind, stellen sie so etwas wie in das ausgedehnte Erfahrungsgedächtnis eingebettete „Energienetzwerke" der Person dar, die nach Bedarf auf bestimmte Ziele hin kanalisiert werden können. Reisen ist ein Prototyp intrinsisch motivierter Tätigkeiten, die alle auf Freiheit basieren.

Wer machtmotiviert ist, empfindet es als „bereichernd", etwas bei anderen zu bewirken, andere Menschen zu beeinflussen. Das dürfte bei allen Personen der Fall sein, die Verantwortung für andere übernehmen, z. B. Pflegende, Ärzte, Buchautoren, Berater, Lehrer, aber auch Reiseleiter oder Reiseberater. Die Machtmotivation ist eine sehr wichtige Kraftquelle in allen beruflichen Arbeitsfeldern, die durch Rollenverteilung hierarchisch geprägt sind: Berater, Lehrer, Pfarrer, Ärzte – sie alle benötigen eine hohe Machtmotivation, um erfolgreich tätig zu sein, sowie ein starkes Verantwortungsgefühl, um ihre Motivation mit Umsicht und prosozial umzusetzen. Christliche Missionare waren vermutlich Reisende mit dieser (meist ungefragt und unberechtigt) erlebten Rollenhierarchie. Mit dem Begriff Macht wird im deutschsprachigen Raum manchmal etwas Negatives verbunden, nämlich das Durchsetzen eigener Interessen auf Kosten anderer, doch das muss Macht nicht grundsätzlich bedeuten. Im Englischen heißt Macht *power*, was vielleicht eher positive und prosoziale Ausgestaltungen wie Verantwortungsübernahme assoziiert (Baumann et al., 2016). Nur da, wo etwas in unserer Macht steht, macht Verantwortung Sinn. Verantwortung meint, auf gestellte Fragen und Herausforderungen antworten zu können, in Bezug auf eine Aufgabe gegenüber jemand anderem. Erfolgreiche Reiseführer benötigen die Machtmotivation als Kraftquelle, damit sie ihre Arbeit als erfüllend erleben. Sie werden ihre Verantwortung aber nach dem Prinzip der minimalen Strukturierung nur soweit wie nötig und so wenig wie möglich wahrnehmen, um ihren Teilnehmern Autonomie und Selbstverantwortung zu überlassen.

Bei der Leistungsmotivation, bei Herausforderungen im Leistungsbereich dagegen gilt es vor allem, Frustrationen auszuhalten und Belohnungen aufzuschieben. Dann ist es wichtig, sich selbst motivieren zu können, sich selbst Handlungsenergie geben zu können, auch wenn eine Tätigkeit mal nicht so viel Anlass zur Freude gibt, oder einer unangenehmen Tätigkeit etwas Positives abzugewinnen. Dies ist wichtig, um langfristige und/oder sehr schwierige Ziele erreichen zu können.

Bei jeder Reiseaktivität kommen mehrere Motiv-Netzwerke gleichzeitig zum Tragen, wobei meist ein Motiv besonders im Vordergrund steht. Die Kunst erfolgreicher Reisedienstleister ist es, Synergien zwischen den Motivbereichen für die unterschiedlichen Kunden mit verschiedenen Bedürfnissen zu ermöglichen: mehr oder weniger Leistungsmöglichkeiten, mehr oder weniger soziale Angebote, mehr oder weniger Autonomie und Verantwortungsübernahme für die Reisenden.

Es gibt Reisen, die alle Motivbereiche verbinden. Mit guten, verlässlichen Partnern oder Freunden beispielsweise, mit denen man gemeinsam ein herausforderungsvolles Reiseziel wählt, werden die Freiheits-, die Anschluss- und die Leistungsmotivation gleichermaßen befriedigt, und wenn es komplementär wechselnde Hierarchien gibt, auch die Machtmotivation.

Gerade weil Motive derart komplex sind und das Verhalten steuern, werden sie meistens nicht bewusst. Sie sind eine wichtige Quelle des Wohlbefindens und der Energetisierung. Sie sind eng mit dem limbischen System verknüpft, welches emotionale Bewertungen mit Erfahrungen und Gelegenheiten sowie inneren Bedürfniszuständen verrechnet und die Erfahrungen während einer Reise emotional anreichert sowie mit persönlicher Bedeutung auflädt.

Motive sind individuell verschieden
Der Begriff Motiv bezieht sich auf den inhaltlichen Bereich der Kraftquelle, Motivation hingegen auf das Ausmaß, auf die individuell unterschiedliche Ausprägung dieser inhaltlich ausgerichteten Energie bei verschiedenen Personen. Motive sind intelligenter als Triebe oder Bedürfnisse, weil sie an persönliche Erfahrungsnetzwerke, an das Selbstsystem einer Person, angebunden sind. Motive hängen auf komplexe Weise mit der Biografie zusammen. Motive und Motivation betreffen jeden Menschen, besonders Reisende, und bezogen auf diese Tätigkeit erhebt sich die Frage, welche Motive bei welchem Reisenden und für das Reisen allgemein dominieren. Für Reiseveranstalter wäre dies eine wichtige Handlungsgrundlage, um ihre Angebote auf die Bedürfnisse und die Komplexität der verschiedenen Reisepersönlichkeiten abzustimmen. Befragungen von Reisenden, z. B. in einem Beratungsgespräch, beschränken sich bekanntlich auf die Inhaltsebene, und Inhalte können unendlich sein, so dass eine funktionsanalytische Perspektive aus mehreren Gründen lohnend ist. Die Bedürfnisse und Absichten einer Person zu erkennen, nicht nur inhaltlich, sondern funktionsanalytisch mit sämtlichen Konnotationen einzuord-

nen, ist die Königsklasse einer guten Reiseberatung. Es geht bei der Abstimmung der Reiseangebote auf die Motive der Reisenden, insbesondere darum, vorhandene Motive anzusprechen, da das Reisen vordergründig einen erheblichen Aufwand an Zeit, Geld, Energie und Anstrengung erfordert und jede Reise den Reisenden letztendlich bereichern und beglücken soll.

Für viele Reisende mit starker Freiheitsmotiven bedeutet dies, dass das Reisen der Selbstvergewisserung und der Selbstentwicklung dient und trotz aller Kosten als bereichernd erlebt wird, wenn ein Erfahrungszuwachs möglich ist. Der Reisende darf ruhig von lästigen Verwaltungs- und Planungstätigkeiten entlastet werden, die eher blockierend wirken, bei einem möglichst hohen Niveau an Wahlmöglichkeiten und Freiheiten. Für diejenigen, die ihre Reisen weitgehend selbst gestalten wollen, und das liegt bei Freiheitsmotivierten nahe, bedeutet dies, dass sie versuchen, ihre Motive, so gut es geht, vorab zu klären und sich diese bewusst zu machen, um Enttäuschungen zu vermeiden und um von einem Reiseerlebnis nachhaltig zu profitieren. Der Reisende allein ist Experte für sein Erleben und die Erlebensinhalte, er ist Experte seiner Person, dazu gehören auch seine Bedürfnisse und Motive. Eine solche Motivklärung im Beratungsgespräch erfordert Fingerspitzengefühl und Empathie, denn, obwohl jeder im Prinzip Experte für seine Bedürfnisse und Motive ist, sind Letztere, wie bereits oben festgestellt, meistens unbewusst. Ein Reiseberater sollte daher über Kenntnisse in den Grundlagen der vier Motive verfügen, aber auch auf motivklärende Gesprächsführungskompetenzen zurückgreifen können. Die Freiheitsmotivation ist der Prototyp der Reisemotivation, kann sich aber mit anderen Motiven überlappen. So kann sich ein Reisender diese zusätzlichen Kraftquellen ebenfalls nutzbar machen, so viele intrinsische Motive wie möglich „ins Boot" holen, um seine Reise noch intensiver genießen zu können.

6 Das Reisen als Weg zum Selbst

Im Mittelpunkt unseres Buches stehen auf der Freiheitsmotivation basierende, intrinsisch motivierte Reisen, die um ihrer selbst willen unternommen werden. Es gibt auch Sonderfälle, wie der borniert Baron Otto von Ottringel aus E. v. Arnims Reiseerzählung, der aus Status-Gründen reist, vor allem, um von anderen bewundert zu werden, was als extrinsisch motiviert bezeichnet werden kann. Ähnlich geht es möglicherweise einigen Kreuzfahrern, die diese Art der Reise wählen, weil es inzwischen einfach hip ist, eine Kreuzfahrt zu machen. Fragt sich nur, wie lange noch? Extrinsisch motivierte Reiseaktivitäten, die vornehmlich Mittel zu irgendeinem Zweck sind, z. B. Geschäftsreisen oder die Migration als Folge politischer oder wirtschaftlicher Notlagen, gehören nicht ins Zentrum unserer Betrachtungen. All dieses kann natürlich mit einer Reisemotivation synergetisch zusammenfallen und muss sich nicht ausschließen. Aber nur intrinsisch motivierte Reisen gelangen in den Möglichkeitsraum der hier skizzierten positiven Nebeneffekte: das Selbstgespür zu verbessern, das subjektive Selbsterleben zu vertiefen, das Selbstvertrauen zu stärken u. a.

Das Reisen ist originär menschlich, weil es auf die Interaktion mit der natürlichen (Um)Welt gerichtet ist, eine uralte, urmenschliche Erfahrung darstellt. Womit sich diese letztlich einer ausschließlich naturwissenschaftlichen Funktionsanalyse verweigert, die subjektives Erleben auf mentale Modelle reduziert und eher auf Zustände und nicht auf Prozesse fokussiert ist. Wir wählten gerade deshalb beide wissenschaftlichen Zugangsweisen der Geistes- und der Naturwissenschaften, um dem Phänomen möglichst umfassend gerecht zu werden. Trotzdem klafft weiterhin eine Kluft zwischen beiden Betrachtungsweisen.

Erfahrungsorientiertes Sein, also freies Selbstsein, das auf persönliche Bedeutung und Sinn und Lebendigsein ausgerich-

Abb. 6 Auguste Rodin:
Le Penseur – Der Denker (1880–1882)

tet ist, scheint beim Reisen und ähnlichen Tätigkeiten ganz zentral zu sein. Es geht dabei um das Erleben des subjektiven Bewusstseins an sich und weniger um die Erreichung von persönlichen Zielen oder ein zielorientiertes Training von Kompetenzen. Unterwegs zum Selbstsein bedeutet gerade nicht Selbstoptimierung. Dieses urmenschliche, intuitive Sein und seine unmittelbare Erfahrung werden nach gängiger Auffassung erst dann unterbrochen und reflektiert, wenn im automatischen Handlungsfluss „Probleme" auftauchen. Daraus resultieren ein Innehalten und Nachdenken, wie es die Skulptur des *Denkers* so stimmig zum Ausdruck bringt. Ein Denker jedoch, der nicht in sein Selbst versunken scheint, sondern es als eine Bedingung seines Denkens erkannt hat. Ursprünglich war der *Denker* von Auguste Rodin als Höllenfürst Minos für die unvollendet gebliebene Arbeit *La porte d'enfer* (*Höllenpforte*) vorgesehen worden. Der Denker, von seinem lebendigen Sein durch das Denken entrückt?

Das Reisen gehört zu einer Klasse von Tätigkeiten, die einen dialektischen Wechsel von Innehalten und Bewegung, Spannung und Anspannung erfordern; ein Innehalten indessen, welches eher dem Staunen und dem Lernen aus Erfahrung als dem Problemlösen dient. Deshalb würde ein wahrnehmend innehaltender Staunender oder ein in sich selbst versunkener Wanderer (siehe Seume in Abb. 1) ganz anders aussehen als der *Denker* von Rodin. Dieser selbstverständliche Wechsel von Anspannung und Entspannung ist vielleicht aus der Kindheit noch erinnerbar, denn auch exploratives Spiel ist autotelische Tätigkeit wie das Reisen, diese Fähigkeit geht aber in unserer Leistungsgesellschaft weitgehend verloren.

Nachdenken und Problemlösen sind beim Reisen natürlich nicht ganz ausgeschlossen, z. B. wenn unerwartete Probleme auftauchen und einem Fortkommen der Reise entgegenstehen. (So habe ich (AH) auf meiner Reise in den Sudan, die ich 1973 von Ägypten aus unternahm, die geplante Route ändern und schließlich umkehren müssen, weil es unterwegs nicht genug Nahrungsmittel zu erwerben gab und vor einer Weiterreise – egal in welche Richtung – mit Nachdruck gewarnt wurde.) Auch bietet das Reisen manchmal Freiräume zur Reflexion, welche dazu dienen kann, sich mit persönlich relevanten Themen zu befassen, was im Arbeitsalltag meist nicht gelingt. Das Zusammenspiel von Denken und Fühlen ist unterwegs auf

Reisen, aber auch im Lebensalltag entscheidend. Wo jedoch kann dieser Dialog besser gefördert werden als auf Reisen, jenseits des allgegenwärtigen Funktionierens, des Immer-schneller-immer-mehr?

Zu der Klasse der absichtslosen Tätigkeiten gehören neben dem Reisen das autobiografische Erinnern, das kreative Gestalten, der Tanz, die Auseinandersetzung mit Kunst, der Aufenthalt in der Natur, das Spiel und die persönliche Begegnung in sozialen Beziehungen. Anders als z. B. beim autobiografischen Erinnern, dem Schreiben oder einer anderen künstlerischen Aktivität spielt beim Reisen die Körperlichkeit eine immense Rolle sowie die Vertiefung der unmittelbaren sinnlichen Wahrnehmung als subjektive Erfahrung (Oerter, 2000), weshalb virtuelle Reisen, z. B. vor dem Fernsehbildschirm, immer nur unzureichender Ersatz für reale Reiseerfahrungen sein können. Allein diese Tatsache widerlegt bereits die krude These des radikalen Neokonstruktivismus, dass sich das Erleben und somit auch die wahrgenommene Welt in unserem Kopf bzw. Gehirn abspielt und somit reine Illusion sei. Ein Abbild und auch eine innere Vorstellung sind immer von anderer Qualität als eine reale Bewegung des eigenen Körpers im räumlichen Umfeld, z. B. in einer Naturlandschaft. Der Körper und seine ganzheitliche und multisensorische Wahrnehmung sind wesentlicher Bestandteil unmittelbaren intuitiven Erlebens und eng verschmolzen mit dem subjektiven Bewusstsein (Damasio, 2017).

Wir leben in einer Welt, in der Leistung, also die Anforderung, Ziele in einem bestimmten Zeitraum möglichst schnell und kostengünstig zu erledigen, eine unhinterfragte Maxime darstellt. Dieses Denken dominiert fast alle Lebensbereiche, leider auch dort, wo wir Zeit brauchen und nicht zielorientiert und zeitgetaktet agieren sollten. Manche Dinge benötigen einfach unbemessene Zeit, z. B. das Denken, die Liebe, Beziehungen, Gesundheit, Pflege, Erziehung und auch das Reisen. Um diese vom Leistungsstress und der Ökonomisierung bedrohten Lebensbereiche zurückzugewinnen, benötigt es ein Umdenken, vielleicht schon eine kleine Revolution.

Reisen ist Lebensstoff und ist sich selbst genug. Leben, und darin das Reisen selbst, ist vor aller Wissenschaft ein nicht erklärungsbedürftiges Sich-Einlassen auf Erfahrungen, ist subjektives, gegenwärtiges Leben. Niemand braucht eine Rechtfertigung für seine Reisen. Die Erzählung des Erlebten oder gar die Reflexion der Reiseerfahrungen führt zu einer Distanzierung vom unmittelbaren Erlebnis des Reisens selbst. Das kann zeitweise sinnvoll sein, weil die Erlebnisse in ein sprachlich gefasstes Narrativ integriert werden und vielleicht dann besser erinnerbar, zumindest aber mitteilbar sind, aber auf Selbstdistanzierung sollte die Rückkehr in die Unmittelbarkeit folgen.

Literarische Reiseerzählungen nehmen einen Sonderstatus ein, da bei ihrem Zustandekommen ein dialektischer Wechsel zwischen subjektiver Erfahrung und der Versprachlichung des Erlebten umgesetzt wird, neuropsychologisch betrachtet also der oben erwähnte dialektische Wechsel zwischen der Aktivierung der rechten und der linken Hemisphäre, zwischen Denken und Fühlen, stattfindet.

Dabei wird beim Versprachlichen das intuitive Erleben bewusst, die damit verbundenen Emotionen werden symbolisiert und explizit, dazugehörige Emotionen werden ausgedrückt und manchmal vielleicht sogar reflektiert, eine geisteswissenschaftliche Tätigkeit *par excellence*. Das Selbst macht sich zum Objekt reflektierender Betrachtungen und kann dabei andere als die eigene subjektive Perspektive einnehmen. Vor allem die rechtsfrontalen Gehirnbereiche werden beim ganzheitlichen Erleben gebahnt, die Sprachzentren dagegen in der linken Hemisphäre aktiviert. Ein Zuviel an Reflexion und Denken kann die Unmittelbarkeit des Erlebens stören und herabmindern. Malen, Zeichnen, Filmen oder Fotografieren wie auch das

Schreiben sind schon Schritte aus dem unmittelbaren Erfahrungshorizont hinaus, da eine distanzierende und bestenfalls teilnehmende Beobachterperspektive eingenommen wird. Die Versprachlichung in Form eines Reisetagebuchs, eines Blogs oder einer Erzählung ist ein individuell gestaltetes Produkt, ein eigenes Genre, das sich in besonders geglückten Versuchen zur Kunstform erhebt (vgl. Kap. I, Reisen – Eine philosophische Annäherung).

Max Frisch erfindet in seinem Roman *Homo Faber* (1957) einen Protagonisten, einen extrem rational ausgerichteten Menschen, eben einen *homo faber*, der, allerdings auf Geschäftsreisen, die Schönheit und Besonderheit der Landschaften, z. B. nach einem Flugzeugabsturz in der mexikanischen Wüste, ungerührt wahrnimmt und sich aufs Filmen verlegt. Ihm gehen durch die permanent eingenommene Beobachterperspektive seine eigene Lebendigkeit und die Fähigkeit zur Anteilnahme verloren, die er erst im Verlauf der weiteren Geschichte durch eine persönliche Katastrophe wiedergewinnt.

Verstand und Reflexion können persönliches Erleben und Handeln beim Reisen (und im Leben) einschränken, ähnlich wie durch zu viel Denken in der Begegnung mit anderen Menschen die Beziehungsqualität vermindert werden kann (Ritz-Schulte, 2012), indem die Erfahrung der Unmittelbarkeit aufgehoben wird. Die theoretischen Themenbereiche, die beim Phänomen des Reisens aus psychologischer Sicht von Bedeutung sind, beinhalten die unmittelbare, intuitive Erfahrung, die multimodale und ganzheitlich erfahrende Körperlichkeit (Embodiment) und das Selbsterleben sowie das Bedürfnis nach Umweltbezug, welches sich in Explorationsverhalten, Neugier und Interesse manifestiert. Hier ist die von der westlichen Psychologie vernachlässigte Beziehung zur materiellen Umwelt von Bedeutung, ein Themenkomplex, den insbesondere russische Psychologen wie Alexei N. Leontjew (1979) in ihren Handlungstheorien konsequent ausgearbeitet haben. Diese

Beziehung zur materiellen Lebensumwelt kommt am besten in der bereits beschriebenen Freiheitsmotivation zum Tragen. Das Phänomen der Verschmelzung mit der Umwelt und der eigenen Tätigkeit, so in Gestalt der Flow-Erfahrungen, ist ebenfalls von Bedeutung, um sich dem Phänomen des Reisens aus psychologischer Sicht zu nähern. Bei allen intrinsisch motivierten Tätigkeiten kann es zum Flow-Erleben kommen, bei der anstrengungslose Selbstversunkenheit dominiert.

7 Reisen und Embodiment

Reisen ermöglicht die unmittelbare ganzheitliche Erfahrung des eigenen Körpers, in der Psychologie und Kinesiologie auch Embodiment genannt (Oerter, 2000; Tschacher et al., 2017), die Erfahrung des eigenen aktiv tätigen Körpers im Raum. Eine *Person* reist, nicht ihr einsames (wenn auch individuelles) *Gehirn*. Eine lebendige Person tritt in Beziehung zur materiellen und/oder sozialen Umwelt. Das Gehirn stellt nur die *Beziehung* zur Umwelt bzw. zur Welt, zur Lebenswelt oder auch zur Fremde her (Fuchs, 2013).

Natürlich findet Reisen meist nicht als Robinsonade statt, soziale Beziehungen und Begegnungen sind beim Reisen je nach Motivation bedeutsam und können nicht ignoriert werden. Die Mensch-Umwelt-Beziehung ist beim Reisen ein eigenständiges, wichtiges Thema, erlebt doch jeder Reisende, ob Alleinreisender, Familienreisender oder Gruppenreisender, eine Reise in höchst individueller Qualität und geht es doch in erster Linie um eine Ortsveränderung, welche eine andere Person-Umwelt-Beziehung erfordert als die vertraute Lebenswelt.

Das Reisen kann die Grenzen jenes Zweigs der Neuropsychologie aufzeigen, der das Gehirn für den Ort des Erlebens und der Person hält. Der neuropsychologische Idealismus kann inzwischen als überholt gelten, der alle Qualitäten des Erlebens auf Hirnaktivität reduziert und die Realität und das Selbst für eine Täuschung hält, für eine Illusion, und somit auch Freiheit als nichts anderes als eine Sinnestäuschung ansieht (Metzinger, 2003; Roth, 1994). Das cerebrozentrische Menschenbild zeichnet im Grunde einen entfremdeten Menschen, dessen Gehirn ihm sein Leben diktiert und der nicht wirklich in Kontakt mit einer mit anderen geteilten Realität treten kann, ein körper- und weltloses Subjekt. Eine moderne Entgleisung sind die entfremdenden Auswüchse des Coachings, die der Person und ihrem subjektiven Selbst Autonomie und somit auch Würde nehmen: Ich-Coachs, die jede Lebensentscheidung begleiten; Shopping-Coachs zur Erledigung des Konsums und möglicherweise Travel-Coachs? Wir hätten dieses Buch nicht geschrieben, wenn wir so etwas befürworten würden.

Das Reisen ermöglicht gerade persönliche, subjektive, reiche und lebendige Erfahrungen und ist stets einzigartig in der jeweiligen Interaktion von Person(en) mit Ort und Zeit. Reisen ermöglicht eine unmittelbare Erfahrung der Realität als Ganzes, von wechselnden bzw. sich erweiternden Lebenswelten, und zwar als einzigartige Person mit einem Gehirn, dem persönlichen Erfahrungsschatz und in ihrer Körperlichkeit. Diese und die Wertigkeit der Gefühle, die über den Zustand des Organismus informieren, gehören zum Körper, was ein entscheidender Vorteil ist. Höhere, geistige Prozesse werden von ihnen begleitet bzw. durch sie gebildet und beeinflussen die Fantasie, Vernunft und kreative Intelligenz der gesamten Person, können diese im Lauf ihres weiteren Lebens beeinflussen. Höhere Prozesse sind nicht mit den elementaren Prozessen gleichzusetzen, aber von diesen abhängig.

Der Körper als wertvoller Schatz

Wie bereits ausgeführt, ist das Besondere am Reisen vor allem das körperliche Unterwegs-Sein. Ohne Körper ist das Reisen kaum denkbar. Das eigene Selbst, eingebettet in den Körper, bewegt sich durch den Raum und die Landschaften unseres Planeten und vielleicht bald über diesen hinaus und entfernt sich von dem vertrauten Ort, der als Heimat bezeichnet werden kann, sowie aus der psychosozialen Lebenswelt. Aus diesem Grunde lohnt es, sich wissenschaftlich mit dem „Körpergefühl" und dem „Körperselbst" zu befassen.

Die Psychologie, aber auch unser Alltagsverständnis von uns selbst, beschäftigt sich nicht mit dem Körper. Seit Descartes und seinem Diktum „Cogito ergo sum" (Ich denke, also bin ich) verstehen wir uns vor allem als denkende Wesen. Symbolhaft kann man sich vorstellen, dass der Kopf recht ausdifferenziert ist und die Hände als dessen Werkzeuge gegebenenfalls auch noch, der Körper als solcher aber keine Relevanz im alltäglichen Leben besitzt. Bei vielen Menschen hört die bewusste Vorstellung ihres Körpers am Hals auf. Wir besitzen einen Körper allenfalls, um irgendwelchen Modeidealen zu entsprechen, und tun wir dieses nicht, gibt er Anlass, sich seiner zu schämen, zum *bodyshaming*. Der Körper ist aber mit der Entstehung des Bewusstseins dessen untrennbare Grundlage, er ist mit der Entstehung des Selbstbewusstseins vom Mutterleib an verbunden. Dabei folgt Mode dem Bedürfnis des Menschen nach Schönheit, nach Selbstdarstellung, nach Schmuck und sollte das Selbstbewusstsein, die eigene Befindlichkeit ausdrücken und unterstreichen. Und das Verhältnis der Moden, die den Erwartungen der Lebenswelt entsprechen sowie dem individuellen Bedürfnis und Schönheitsempfinden, ist ein komplexes Spannungsfeld, auf das wir hier nicht näher eingehen können. Gerade kulturell geprägte Kleidungsstücke wie die Decken der Massai können beim Reisen inspirierend aufgegriffen und ins eigene Repertoire eingefügt werden.

Es wird uns Schreibtischhockern offenbar nicht mehr genügend bewusst, wie wichtig und wertvoll der Körper für das Erleben und die Erfahrungsbildung ist. Der Körper ist vielleicht ein Objekt der Selbstoptimierung, z. B. durch Fitness-Training. Dieses eher kontrollierende Verhalten kann in Maßen gut sein, Bewegung ist ja unbestritten gesund. Aber die Körperwahrnehmung wird dabei leicht vernachlässigt, wenn die Balance einseitig in Richtung Kontrolle und Leistung geht. Das Körper-Selbst ist die früheste Stufe der Selbsterfahrung, besitzt eine individuelle Geschichte und wird durch biografische Erfahrungen geformt. Der Hirnforscher Damasio (Stern, 2010; Damasio, 2017) bezeichnete den unbewussten Informationsfluss zwischen Körper und Gehirn als „Protoselbst", die Erfahrungen als „Protoemotionen", die vor allem nichtsprachlich repräsentiert sind, aber als „somatische Marker" unser Erleben und unsere Erinnerungen begleiten, an unseren Erinnerungen haften. Erst die nächste Stufe der körperlichen Entwicklung ermöglicht das Gefühl eines körperlichen „Kernselbst", welches aktiv mit der Umwelt interagieren kann. Dieses Kernselbst ist bewusstseinsfähig, aber nicht an Sprache gebunden, es wird als nichtsprachliches Körpergefühl symbolisiert (Stern, 2010). Dieses bildet die Grundlage der Vorstellung vom eigenen Ich und dem bewussten Ich-Bewusstsein.

Die allererste und bedeutsamste Aufgabe des Gehirns ist nicht das Denken, sondern das Herstellen von Beziehungen zur Außenwelt. Wir denken nur dann, wenn wir im Nichtdenken gestört werden. Das Gehirn ist, wie bereits angedeutet, ein Beziehungsorgan (Fuchs, 2013). Diese Beziehung war schon im Mutterleib, der ersten erfahrbaren Landschaft, vorhanden, differenziert sich im Laufe der Entwicklung immer weiter aus und bleibt während des ganzen Lebens bestehen. Körper und Gehirn sind so durch ihre gemeinsame Geschichte untrennbar miteinander verbunden.

Erleben vollzieht sich demnach nicht in einem vom Körper abgetrennten Gehirn, sondern wirkt sich auf den gesamten Körper aus. Es gibt komplexe Wechselwirkungen zwischen Körpersensationen und Gehirn, nicht nur über das Rückenmark, sondern über den Vagusnerv und die Blutbahn. Das Gehirn ist nicht die Steuerzentrale, sondern der Körper ist ein sich selbst organisierendes lebendiges System (Tschacher et al., 2017). Umgekehrt wirken sich Körperhaltungen und Mimik auf unser subjektives Erleben aus, was vielfach experimentell bestätigt wurde (Argyle, 2010). Dabei ist die Rolle des Hippocampus als konfigurationsbildendes System bedeutend, ebenso bei der Erkennung von Orten, der räumlichen Orientierung wie beim (Wieder)Erkennen von Wegen. Zu berücksichtigen ist, dass der Hippocampus stressanfällig ist und bei chronischem Stress Schaden nehmen kann (Sapolsky, 1994). Das Selbstgespür hängt demnach stark von dem eigenen Körpererleben ab. Fehlt dieses, so wird „innere Leere" erlebt bis hin zur Sinnlosigkeit. Die netzwerkartige Parallelverarbeitung, die uns Selbstgespür und ein differenziertes Körpererleben ermöglicht, funktioniert am besten unter Entspannung bzw. bei einer langsamen Verarbeitung, nicht in einem zielorientierten Zustand, möglicherweise noch unter von außen gesetztem Zeitdruck. Der Zustand der Achtsamkeit, in dem diese intuitive Parallelverarbeitung dominiert, benötigt kein Training, sondern ist ein vollkommen alltäglicher Zustand, in welchem wir uns selbst spüren und der parallelen Verarbeitung unseres Erfahrungsgedächtnisses Raum geben.

Der Körper ist das natürliche Bezugssystem unseres Selbst von Anfang an. Der uns umgebende Raum wird durch Bewegung erfahren. Diese Art der unbewussten Vernetzung ermöglicht Verschmelzungserfahrungen mit dem eigenen Körper, eine Selbstvergessenheit und gleichzeitig ein intensives Selbstgespür, welches als anstrengungsloses Flow erlebt werden kann, sowie Verschmelzungserfahrungen mit der Umwelt.

Wechselseitige Interaktionen innerhalb sozialer Beziehungen sind in der Kommunikationspsychologie ausführlich beschrieben worden. Diese Transaktionen, deren Teil man permanent ist, lassen sich auch für nicht-soziale Umwelten denken. Transaktionen mit der Umwelt, mit der Natur, die intuitiv verlaufen, ohne bewusste Steuerung, ohne Ziel und ohne Plan. Es geht um ein intuitives Einlassen auf Erfahrungen, es geht darum zu erleben, wie mehr oder weniger vertraute Landschaften und Orte multisensorisch auf das eigene Erleben wirken, wie wir uns in einer bestimmten Umgebung fühlen.

Gerade beim Reisen werden alle diese Erfahrungen zwangsläufig und völlig unwillkürlich möglich, es wird ein intensives Körpergefühl ermöglicht, ein unmittelbares In-der-Welt-Sein, jene beglückend anstrengungslose Selbstvergessenheit, die heute in der Psychologie Flow genannt wird.

Reisen findet nicht im Gehirn statt

Lokalisieren lässt sich das Reisen im Gehirn der Reisenden genauso wenig wie der Lebensalltag, denn das Erlebte drückt nichts anderes aus als die individuelle Beziehung einer Person zu seiner Lebenswelt. Wir bewohnen unseren Körper und mit ihm die Welt (Fuchs, 2013), und das Zusammenspiel aller Systeme, ihre Dynamik, ist Ausdruck dieser Beziehung. Wie Fuchs sehr überzeugend erläutert, ist das Gehirn ein Beziehungsorgan, ein Vermittlungsorgan für unsere Beziehungen mit der Welt. Nicht unsere Strukturen, z. B. unsere Gehirnsysteme, sind entscheidend, sondern die dynamischen Prozesse zwischen den Systemen und der Umwelt. Dynamik ist Leben von Anfang an! Das lebendige, dynamische Gehirn ist eingebettet in den Organismus einer individuellen Person und in seine Umwelt, es ist durch die verarbeiteten und gespeicherten vielfältigen Erfahrungen ein kulturell und sozial geprägtes Organ. Das Gefühl, ich selbst zu sein, wird vermittelt durch

Beziehungen und Prozesse, durch das intensive Erleben des eigenen Körpers im Raum, durch das Bewusstsein für die eigene Geschichte sowie das subjektive Erleben der eigenen Lebendigkeit. Das Erfahrungsgedächtnis, welches vor allem aus Netzwerken besteht und sich permanent neu bildet, vermittelt Überblick und hilft dabei, Zusammenhänge und persönliche Bedeutungen zu erkennen und die Gegenwart mit Vergangenheit und Zukunft zu integrieren. Ein schönes Beispiel für diese integrative Power ist die Liebesgeschichte der Bäuerin Odile in dem Buch *Einst in Europa* von John Berger (1999), die sich während ihres Lebensrückblicks in der Vogelperspektive befindet, da ihr Sohn sie mit auf eine Gleitflug-Reise nimmt im wahrsten Sinne des Wortes. Die Neurowissenschaft läuft Gefahr, diese Ganzheit und subjektive Qualität der Lebenswelt in physikalische und quantifizierbare Elemente zu zerteilen. Sie trennt das Subjekt von seiner Erfahrung und will somit größtmögliche Objektivität erreichen, was natürlich grundsätzlich ein sinnvoller Anspruch ist, dessen Verwirklichung aber die bereits erwähnte Kluft zwischen den beiden verschiedenen Erkenntnis-Perspektiven entgegensteht. Der Vorteil analytischer Betrachtung besteht darin zu verstehen, wie jemand auf seine persönlichen Inhalte zugreift, z. B. beim Reisen, unter welchen Bedingungen das für den Betreffenden vorteilhaft ist und wie diese Erfahrungen bedeutsam für die Selbstentwicklung und das Wohlbefinden sein können.

Die funktionsanalytische Abstraktion darf nicht so weit führen, dass die ursprünglich erfahrene Lebenswelt dabei verlorengeht. Dieser Teil der Lebenswelt kann auch beschreibend, z. B. in einer Reisebeschreibung, nicht erschöpfend erfasst und mitgeteilt werden, denn die biografische Erfahrung ist praktisch unendlich vielfältig und nur ein kleiner Teil wird jeweils sprachlich fassbar und explizierbar. Es sei denn, der Text wird zum Kunstwerk verdichtet und eröffnet eine poetische Dimension. Der Kunst als universeller menschlicher Fähigkeit wohnt die Möglichkeit inne, diese Kluft zu überbrücken, der Erfahrungswelt in der Abstraktion einen sinnlichen, zugleich verdichteten Ausdruck zu verleihen und anderes auszudrücken als das, was explizit gesagt oder beschrieben wird. Kunst transformiert die Unendlichkeit möglicher subjektiver Lebenswelten zu einem ästhetischen Angebot und macht damit eine subjektive Innenwelt anschaubar. Ist Reisen mit Kunst vergleichbar? Zumindest als ein weiterer Weg zum Selbstsein, wie wir finden (Ritz & Huckebrink, in Vorber.). Kunst eröffnet durch unvorhersehbare und neue Perspektiven Möglichkeitsräume und ist ein weiterer Weg zum Selbstsein als Nebenprodukt, wenn man sich inspirieren lassen kann.

Die multisensorische Wahrnehmung auf Reisen liefert nicht nur Abbilder, sondern sie ist immer mit den motorisch-operativen Möglichkeiten des Körpers verknüpft. Die propriorezeptive und visuelle Raumwahrnehmung spielt beim Reisen eine große Rolle. Dem wahrgenommenen Raum, z. B. in einer realen Landschaft, an einem realen Ort, kommt eine immense Bedeutung zu. Der uns umgebende Raum ist gemeinsamer Rahmen für alle Sinne (Fuchs, 2013), er ist die sinnästhetische und synästhetische Kategorie unserer Wahrnehmung und kann nur körperlich-sinnlich erfahren werden. Beim Sehen überschreiten wir die Grenzen unseres Körpers. „Wir sind in der Welt und bei den Dingen" (Fuchs, 2013, S. 41).

Sieht man vom Gehirn einmal ab, dann findet Wahrnehmung nicht in einem Behältnis namens Bewusstsein statt, die biologischen Prozesse sind die materielle Grundlage einer ganzheitlichen Wahrnehmung. Wir nehmen eine Reise nicht als Eindruck oder in einzelnen Bildern wahr, sondern in Sinn- und Gestalteinheiten, ganzheitlich erfahrenen Kontexten. Hegels Begriff von der „vermittelten Unmittelbarkeit" passt als Begriff gut zu der Erfahrung beim Reisen – und auch zu anderen Aktivitäten (Hegel, 1986). Es handelt sich um fortwährende Prozesse, Transaktionen, deren Teil das Subjekt ist. Diese

Transaktionen kann man nur intuitiv, nicht zielgerichtet erfahren, denn man ist ein Teil von ihnen. Gleichgültig wie stark unsere Neigung zum zielorientierten Planen ist, Erfüllung und intensives Selbstgespür lassen sich nur durch absichtsloses Einlassen auf die vermittelte Unmittelbarkeit, auf die beschriebenen Erfahrungsprozesse gewinnen, am besten begleitet durch eine innere Haltung größtmöglicher Offenheit und Vigilanz der Umwelt gegenüber.

Eine weitere positive Möglichkeit ist das gemeinsame Reisen, das Teilen einer subjektiven Erfahrung beim Unterwegssein. Denn auch persönliche Begegnung ist ein Weg zum Selbstsein. In sozialen Beziehungen, z. B. zu Mitreisenden oder Bereisten, können wir (obwohl wir eine Landschaft vielleicht emotional verschieden erleben) einen Raum intersubjektiv zur Deckung bringen. Räumlich erfahrbar ist beispielsweise die am ganzen Körper erlebte Frische oder Müdigkeit. Intersubjektivität ermöglicht einen Perspektivenwechsel und hebt die Subjektivität teilweise auf. Ein Beispiel: Lava strömt bei einem Vulkanausbruch aus einem bestimmten Ort, und nicht etwa für jeden Wahrnehmenden aus einer anderen Quelle. Aber jeder erlebt eine andere Perspektive, konfiguriert ein originäres Bild dieses Ereignisses. Die biografischen Erinnerungen, persönlichen Bedeutungen, die Emotionen sind auch bei mit anderen geteilten Erlebnissen höchst individuell. Auch die Bereicherung durch die Subjektivität unserer Reisegefährten kann zu einem befriedigenden Reiseerlebnis beitragen, unseren eigenen persönlichen Horizont erweitern und gleichzeitig die persönlichen Beziehungen vertiefen.

Der Leser, der das Buch bis hierher gelesen hat, wird feststellen, dass es sich beim Reisen um ein höchst komplexes, nicht linear erklärbares und multikausales dynamisches Geschehen handelt. Bis jetzt können wir festhalten, dass vor allem die Passung der Reise an die Reisepersönlichkeit entscheidend für ihre befriedigende Durchführung ist. Jedoch gibt es unabhängig von den persönlichen Unterschieden psychologische Prozesse, die bei allen Reiseerfahrungen bevorzugt gebahnt werden und die für ein erfüllendes Reiseerlebnis unverzichtbar sind: minimale Planung, kein Zeitdruck, Verlangsamung der Prozesse, Autonomie, mittlere Herausforderungen, Unvorhersehbarkeit von Ereignissen. Erfüllung und Bereicherung erlebt der Reisende, dessen Reise mit seinen innersten Motiven und Bedürfnissen übereinstimmt und der nicht überfordert wird. Die Persönlichkeitsperspektive öffnet einen Blick auf die Art und Weise, wie sich Personen hinsichtlich des Reiseerlebens und -handelns unterscheiden können, und zeigt zudem Typologien von Reisenden auf. Die Perspektive auf den Reisenden als Person mit einer einzigartigen und eigenen Biografie und mit individuellen Entwicklungsaufgaben führt uns von der naturwissenschaftlichen Betrachtung zurück zu den subjektiven Phänomenen der Geisteswissenschaft. Denn jegliche Motive sind in ihrer Stärke und Ausgestaltung letztendlich das Resultat biografischer Erfahrungen, und diese sind immer vor allem mit Erfahrungsinhalten und persönlichen Bedeutungen angereichert. Aus diesen Gründen gibt es zum erfüllenden Reisen auch kein einfaches Patentrezept.

8 Wahrnehmung der Natur beim Reisen

Die Wahrnehmung der Natur bzw. der natürlichen Umwelt ist beim Reisen ganz zentral. Das hat auch damit zu tun, dass sich beim Reisen in der Freizeit eher Zeiträume eröffnen, während derer die natürliche Umgebung intensiv erlebt werden kann. Hierbei handelt es sich zudem meist um neue, von der vertrauten Umgebung abweichende, natürliche Landschaften. Aber auch vertraute Landschaften in der näheren Umgebung bieten vielfältige Möglichkeiten der Entdeckung und des ästhetischen

Genusses. Untersuchungen haben ergeben, dass Umgebungen mit Naturelementen von Menschen bevorzugt werden und diese als Ressource und Kraftquelle erfahren werden (Flade, 2012). Diese Vorliebe für die Natur bzw. alles Natürliche, man spricht von Biophilie, ist offenbar eine instinktive, die allerdings durch Lebenserfahrungen überformt und individuell geprägt wird (Kaplan & Kaplan, 1989; Kellert, 2005; Nisbet et al., 2009; Balling & Falk, 1982). Allerdings sind Entdeckerfreude und ästhetischer Genuss auch in Kulturräumen, z. B. in großen Städten, erfahrbar, die Naturerfahrung jedoch nimmt einen ganz besonderen Stellenwert ein und hat offenbar eine heilsame Wirkung (Scopelliti et al., 2019; Bratman et al, 2012; Hartig et al, 2014; Kaplan, 1995).

Dabei ist der Gegensatz von Kultur und Natur ein fließender bzw. konstruierter, da die meisten von Touristen erreichbaren natürlichen Umwelten in irgendeiner Form auch vom Menschen beeinflusst und somit Kulturlandschaften sind. Auch wenn zu Landschaft eine eher ländlich dünn besiedelte Umgebung assoziiert ist, wird die städtische Umwelt als Stadtlandschaft und nicht unbedingt immer als Gegensatz zur Natur wahrgenommen. Unberührte Wildnis, in der keine Menschen zu finden sind, ist rar geworden und hat für einige Reisende, bei denen Entdeckerfreude und Liebe zur Ursprünglichkeit vorliegt, eine ganz besondere Anziehungskraft (vgl. Kap. I, Reisen – Eine philosophische Annäherung).

Unsere Sinneszellen stellen den Kontakt, die Verbindung zur räumlichen Umwelt und so auch zur Natur her. Zur integrierten multisensorischen Wahrnehmung der Natur gehören Fremdsinne wie visuelle oder akustische Wahrnehmungen und Kontaktsinne wie Hautempfindungen, haptische (z. B. der Wind, der über die Haut streicht), Temperaturempfindungen, Geruchs- und Körperempfindungen über die eigene Lage im Raum sowie die Muskelspannung und Bewegungen. Die Wahrnehmung von Objekten durch multisensorische Koordination und Integration wird in der Entwicklungspsychologie eingehend beschrieben, z. B. das Erlernen der Auge-Hand-Koordination und der Körperkoordination in der Entwicklung von Säuglingen und Kleinkindern. Dieses intuitiv-sinnliche Erfahren der Umwelt regt das intuitive Verhaltenssystem (IVS) an, generiert somit positiven Affekt und Handlungsenergie.

Die Bewegung in einer Umwelt, die Interaktionen und Beziehungen zu dieser Umwelt sind Teil des menschlichen Erlebens von Geburt an über Jahrtausende der Menschheitsgeschichte hinweg, so dass man davon ausgehen kann, dass Naturerfahrungen bereits prototypisch in unseren Erfahrungsgedächtnissen angelegt sind. Genau wie das Bindungssystem, welches die aufwändige und langwierige Entwicklung von Menschen garantiert. Das Erlernen der Fortbewegung, z. B. durch den aufrechten Gang, und vieler anderer Kompetenzen verlaufen beim Menschen vergleichsweise langsam und mühevoll. Dieser langwierige Entwicklungsprozess ist von der Anwesenheit verlässlicher Bezugspersonen abhängig, weshalb wechselseitige Prototypen von Erfahrungsmustern bereits im Erfahrungsgedächtnis angelegt sind, aber von frühen gelingenden Beziehungserfahrungen moduliert werden müssen.

Während soziale Beziehungen und ihre Auswirkungen in der Geschichte der Psychologie als Wissenschaft eine tragende Rolle spielen, findet man zur Wahrnehmung der Natur, zur Mensch-Umwelt-Beziehung vergleichsweise wenige Untersuchungen und kaum Theoriebildung. In beiden Fällen handelt es sich um urmenschliche Transaktionen: mit der sozialen Umwelt, den Bezugspersonen einerseits und mit der physischen und biologischen Umwelt andererseits.

Während man die vielfältigen Voraussetzungen und Qualitätsanforderungen an die Beziehungsfähigkeit von Bezugspersonen und ihre Auswirkung auf die Entwicklung ausführlich untersucht hat, wird die materielle, geologische, biologische und physische Umwelt eher als gegeben hingenommen. Schon in der prähistorischen Zeit haben Menschen versucht, ihre natürliche Umwelt mit Werkzeugen zu gestalten und zu verändern (Balling & Falk, 1982). Natur existiert grundsätzlich als vom Menschen unabhängig, auch wenn sich die Umwelt, wie in der modernen Stadtentwicklung oder der Architektur deutlich wird, durch den Menschen gestalten und auch verunstalten lässt. Ein unerfreuliches aktuelles Beispiel bilden die Anhäufungen von Monster-Windrädern in natürlichen Umgebungen.

Die Beziehung zu den beim Reisen aufgesuchten und vorgefundenen Landschaften ist einer Betrachtung wert. Eine Landschaft kann beim Reisenden ein bestimmtes Erleben auslösen, welches emotional angereichert ist und sich als Stimmung mitteilt; so kann eine Hügellandschaft als friedlich oder beruhigend erlebt werden, Gebirgshöhen können ein Gefühl von Demut, der Meereshorizont kann innere Weite vermitteln. Die Bevorzugung von bestimmten Landschaftstypen wurde entwicklungsbiologisch erklärt, z. B. die Bevorzugung der Savannenlandschaft in Parks und Gärten, da sie an die „Wiege der Menschheit" in Afrika erinnert und möglicherweise für aufrecht gehende Säugetiere eine optimale Umgebung darstellt (Losos, 2018). Der Reisende reagiert auf eine Landschaft mit einer bestimmten Art des Erlebens und Verhaltens, er kann sich die Landschaft (z. B. künstlerisch) aneignen, indem er sein Erleben erzählerisch mitteilt und ausdrückt oder aber er verarbeitet diese intuitiv und unbewusst. Beides wird nicht ohne Auswirkung bleiben. Die Landschaft reagiert jedoch nicht auf dieses Erleben, sie kommuniziert nicht. Die Interaktion in Mensch-Umwelt-Beziehungen ist nicht durch wechselseitige Kommunikation geprägt. Eine (innere) Kommunikation kann sich ausschließlich in der Erlebens- und Vorstellungswelt des Reisenden abspielen, z. B. als Gefühl von Zugehörigkeit, Inspiration, ästhetischem Genuss oder Verschmelzung. Gemessen an der Reichhaltigkeit des Erlebens und der möglichen Qualität kann eine natürliche Landschaft ähnliche Bedürfnisse befriedigen (z. B. nach Trost und Schutz, nach Aufgehoben-Sein) wie eine soziale Beziehung, aber die Natur übernimmt keine Verantwortung; man kann Trost wie Schutz finden, etwa unter einem bedeutsam gewordenen Baum, aber niemals einfordern.

Eine natürliche Umgebung, eine beim Reisen aufgesuchte Landschaft, kann auch enttäuschen, weil man etwas anderes erwartet hat und sie weniger attraktiv findet oder weil man selbst nicht „in der Stimmung", nicht ganz präsent ist; eine Landschaft kann aber anders als ein Mensch keinen Reisenden kränken.

Anders als im heimischen Umfeld wird beim Reisen weniger Einfluss auf die Umgebung ausgeübt, da man sich nur vorübergehend irgendwo aufhält. So kann man einen Lagerplatz entsprechend seiner Bedürfnisse mehr oder weniger einrichten, man kann ein Zelt aufbauen, man kann die Spuren seiner Anwesenheit mehr oder weniger verwischen, man wird aber selten ein Haus errichten.

Hier gibt es erneut eine Parallele zum intuitiven Spiel von Kindern. Als förderlich für die Entwicklung schien in den 80er Jahren bis heute eine anregungsreiche und abwechslungsreiche Umgebung für Kinder zu sein, seit der Jahrtausendwende wird die Bedeutung der motorischen Entwicklung und der Bewegung für die Herausbildung kognitiver Fähigkeiten betont. Das heißt, nicht nur der Aufenthalt im Freien oder in einer natürlichen Umgebung wird berücksichtigt, sondern auch die aktive Aneignung von Natur und Umwelt durch motorische Aktivität (Ritz-Schulte, 2014). Die Auswirkung von Digitalisierung und Visualisierung durch moderne Medien auf die motorische und kognitive Entwicklung von Kindern wird in der pädagogischen Literatur daher eher problematisiert. Das ist wohl der Grund, warum viele Eltern ihre Kinder in Natur- oder Waldkindergärten geben, die sich die Förderung des Kontakts von Kindern mit der Natur auf die Fahne geschrieben haben (Raith & Lude, 2014).

8.1 Landschaften

Es gibt verschiedene Definitionen von Landschaft, aber immer handelt es sich um einen Ausschnitt aus der Umwelt („Erdoberfläche mit Himmel darüber" (Hellpach, 2011 in Flade, 2012, S. 27)) aus einer persönlichen, subjektiven Perspektive. Der Ausschnitt ist begrenzt, weist aber meist unklare Konturen auf. Ein wichtiges Merkmal von Landschaften ist ihre wahrgenommene Weite. Es handelt sich um einen subjektiven sinnlichen Gesamteindruck, erst der Mensch macht aus einem Stück Land eine Landschaft, indem er dieses Stück Land als Landschaft definiert (Freyer, 1966). Je nachdem, wie sich diese Gesamtheit der Landschaft zusammensetzt, aus welchen Teilen sie wie besteht, können unterschiedliche und höchst individuelle Landschaftstypen entstehen, die möglicherweise komplexe innere Erfahrungslandschaften ähnlich wie Musik erzeugen können. Landschaft wird immer zweckfrei und manchmal kontemplativ wahrgenommen, sie ist niemals eine vom Betrachter wahrgenommene Nutzlandschaft. Ein Bauer würde seine Ackerfläche nicht als Landschaft betrachten. Landschaften, in denen man sich häufiger aufgehalten hat und die man kennen gelernt hat, sind als vertraute Muster abgespeichert, können mit persönlichen biografischen Erlebnissen, Erinnerungen, Bedeutungen und Gefühlen verknüpft und als räumliches Wissen mit einem reichhaltigen Assoziationsnetzwerk von Bedeutungen subjektiv immer wieder neu erfahren werden.

Der ästhetische Genuss von Landschaften ist beim Reisen ein Wert an sich, weil sie auch in Abwesenheit von empathischen Bezugspersonen innere Befindlichkeiten zu symbolisieren vermögen oder als Projektionsflächen dienen. Landschaften können dann als Projektionsfläche für Gefühlsausdruck dienen, Trost oder Inspiration spenden, der Selbstberuhigung oder Selbstvergewisserung dienen. Landschaften können ähnlich der Musik eine bestimmte Dynamik aufweisen, ein Variationsmuster bzw. ein rhythmisches Muster mit Variationen (Meer, Himmel, Wolken, Schattenbilder). Der Mensch steht seit jeher in Beziehung zu diesen äußeren Landschaften. Die Wahrnehmung einer Landschaft und die simultane Wahrnehmung der eigenen Perspektive und des eigenen Körpers waren wohl die frühesten Umsetzungsformen des subjektiven Bewusstseins. Eine Landschaft kann beispielsweise positive Gefühle hervorrufen, die zunächst auf das Wohlbefinden, das Gefühl von Anregung und Schutz, aber auch von Harmonie und Schönheit zurückzuführen sind. Eine Landschaft kann auch als leer oder bedrohlich erlebt werden. Es liegt auf der Hand, dass die Wahrnehmung und zugeschriebene persönliche Bedeutung einer Landschaft hochgradig subjektiv und individuell verschieden ist. Was für den einen leer und langweilig ist, z. B. eine Wüstenlandschaft oder eine Schneepiste, löst bei einem anderen Reisenden oder Betrachter Hochgefühle aus.

Was in das Blickfeld und was eher in die Peripherie gerät oder gar nicht bewusst wahrgenommen wird, hängt von der Motivation und den Interessen der Person ab: Der eine achtet auf die Vögel, der andere auf Blumen, auf Bäume und wieder andere achten auf Steine oder die Formen der Landschaft. Hierbei wären wir auch schon bei den wichtigsten Bestandteilen oder Qualitätsmerkmalen von Landschaften: Flora und Fauna als belebte Natur; die Gestirne, z. B. die Sonne, als wärmespendende Energiequelle; Gesteine und ihre Formationen; der Himmel; die Luft und ihre Bewegung (als Wind) und, was für Menschen besonders zentral ist, das Wasser. Auch die situative Befindlichkeit spielt eine Rolle: Die persönlichen Erfahrungen haben einen Einfluss, z. B. ein höheres oder niedrigeres Erregungsniveau. Bei hoher Erregung kommt es eher zum „Tunnelblick", wobei sich das Blickfeld verengt (Easterbrock, 1959), auch unter Belastung kommt es zum *perceptual narrowing*; je stärker die Reize, z. B. bei lautem Musikhören, umso größer die Selektion bei der Wahrnehmung (Parsons et al.,

1998). Nicht auszuschließen ist, dass beim absichtslosen Umherstreifen der Default-Modus aktiviert wird, den das Gehirn offenbar zur Erholung und Umstrukturierung benötigt.

Landschaft und Natur
Die Wahrnehmung von Naturlandschaften im Freien führt zu mehr Wohlbefinden und zur Stärkung vielfältiger persönlicher Ressourcen. Sie erfahren eine hohe subjektive Wertschätzung, was sich im Staunen manifestieren kann und in einem bewussten, zweckfreien Aufnehmen der äußeren Eindrücke, einem sinnlichen Wahrnehmen ohne Bewertung. Der britische Geograph Jay Appleton widmete sein ganzes Forscherleben der Frage, in welcher Umgebung Menschen sich wohlfühlen und in welcher nicht. In erster Linie sind dies Landschaften, die dem Menschen Schutz bieten, ohne dass er selbst gesehen wird, z. B. propagierte er die Savannenlandschaft Afrikas als idealen Landschaftstypus (1996).

Auch ein Gefühl der Zugehörigkeit zu einem Ganzen wird beim Reisen gefördert, der Mensch steht nicht mehr im Mittelpunkt seiner Welt und seiner eigenen Ziele. Dass Bäume beispielsweise für Menschen nützlich sind (Holzgewinnung), erklärt noch nicht die hohe Symbolkraft oder zumindest die Wertschätzung, die Bäumen entgegengebracht werden. Ein einziger unerwarteter sinnlicher Eindruck kann genügen, um ein ganzes Körpernetzwerk von Wohlbefinden und Geborgenheit zu aktivieren (Damasio, 2017). Die Wahrnehmung von Landschaft und Natur wird jedoch von einem multisensorischen Cocktail aktiviert, der einen starken Eindruck im Körpererleben der Reisenden hinterlässt.

Der Schritt vom subjektiven Bewusstsein einer persönlichen Perspektive im Raum hin zu einer Symbolisierung des Erfahrenen skizziert vielleicht neben anderen Faktoren den Übergang von der biologischen zur kulturellen Evolution des

Menschen. Reisen, die in unvertrautes Terrain führen, können auch eine innere Entwicklung anstoßen und als innere Reise nachvollziehbar machen.

Zusammengefasst bedeutet dies für das Reisen in natürlichen Landschaften:
- multisensorisches Wahrnehmen und Integration.
- Erholung und Selbstvergewisserung.
- spontane Bewertung, z. B. ob man eine Landschaft/Umgebung außergewöhnlich oder schön findet; Vorläufer von Gefühlen, Protoemotionen, die bereits Lebewesen ohne Bewusstsein, aber mit einem funktionierenden Nervensystem hervorbringen; es handelt sich demnach um eine archaische Erlebensform.
- Gefühle münden in Motivation, z. B. ob man sich an einem Ort wohlfühlt, ob man zur Erkundung angeregt wird, ob man dort länger bleiben will oder nicht.
- Herausbildung von Werthaltungen, die über die eigene Existenz hinausgehen.
- wie man sich selbst in Beziehung zur jeweiligen Umgebung setzt.

Obwohl Menschen von Natur aus biophil sind, wird der jeweilige Modus, wie Natur erlebt und wertgeschätzt wird, durch persönliche Lernerfahrungen geprägt. Eine Landschaft, die positive Gefühle auslöst, befriedigt sowohl das Bedürfnis nach Sicherheit als auch den Wunsch nach dem Mysterium, sie enthält Ungewissheiten und regt zur Exploration an und befriedigt die Neugier (Hunziker, 2006; Flade, 2012).

Schönheit

Der Reisende sucht fremde Orte und Plätze zumeist auf, weil er sie schön findet. Was schön sein kann und wie Schönheit zu definieren und zu verstehen ist, damit beschäftigen sich Philosophie und Ästhetik (Allesch, 2006). Dabei scheinen die uneindeutigen, zur Exploration anregenden Reizqualitäten sowie ihre Kohärenz, Neuartigkeit, Komplexität und Qualität, den Betrachter zu überraschen, dazu zu führen, dass diese Orte als schön wahrgenommen werden. Dass die Schönheit im Auge des Betrachters liegt, also dass sie nichts objektiv Messbares ist, darauf hat der Philosoph David Hume im 18. Jahrhundert bereits aufmerksam gemacht. Dass Schönheit überhaupt ein Wert ist, hängt laut Aristoteles mit der Freude am Wahrnehmen zusammen, da er das Streben nach Erkenntnis als das Hauptmotiv menschlichen Lebens betrachtet. Diese Sinneswahrnehmungen hat Aristoteles als *aistheseis* bezeichnet und so den bis heute in der Philosophie, Pädagogik und Kunst verwendeten Begriff der Ästhetik geprägt. „Das Ausmaß der Abweichung vom Person-internen Maßstab im Hinblick auf Neuartigkeit, Inkongruenz, Komplexität und Überraschung darf nicht zu groß sein; der Eindruck von Schönheit stellt sich nur ein, wenn die Abweichungen vom individuellen Maßstab nicht zu krass ausfallen" (Flade, 2012, S. 77). Und dieser Person-interne Maßstab kann, was das Bedürfnis nach Neuartigkeit und nach Komplexität (oder Komplexitätsreduktion) betrifft, individuell höchst unterschiedlich beschaffen sein und ist auch kulturell geprägt. Der Humanist Francesco Petrarca (1304–1374) reiste allein der Neugier und des Vergnügens willens sein Leben lang. Er gilt als Begründer der ästhetischen Naturbetrachtung. Seine begeisterte Reisebeschreibung als Brief-„Blog" an seinen Freund Kardinal Colonna aus Avignon *Bei den Barbaren in Köln am Rhein* (2016) ist immer noch vergnüglich zu lesen. Ästhetische Genüsse wirken wie andere Freuden direkt auf das Belohnungssystem des Gehirns, mit den mehrfach beschriebenen positiven Auswirkungen auf Stimmung und Handlungsenergie.

9 Persönlichkeitspsychologie des Reisens

Was unterscheidet James Cook von Don Quichote? Was Don Quichote von Bruce Chatwin? Was Bruce Chatwin von Hape Kerkeling? Wer mag, kann sich selbst fragen, zu welchem Typus des Reisenden oder der Reisenden er/sie selbst vor allem gehört.

Persönlichkeit bedeutet funktionsanalytisch das Zusammenspiel der intrapsychischen Systeme in einer charakteristischen, bevorzugten Art und Weise. Jemand, dessen IVS leicht „anspringt", wird anders reisen als jemand, dessen OES leicht „entflammbar" ist und der daher über eine entsprechende Sensibilität verfügt, möglicherweise ein größeres Sicherheitsbedürfnis hat als andere Reisende.

Nicht jeder mag sich indessen gerne einer Typologie zuordnen lassen, die meisten Menschen erleben dies sogar als kränkend oder fühlen sich zumindest unwohl dabei. Das liegt daran, dass eine typisierte Person sich nicht als Subjekt gesehen fühlt. Die Zweifel und Vorbehalte, Personen nach „Schubladen" zu ordnen, also in feste Kategorien zu stecken, haben berechtigte und einsehbare Gründe, denn diese Grobsortierung wird der Einzigartigkeit von Personen, gar ihrer Menschenwürde, in keiner Weise gerecht. Trotzdem mag die behutsame Suche nach dem Allgemeinen im Besonderen berechtigt sein, will man wie wir eine Anleitung des Reisens im Hinblick auf Selbstbildung oder Selbstentwicklung bieten.

Der größte Nachteil von Typisierungen besteht in dem Risiko der Bewertung, die explizit oder implizit in solchen Kategorien mitschwingen kann. Niemand lässt sich gerne einen bewertenden, unter Umständen sogar abwertenden Stempel aufdrücken, der zudem eine gewisse Unabänderlichkeit suggeriert.

Dass dieses Risiko der Bewertung besteht, heißt jedoch noch nicht, dass man persönliche Unterschiede zwangsläufig positiv oder negativ bewerten muss. Man kann durchaus Grundtypen beschreiben und mit einer wertschätzenden, ressourcenorientierten Haltung verbinden, wohl wissend und explizit daran erinnernd, dass diese Grundtypen nicht wirklichen Personen entsprechen, sondern Prototypen von Verhaltenstendenzen darstellen. Wir möchten die Unterschiedlichkeit persönlicher Herangehensweisen an das Reisen erkennen, wertschätzen und begrüßen, ohne das Vorhandensein persönlicher Unterschiede leugnen zu müssen.

Man kann sich den Entdecker, den Abenteurer, den erholungsbedürftigen Reisenden vorstellen und letztendlich auch denjenigen, der vor lauter Lust am Planen gar nicht zum Reisen aufbricht und lieber fiktive Reisen durch Eintauchen in Reiseerzählungen sowie mit dem sprichwörtlichen Finger auf der Landkarte unternimmt. Es soll Menschen geben, die sich das Gefühl des Unterwegs-Seins durch die Gestaltung ihrer Wohnung als Schiffskajüte oder ihres Gartens durch die Aufstellung eines Strandkorbs ermöglichen, ohne sich auf die Risiken und Unbequemlichkeiten einer realen Reiseerfahrung einlassen zu müssen.

Zum Glück wird niemand zum Reisen gezwungen. Die oben angedeutete Typologie ist bei weitem nicht erschöpfend, doch zeigt sie ein Spannungsfeld der verschiedensten Reisepersönlichkeiten auf, mit denen wir es bei der Persönlichkeitspsychologie des Reisens zu tun haben. Für Reiseveranstalter ist es u. E. bedeutsamer, Angebote für unterschiedliche Persönlichkeiten und Motive der Reisenden zu machen und diese wertschätzend zu vermitteln, als eine wie auch immer geartete Typenlehre zu propagieren.

Die etymologischen Wurzeln des Begriffs „Persönlichkeit" liegen im griechischen *prospon*, was die Persönlichkeitswörter *ich, du, er, sie, es* usw. beschreibt. Das lateinische *personare* bedeutet *durchtönen* und damit ist das Durchtönen einer Stimme durch die Masken gemeint, die den unterschiedlichen Rollen im römischen Theater zugeschrieben waren. Diese Ursprünge beschreiben zunächst lediglich die verschiedenen persönlichen Perspektiven auf Individualität. Erst im weiteren Verfolg implizieren sie die Tatsache, dass hinter einer Rolle oder Maske etwas liegt, was durch diese Oberfläche hindurchdringen oder besser *ausgedrückt* werden kann, was also einer ziemlich umfassenden und zeitgenössischen psychologischen Definition von Persönlichkeit entspricht.

Der Persönlichkeitspsychologe Allport (1959) fasst den Begriff der Persönlichkeit sehr umfassend, und zwar folgendermaßen:

„Persönlichkeit ist die dynamische Ordnung derjenigen psychophysischen Systeme im Individuum, die seine einzigartigen Anpassungen (*adjustments*) an seine Umwelt darstellen [...] Persönlichkeit *ist* etwas und *tut* etwas. Sie ist nicht synonym mit Verhalten oder Tätigkeit; am allerwenigsten ist sie der Eindruck, den diese Tätigkeiten auf andere machen. Sie ist, was *hinter* besonderen Handlungen und *in* jedem Menschen liegt" (Allport, 1959, S. 49 f; Hervorhebung i. Original).

Diese Definition von Allport beschränkt sich nicht nur auf beobachtbares Verhalten, sondern bezieht auch innere Vorgänge wie Haltungen, Werte, Ziele und die Motivation mit ein, was in bestimmten Bereichen der Psychologie über Jahrzehnte hinweg keinesfalls selbstverständlich war. Und genau die von Allport angedeuteten inneren Prozesse einer Persönlichkeit sind jene, die beim Reisen ihre Rolle spielen: die subjektive Erlebnisqualität; die vielfältigen multimodalen Sinneswahrnehmungen von visuellen Eindrücken über die Innenwahrnehmung des eigenen Körpers (Propriorezeptoren), der Außentemperatur und des Gesamtklimas, der Berührung der Haut durch Luftströme usw.; die Motivation, das Interesse und die Neugier.

Persönlichkeitsmerkmale werden als stabile Verhaltenstendenzen verstanden, was bedeutet, dass diese Verhaltenstendenzen nicht immer zur Ausführung kommen, da sie zum einen von situativen Anreizen (Gelegenheiten) und zum anderen von der Selbststeuerung der Person sowie von weiteren Faktoren abhängen.

10 Angewandte Psychologie des Reisens

In den vorherigen Ausführungen wurde bereits explizit und implizit auf unterschiedliche Anwendungsmöglichkeiten psychologischer Erkenntnisse auf das Reisen hingewiesen. Dabei ist ein Grundwissen hilfreicher dabei, passende Schlussfolgerungen aus diesem Wissen für die Praxis abzuleiten, als ein Manual mit Handlungsrezepten. Der folgende Abschnitt ist somit nur als anregende Ergänzung gedacht, erhebt aber keinesfalls den Anspruch, eine angewandte Psychologie des Reisens vorzugeben.

10.1 Reiseleitung

Je nach Reise kann es von Vorteil sein, einen Reiseführer, Fahrer und/oder Reiseleiter zu engagieren. Es handelt sich bestenfalls um Personen, die den Ort, seine Wege und seine Geschichte gut kennen und dieses auch gut vermitteln können. Aus den bisherigen Ausführungen lassen sich für die Aufgabe der Reiseleitung unterschiedliche Schlussfolgerungen ziehen. Reiseleiter verfügen ähnlich anderen Berufsgruppen nicht nur über eine hinreichende Beziehungsmotivation, da sie viel Kontakt zu Fremden haben und dies idealerweise als bereichernd erleben, sondern darüber hinaus über ein gewisses Ausmaß an Machtmotivation. „Macht" bedeutet andere zu beeinflussen, zu leiten, Verantwortung zu übernehmen. Mancher hat mit dieser Rolle an der Spitze einer temporären Hierarchie ein

Problem, was deren Ausführung in Form einer klaren Rollenübernahme erschwert. Reisende vertrauen sich gerade einem Reiseführer an, weil sie von einem verantwortungsvollen Experten geführt werden möchten. Das Prinzip der minimalen Direktivität verlangt hier: so viel Weisung und Strukturierung wie nötig und so wenig wie möglich anzubieten, um eine Passung an die Autonomie-Bedürfnisse und Fähigkeiten der Reisenden herstellen zu können.

Reiseleiter sollten zudem bewusst führen, mit klarer Rollenübernahme, was nicht unbedingt einen autoritären Stil bedeutet, sondern ein flexibles Anpassen an die Erfordernisse und Bedürfnisse der Reisenden. Wie im therapeutischen oder pädagogischen Bereich kann man sich das Prinzip der minimalen Intervention zur flexibel anwendbaren Grundregel machen. Je klarer die Rolle ist, gerade bei großen Gruppen, umso leichter kann man auf die unterschiedlichen Bedürfnisse eingehen.

10.2 Die Leitung von Gruppenreisen oder Reisegruppen: Sich gegenseitig motivieren

Gruppenreisen dürfte das Bedürfnis nach Geselligkeit zugrunde liegen, bei den Teilnehmern dürfte ein gewisses Ausmaß an Beziehungsmotivation vorliegen. Manchmal lassen sich schwierige Reiseziele aus ökonomischen Gründen oder aus Sicherheitsgründen nur als Gruppenreise umsetzen. Hier sollte auf genügend Rückzugsmöglichkeiten für diejenigen Teilnehmer geachtet werden, deren Bedürfnis nach Geselligkeit schwächer ausgeprägt ist.

Um eine Reise als befriedigend zu erleben, müssen vor allem intrinsische Faktoren zum Tragen kommen. Das bedeutet, dass Reiseleiter, die ihre Mitreisenden motivieren wollen, sehr genau hinsehen oder besser gesagt „hinfühlen" sollten, welche Art der Motivation die einzelnen Reisenden antreibt. Motivation hat viel mehr mit der Persönlichkeit zu tun, als man bislang glaubte. Deshalb helfen Patentrezepte in Form von Tipps und Tricks zur Motivierung auch nicht viel, weil sie die Motive des einzelnen Reisenden nicht berücksichtigen und diese auch nicht nachhaltig motivieren können. Motive sind hochgradig individuelle, biografisch erworbene Netzwerke, die nicht direktiv beeinflussbar sind. Vielmehr lassen sich diese Motiv-Netzwerke indirekt aktivieren: durch gemeinsame Aktivitäten, persönlichen Austausch, Gefühle, Bilder, Gespräche, Körpererfahrungen, Narrative u. v. m.

Leiter von Reisegruppen sollten die Reisepläne und Unternehmungen, so gut es geht, an die innere Motivlage anpassen oder entsprechend flexible Angebote machen, um Reisende optimal zu motivieren. Bei leistungsorientierten Reisenden ist es motivierend, die Anforderungen passend zu den Fähigkeiten zu wählen, damit der Betreffende „stolz" auf seine Leistung oder seine einzigartige Erfahrung sein kann. Für leistungsorientierte Reisende sollten Gelegenheiten geschaffen werden, eigene Kompetenzen zu steigern und herausforderungsvolle Ziele anzugehen, denn solche Personen scharren bildlich gesprochen mit den Hufen, um zu beweisen, dass sie etwas gut können und ihre Kompetenzen weiter entwickeln können. Machtorientierte Reisende sollten ein wenig Verantwortung für die Gruppe übernehmen dürfen, jedoch ist darauf zu achten, dass „heimlichen" Gruppenleitern nicht die eigene Leitungsrolle übertragen wird, weil sie letztendlich nicht die Verantwortung übernehmen können und ganz klar eine Teilnehmerrolle innehaben. Freiheitsmotivierte dagegen brauchen ein vielfältiges Angebot, um auch unabhängig von der Gruppe neuartige Erfahrungen machen zu können. Je besser die Reiseangebote zur unbewussten Motivlage der Reisenden passen, umso zufriedener sind diese.

Natürlich kann Reiseleitung lediglich unterstützen und bestärken, bleibt der Reisende letztlich eigenverantwortlich für das Gelingen seines Aufbruchs. Die norwegische Literaturnobelpreisträgerin Sigrid Undset (1882–1949) verleiht dieser Erkenntnis präzisen Ausdruck. Sie schreibt 1911 in *Jenny*, einem Roman über eine Malerin, in den sie ihre Erfahrungen eines längeren Rom-Aufenthalts einfließen lässt: „Das ist ja eben das Wunderbare, wenn man in die Welt geht – jede Beeinflussung durch Menschen, mit denen man zufällig daheim zusammen leben muss, hört auf. Man muss mit seinen eigenen Augen sehen und selbständig denken. Wir lernen begreifen, dass es ganz von uns selbst abhängt, was diese Reise uns gibt – und was wir sehen und zu erfassen vermögen, in welche Lage wir uns bringen und unter wessen Einfluss wir uns freiwillig begeben. Man lernt verstehen, dass es von einem selbst abhängt, wie viel das Leben uns entgegenbringt" (Undset, 2019).

IV. Ortsbestimmungen

1 Physische und psychische Präsenz

„An die Tür seines Ateliers schreibt Picasso mit Kreide: ‚Au rendez-vous des poètes' (Zum Treffpunkt der Dichter). Die Badewanne ist gefüllt mit Büchern, einzige Sitzgelegenheit ist ein Schrankkoffer, der Holzboden ist brüchig. Picassos Atelier gleicht im Kleinen dem, was Montmartre im Großen ausmacht ..." Es gibt einen *Atlas inspirierender Orte*. Darin darf die Pariser Bohème mit ihren Schauplätzen natürlich nicht fehlen. Ein Buch, das zum Entdecken einlädt. Die imaginäre Reise führt den Leser vom Alexanderplatz über Manhattan, durch den Wald bis in ein Zugabteil (Porombka, 2012).

Jeder Ort kann zu einer geheimnisvoll aufgeladenen Bezugsgröße des menschlichen Lebens avancieren. Jeder Mensch existiert ortsgebunden; er befindet sich jederzeit an einem konkreten, durch exakte Koordinaten bestimmbaren Ort und wird an einem solchen erwartet. Seine körperliche Hülle bleibt nach dem Ableben zurück und wird an einem Ort bestattet. Über den (eigenen) Ort bestimmen zu können, kann schon zu Lebzeiten von enormer subjektiver Bedeutung sein. Orte können eine persönliche Bedeutung besitzen. Niemand kann sich – zumindest physisch, diese Einschränkung sei gleich benannt – an zwei Orten gleichzeitig aufhalten. Eine banal anmutende Feststellung, die sich bekanntermaßen in kriminologischen Zusammenhängen als Alibi entlastend auswirken kann. Der Nachweis physischer Präsenz kann jedoch auch in weniger dramatisch grundierten Lebenssituationen wichtig sein. Natürlich kann sich eine Person physisch an einem Ort aufhalten und psychisch an einem ganz anderen, z. B. kann ein Student in einer ihn langweilenden Vorlesung seiner Präsenzpflicht Genüge tun und sich gedanklich ganz woanders (und in einer anderen Zeit als der gegenwärtigen) befinden. Oder denken wir an das Phänomen der Tagträumerei, das durch die mentale Absenz bestimmt wird. Trotzdem lässt sich zunächst einmal festhalten: Ein Mensch wird von einer Bezugsperson als sich physisch an einem konkreten Ort befindend vorgestellt, zumindest wird der Versuch dazu, auch wenn sich der Betroffene nicht im gewohnten Umfeld aufhält, sondern auf Reisen befindet, unternommen. Weiß man einen nahen Angehörigen beim zeitweiligen Aufenthalt in Paris, stellt man ihn sich dort wohl häufiger vor: auf einem Boulevard spazieren gehend, in einem Bistro Kaffee trinkend oder in einem Hotelzimmer lesend. In der Regel wird heute ein Gespräch per Mobiltelefon mit der nur im ersten Augenschein belanglos klingenden Formel „Ich sitze gerade ..." oder „Ich rufe jetzt aus X oder Y an" eröffnet. Selten käme ein Anrufer im Festnetz auf diese Idee, da der Angerufene in der Regel weiß, dass er von einem angestammten Platz, also von zu Hause oder vom Arbeitsplatz aus, anruft. Oft kennt dieser sogar die Räumlichkeit, wo das Telefon steht, und stellt sich den Gesprächspartner genau dort vor, weiß vielleicht sogar, auf welchem Stuhl er beim Telefonieren zu sitzen und welche Körperhaltung er dabei einzunehmen pflegt. Der Anrufer im mobilen Netz hingegen spürt instinktiv, dass ein Fehlen dieser Raum-Information kommunikative Unsicherheit hervorruft, und schickt diese deshalb gleich zu Anfang vorweg. Eine einfache Mitteilung wie „Ich sitze gerade im Zugabteil nach Z", unterstützt durch entsprechende Hintergrundgeräusche, erzeugt beim Angerufenen ein ortsangemessenes Bild, das seine vertraute Vorstellung vom Anrufer integriert und das sich nicht im grenzenlosen Raum verflüchtigt. Das Phänomen der personalen Gebundenheit an einen oder Zugehörigkeit zu einem bestimmten Ort wirkt nicht nur bei uns persönlich gut bekannten oder befreundeten

Menschen, sondern auch bei Berühmtheiten der allgemeinen oder der Kulturgeschichte. In unserer Vorstellung sind sie alle verortet. Wie viele Berühmtheiten etwa versetzen wir nicht nach Paris! Und zwar nicht in erster Linie, weil sie dortselbst geboren worden sind oder unbedingt den größten Teil ihres Lebens verbracht haben, sondern deshalb, weil ihre je eigene Hervorbringung, weshalb sie überhaupt (bisher) vor dem Vergessen bewahrt wurden, eben mit diesem Ort allgemein in Verbindung gebracht werden. „Es gehörte dazu alles, was Literatur und Film mir an Lebensmöglichkeit in Paris bereits zugeschmuggelt hatten, es gehörte das Pandämonium dieser Erschließungen dazu, die Allgegenwart so vieler Existenzen, die alle hier sich ausgelebt hatten" (Nizon, 2013, S. 62). Ihre Namen sind Legion und kaum eine andere Stadt weist darin einen derartigen Reichtum auf. Alle haben sie an ihrem Mythos mitgewirkt, ihre Aura, die sich dem dafür empfänglichen Besucher mitteilen will, begründet. Dabei spielt es keine Rolle, ob es sich um reale oder fiktive Persönlichkeiten handelt, ob um solche der Zeitgeschichte oder längst vergangener Epochen. Literaten und Künstler haben ihre Sichtweise dazugegeben, ein Gespinst aus Geschichten und Bildern. Und erst im niemals abgeschlossenen Prozess von Erzählung und Wiedererzählung gewinnt Paris Aura und Magie, wie wir uns von dem seit 1977 dortselbst lebenden Schweizer Paul Nizon gern bestätigen lassen: „Es ist schwer, in Paris etwas zu denken oder zu fühlen, das nicht in den Spuren bereits ausgedrückter Gedanken und Gefühle abliefe" (Nizon, 2013). Gerade die Kunst vermag die Eingrenzungen und Einteilungen in und nach der Zeit aufzuheben und die illustren Namen einer Stadt zu versammeln. So lässt zum Beispiel der Künstler Jochen Stücke in den Bildern seines *Pariser Albums II*, die zusammen eine unauslotbare „Landkarte des Mysteriums" (Stücke, 2013, S. 37) konstituieren, die Begegnungen eines Jean-Paul Marat mit der Emma Bovary des Romans von Gustave Flaubert oder eines

François Villon mit Maximilien Robespierre in der Imagination plausibel werden.

Als bloße Zielvorgabe innerhalb eines Navigationssystems und topografisch bestimmbare Größe erscheint ein Ort zunächst trivial, wenn man jedoch bedenkt, dass bestimmte Destinationen für Reisende ihren je eigenen Zauber besitzen und somit eine unterschiedlich wirksame Anziehungskraft geltend machen können, erscheint die Frage nach dem Wesen eines Ortes ungleich komplexer. Manche Orte wie Paris verfügen über eine weltweite Bekanntheit, die sich in höchst unterschiedlichen konkreten Bildern, die jeweils einen spezifischen Bedeutungszusammenhang sichtbar machen, manifestieren kann. Andere Orte sind vielleicht nur dem Namen nach in einem bestimmten Kulturkreis oder regional bekannt, erlangen lediglich für eine begrenzte Zahl von Menschen biografische Relevanz und werden erinnernd verklärt. So haben Städte wie Passau oder Padua, ganz zu schweigen von Papenburg, ungeachtet ihrer objektiv feststellbaren historischen, kulturellen oder ökonomischen Bedeutung, die sie auch überregional für Spezialisten interessant machen kann, kaum eine über ihre gegenwärtigen, vergangenen oder zeitweiligen Einwohner hinausreichende Ausstrahlung. Sie bleiben anschauungsblass, während eine Metropole wie Paris all jenen Bildern entspricht, die sich fast jeder von ihr macht oder (medial) über sie erwirbt, auch wenn er sich physisch niemals dort aufgehalten hat. Jeder, der von sich behauptet, er „kenne" eine Stadt, hat zumindest ein Bild von ihr mit oft nur einem einzigen Symbol vor Augen, das dann zu einem echten Wahrzeichen wird, weil es durch seine Bekanntheit mit Wahrheit aufgeladen wird. Es wird gültig.

So ist Köln auch in weit entfernten Weltgegenden durch seine Kathedrale, d. h. durch das Bild vom Dom mit seinen weithin sichtbaren, majestätisch aufragenden Türmen – ein sakral konnotiertes Twin-Tower-Modell, das eine charakteristische Skyline konstituiert – bekannt, weshalb die Stadt gut daran tut, die freie Sicht auf das Ensemble nicht zu verbauen, denn außer durch dieses und die dort verwahrten Gebeine der drei Magier ist sie kaum bekannt. Dagegen hat Paris nicht nur den Eiffelturm als Erkennmarke. Die Bedeutungsvielfalt einer veritablen Weltstadt drückt sich auch in zahlreichen im allgemeinen Umlauf befindlichen Epitheta (Stadt des Lichts, Stadt der Liebe, Stadt der Kunst) aus, die nichts anderes repräsentieren als zu Formeln geronnene Projektionen einer weltweiten Anschauung, Möglichkeiten zur Identifikation, während einem zu Passau oder Padua auf Anhieb kaum derartige Wortschöpfungen einfallen würden. Weshalb modernes Stadtmarketing sich der Aufgabe, diese zu generieren, mit zumeist wenig überzeugenden und noch weniger durchsetzbaren Ergebnissen angenommen hat. Die Wertigkeit mancher Orte wird heute in, an unterschiedlichen Kriterien orientierten, Städte-Rankings darzustellen versucht. So brüstete sich das betuliche Münster etliche Jahre mit dem schönen Titel „lebenswerteste Stadt Deutschlands", wobei kaum jemanden interessierte, auf welche Weise die Stadt diese Auszeichnung erlangt hatte und woran sie sich inhaltlich festmachen ließ. Oder war es vielleicht doch die liebenswerteste aller Städte anstatt die lebenswerteste? Ich bin mir da nicht mehr ganz sicher und es spielt im Grunde genommen auch keine Rolle. Es ist pure Vermarktung. Diese spielt zwar geschickt mit Sehnsüchten, sonst würde sie nicht bemerkt werden, leitet ihre Energie aber um und ab auf ein Surrogat.

Nullus enim locus sine genio est (Servius, *Kein Ort ist ohne Geist*). Trotzdem kann mit ziemlicher Sicherheit vermutet werden, dass weder Münster noch Passau, Padua oder Papenburg in den in jüngster Zeit immer häufiger verlegten „Ratgebern" auftauchen, die sich unter Titeln wie *1000 Places to See Before you Die* um eine Art Kanonisierung der Reiseziele bemühen; ein Anspruch der Bevormundung, mit der sie sich die Bezeichnung Reiseführer (in der Betonung auf dem zweiten Wortteil) mehr als verdient hätten. Hier wird Entfremdung, also das Gegenteil eines Wegs zum Selbstsein, propagiert.

Bereits Isherwood besorgt sich in seinem Südamerikabuch über die Anfänge dieser bedenklichen Entwicklung. Im Hinblick auf Reisende, die nach einem starren Plan mit einer ehrgeizigen Zielvorgabe Südamerika im Rahmen eines Jahresurlaubs abzuhaken versuchen, prognostiziert er: „Sie versuchen, den ganzen Kontinent in einen Jahresurlaub hineinzustopfen, was kaum ausreichen würde, um eine einzige Stadt zu besuchen. Diese Art von totalem Reisen wird wahrscheinlich in Zukunft immer beliebter werden, bis wir eine Generation haben, die alle wichtigen Flughäfen der Welt gesehen hat – und sonst nichts." Natürlich kann dieses totale Reisen wie jede andere Droge auch zu Orientierungslosigkeit und innerer Leere führen, weil der Selbstkontakt fehlt. Der Autor berichtet im selben Zusammenhang und diesen veranschaulichend von einer amerikanischen Dame, „die an einer so schweren Reiseüberdosis litt, dass sie unsicher schien, wo sie war, wo sie gewesen war oder wie herum sie reiste" (Isherwood, 2013, S. 201). Der Zwang zum Abklappern oder Abreisen vorgegebener Destinationen-Highlights kommt indessen auch in sentimental grundierten Schlagertexten zum Ausdruck.

„Ich war noch niemals in New York ...", heißt es im Refrain eines bekannten Schlagers. In diesem Trend bestätigt sich eine Einstellung, die der in diesem Buch unternommenen Annäherung an das eigentliche Wesen menschlicher Reisetätigkeit und den darin enthaltenen Möglichkeiten zur Selbstfindung natürlich völlig widerspricht. Das lyrische Schlager-Ich ist zwar zu bedauern, aber nicht deshalb, weil es noch niemals in New York gewesen ist, das zweifellos immer eine Reise wert ist. Man kann wetten, dass es auch noch niemals in Lelystad gewesen ist, und es hätte wohl zig andere Orte anführen können, an denen es sich bis anhin niemals aufgehalten hat, aber nur wenige Namen hätten dieselbe suggestive Wirkung erzielt und bei so vielen Hörern der Liedzeile eine je eigene Vorstellung aktivieren können. Bestimmt nicht Passau, Padua oder Papenburg, also Städte, die genau deshalb vielleicht als Reiseziel besonders viele Entdeckungen versprechen und vielleicht viel eher zur Selbstfindung beitragen können als New York oder Paris. Die Chinesen hätten es in der Beziehung wieder einmal einfacher. Sie haben berühmte europäische Metropolen wie Paris in ihrem Land einfach nachgebaut. Wie man hört, erfreuen sich diese Kopien großer Beliebtheit. Sollte sich der Trend verstetigen, verlören Reiseanführer vom Schlage *1000 Places to See Before you Die* eher früher als später ihre Existenzgrundlage: Paris nämlich wäre dann (fast) überall. Bliebe aber immer Projektionsfläche, und damit Sehnsuchtsort. Genau wie Venedig. Und zwar je höher die Meeresspiegel steigen, desto mehr. Darin besteht die Crux: „Geht es um Orte, ist man schnell mit der Feststellung bei der Hand, sie seien noch unberührt oder aber vom Tourismus verunstaltet. Man spricht über den Tourismus wie über eine Hautkrankheit. Aber der ideale Tourist würde gerne Orte besichtigen, die nicht vom Tourismus verunstaltet sind, so wie der ideale Terrorist gern an Orten operieren würde, die nicht durch Sicherheitsmaßnahmen geschützt sind" (Calasso, 2019, S. 77).

Als wirksames Gegenmittel zu den manipulativen Tendenzen solcher Leitfäden sei auf die amüsante Betrachtung des französischen Literaturprofessors und Psychoanalytikers Pierre Bayard verwiesen: Unter dem hübschen Titel *Wie man über Orte spricht, an denen man nicht gewesen ist* positioniert er sich intelligent gegen die *Must-go*-Diskurse der globalisierten Dorfgemeinschaft, unterscheidet zwischen physischem und psychischem Ortswechsel und plädiert vehement für die Figur des sesshaften Reisenden – ein zunächst befremdlich klingendes Oxymoron (Bayard, 2013, S. 13).

Anhand prominenter Beispiele (Marco Polo, Jules Verne, Immanuel Kant, Margret Mead, Karl May oder Chateaubriand) hebt er auf die Tatsache ab, dass zwischen Reisen und Nichtreisen nicht nur in physischer Hinsicht unterschieden werden kann. Insbesondere Marco Polo erfährt in diesem Diskurs dahingehend eine Entzauberung, dass Bayard sich der aktuellen Erkenntnis verschreibt, Marco Polo habe die erstaunlichen Beschreibungen etwa über chinesische Sexualpraktiken, dargelegt in *Die Wunder der Welt*, welche jahrhundertelang – ebenso wie seit ihrem Erscheinen 1928 die thematisch vergleichbaren Ausführungen Margaret Meads über die Libertinage der Bewohner Samoas – für bare Münze genommen wurden, zusammenfantasiert und sei kaum bis nach Konstantinopel vorgedrungen (Bayard, 2013, S. 34). Dort vermutet ihn Bayard zurückgezogen in den Armen einer Geliebten, der er mit solchen Chinoiserien imponiert. Allerdings ist Entzauberung hier auch nicht der passende Begriff, ist es doch Bayards Anliegen, die Figur des sesshaft Reisenden zu rehabilitieren und ihren schriftlichen Konstrukten einen eigenen Erkenntnis- und Gebrauchswert zuzubilligen, der den der sich physisch vor Ort befindlichen Reisenden und ihre Methode der teilnehmenden Beobachtung übertrifft.

Die Grenze zwischen Reise und Nichtreise verschwimmt bei näherer Betrachtung und die „Erfahrung des Schreibens lehrt uns etwas, das zahlreiche Anhänger von Religionen wissen, nämlich dass die physische Präsenz nur eine von mehreren Ausdrucksformen ist und nicht unbedingt die tiefgründigste" (Bayard, 2013, S. 111 f.).

Das körperliche Vorhandensein an sich garantiert keine Ortserkenntnis und generiert kein handhabbares Ortsbild. Der Prozess des Vergessens spielt in diesem Zusammenhang eine produktive Rolle. Die dabei entstehenden Leerstellen in der Erinnerung werden produktiv aufgefüllt durch Wünsche, Begehrlichkeiten, Fantasien, die in den Rahmen eines

Ortsbilds integriert werden und sich zu einem inneren Land verdichten, das einen Versuch der Wiedergewinnung des ursprünglichen Lands der Kindheit darstellt. (Bayard verweist auf Freuds Metapher vom inneren Ausland für das Unbewusste, das durch zahlreiche mehr oder weniger fremde Bewohner besiedelt ist.) Dieses imaginäre Land stützt sich sowohl auf das Unbewusste des Autors als auch auf das des Ortes und ist noch ausgeprägter, noch vielschichtiger, und damit aufnahmefähiger, bei Autoren, die niemals am von ihnen so lebhaft bewunderten und so „authentisch" beschriebenen Ort gewesen sind. Als herausragendes Beispiel führt Bayard den deutschen Reiseschriftsteller Karl May (1842–1912) an, der zwar 1908 im hohen Alter eine Amerikareise unternommen hat, die ihn aber nicht zu den Schauplätzen seiner Bücher, den Wilden Westen, führte, sondern lediglich an die bequemer erreichbaren Orte der Ostküste. Seine Erzählungen beruhen ausschließlich auf Inspiration (u. a. durch J. F. Coopers *Der letzte Mohikaner*), Fantasie und Projektion. In seinen Fantasmagorien zum Wilden Westen deutet er bisherige Wertigkeiten um – mit seiner Winnetou-Figur insbesondere in der Ansehung der „Wilden" – und schafft für Generationen von Lesern ein ethnisch grundiertes Panorama von Gut und Böse, auf das sie ihre Sehnsüchte richten können.

Ein Sehnsuchtsort erster Güte ist neben dem Wilden Westen auch die Transsibirische Eisenbahn. Eine interessante Parallele besteht dabei darin, dass auch der nordamerikanische Westen durch Eisenbahnen erschlossen wird und dass Winnetous Blutsbruder Old Shatterhand seine Karriere als Ingenieur beim Eisenbahnbau beginnt. Erst seine Erfahrungen mit den skrupellosen Bleichgesichtern vor Ort bewirken seine Wandlung zum Freund und Fürsprecher der Indianer.

Im Unterschied zu Karl May wird der Schweizer Schriftsteller Blaise Cendrars (1887–1961) aus La Chaux-de-Fonds, dessen literarische Werke das Mysterium des Reisens atmen und wiedergeben, von der Literaturgeschichte (inzwischen) durchaus wertgeschätzt. Cendrars ist in der französischsprachigen Literatur der Reiseschriftsteller *par excellence*. Er hat Reise und Literatur stets miteinander verknüpft und einem seiner Bücher gab er den programmatischen Titel *Bourlingeur* (*Globetrotter*), in deutscher Übersetzung *Auf allen Meeren*.

Bayard widmet sich der Entstehung seines Langpoems *Die Prosa von der Transsibirischen Eisenbahn* (veröffentlicht 1913 im Alter von 26 Jahren), das nach Ansicht etlicher Biographen auf die Erfahrungen einer tatsächlich stattgefundenen Reise zurückgreifen soll, die Cendrars, damals noch unter seinem Geburtsnamen Frédéric Louis Sauser, als 16-Jähriger in Begleitung eines Geschäftsmannes angetreten habe, nachdem er 1904 von zu Hause weggelaufen sei. „Ich bin unterwegs / Ich bin immer unterwegs gewesen", heißt es dort (Cendrars, 1998, S. 33). Verse, die gleichermaßen poetologisches Programm wie Lebensgeschichte formulieren und in ihrer Unbedingtheit an Arthur Rimbaud erinnern. Bayard weist nun nach, dass die Reise auf der Transsibirischen niemals stattgefunden haben kann, ein Faktum, auf das auch bereits Zeitgenossen und Freunde des Autors ihn hingewiesen haben. Den begründeten Zweifeln des französischen Medienmanns Pierre Lazareff entgegnete Cendrars mit seinem berühmt gewordenen Ausspruch: „Was kann dir das ausmachen, da ich euch doch alle habe mitreisen lassen" (zitiert nach Bayard, 2013, S. 182).

„Wenn du liebst, geh auf die Reise" (Blaise Cendrars). Mit diesem Zitat schmückt sich die Titelseite der Schweizer Literaturzeitschrift *Orte* (Nr. 173), die sich im April 2013 des Phänomens Blaise Cendrars annahm. Barbara Traber stellt dort auch die Geschichte des Prosagedichts von der Transsibirischen Eisenbahn vor, dessen voller Titel *Prosa vom Transsibirischen Express und von der kleinen Jeanne de France* heißt. Der surreal anmutende Text, bestehend aus 446 freien Versen, brachte dem Dichter einen wichtigen Platz im Kreis der Avantgardisten ein. Der amerikanische Schriftsteller John Dos Passos erhöhte seinen Freund zum „Homer der Transsibirischen". Barbara Traber räumt ein, dass der Junge „bei seinem Aufenthalt in Russland von 1904–1907 die Transsibirische zumindest gesehen haben muss" (Traber, 2013, S. 34). Wer aber verbirgt sich hinter Jeanne de France oder Jehanne von Frankreich, die in dem Text zugleich als Ansprechpartnerin wie Begleiterin präsent ist, Prostituierte und/oder Heilige? Poetische Spuren legt Cendrars einige aus, z. B. in den Versen „Sie ist nur Blume, rein und zart, / Die Blume des Dichters, eine arme Silberlilie, / Ganz kalt, ganz allein und so verwelkt bereits, / Dass mir die Tränen kommen, wenn ich an ihr Herz denke" (Cendrars, 1998, S. 31). In einem Interview mit der Berliner Zeitschrift *Der Sturm* (Nr. 184/185, November 1913) fächert Cendrars diese Metaphorik in folgender Erklärung auf: „Die Prosa von der ‚Transsibirischen' ist also durchaus ein Gedicht, da sie das Werk eines Freigeistes ist. Nehmen wir an, sie ist seine Liebe, seine Leidenschaft, seine Schwäche, seine Größe, sein Erbrochenes. Sie ist Teil seiner selbst. Seine Eva. Die Rippe, die er sich ausgerissen hat. Ein sterbliches Werk, verletzt durch Liebe, schwanger. Ein furchtbares Lachen. Leben, Leben. Rot und Blau, Traum und Blut, wie in den Märchen" (zitiert nach Traber, 2013, S. 34).

Die Farbbezeichnungen erhalten nicht nur einen symbolischen Wert. Gemeinsam mit der Malerin Sonia Delaunay (1885–1979) – eine gebürtige Russin, die Cendrars in Paris beim gemeinsamen Freund Guillaume Apollinaire kennen lernt – entwickelt er die Idee, für das Prosagedicht das *Erste Simultanbuch* (*Premier livre simultané*) zu schaffen. Nachdem er endlich Geld aufgetrieben hat, vorgeblich die Erbschaft einer Schweizer Tante, realisieren sie gemeinsam die Herausgabe eines Leporellos: „2 Meter auf 36,5 cm; links die farbigen Bildkompositionen der Malerin, die den Text illustrieren, rechts die Verse von Cendrars" (Traber, 2013, S. 35). Von ursprünglich geplanten 150 entstehen aus dieser Maquette schließlich etwa 60 Exemplare des Werks, die wegen ihrer Fragilität in Museen und Bibliotheken versteckt und kaum einmal gezeigt werden. Rare Exemplare, die privat zur Versteigerung gelangten, sollen dabei für bis zu 150 000 Euro weggegangen sein.

Bedeutungsvolle Orte sind natürlich nicht nur Städte, Plätze, Flüsse oder Landschaften, sondern im psychologischen Sinn auch Imaginationen oder psychische Verortungen, beides im Sinne von Verdichtungen. Der physische Verlust eines Ortes kann zu dessen Verklärung und seiner Aufladung mit Sehnsuchtsenergie führen, was ein außerordentliches Kraftfeld darstellt. So ist bekannt, dass als Folge des Krieges von 1948 von ihrem Land vertriebene Palästinenser auch heute noch mittels tradierter Narrative ein Bild davon pflegen, das es (auch denen, deren Eltern schon nicht mehr dort geboren sind) als Gelobtes Land, einer baldigen Rückkehr aller Anstrengungen wert, erscheinen lässt (s. a. Ritz-Schulte & Huckebrink, 2012). Umgekehrt gilt dies auch für die israelischen Siedler in Cisjordanien. Dafür, wie beiläufig und unbeabsichtigt sich ein Ort mit Bedeutung aufladen kann, gibt es viele Beispiele. Unweit des malerischen Leuchtturms Flügge auf Fehmarn etwa, mitten im sumpfigen Naturschutzgebiet gelegen, markiert ein schmuckloser Gedenkstein den Ort, an dem am ersten Septemberwochenende 1970 das nicht nur wegen des Wetters chaotisch verlaufende „Love and Peace"-Festival stattfand, an dem Jimi Hendrix am 6. September seinen letzten öffentlichen Auftritt hatte. Am 18. September wurde er in einem Londoner Hotel, das nach einem anderen „magischen" Ort Samarkand benannt war, tot aufgefunden.

Der Schriftsteller Albert Camus beginnt seine mehrseitige Eloge eines algerischen Dorfes mit dem Satz: „Im Frühling wohnen in Tipasa die Götter" (Camus, 2013, S. 9). Nachdem er diesen leuchtenden Erinnerungsraum mit allen Sinnen ausgeschritten hat, zieht er ein großartiges Fazit: „Alles hier lässt mich gelten, wie ich bin; ich gebe nichts von mir auf und brauche keine Maske: Es genügt mir, dass ich, geduldig wie eine schwierige Wissenschaft, die so viel wichtiger ist als all die Lebenskunst der andern, lerne: zu leben" (ebd., S.14 f.). Welche Bedeutung haben Orte für die Menschen ganz allgemein, aber auch für die Herausbildung ihrer individuellen Persönlichkeit? „Es ist nicht leicht, der zu werden, der man ist, und die eigene Tiefe auszuloten" (ebd., S. 12). Dies ist zweifelsfrei eine wichtige und bedeutsame Fragestellung. Menschen abstrahieren in ihrem täglichen Leben nicht vom räumlichen Kontext. Die Orientierung im Raum ist für uns selbstverständlich und in der Regel fällt es uns leicht, räumliche Zusammenhänge zu verstehen und zu behalten. Bestimmte Orte gewähren einem ein tieferes Selbstgespür, sind mit Bedeutung aufgeladen, die wir intuitiv erschließen können. Damit ist die synchrone Identität gemeint, das Gefühl, sich selbst als einheitliche Ganzheit zu erleben, sowie die Fähigkeit, die Organisation einzelner Informationen und Ereignisse über das eigene Selbst zu einer Ganzheit zu integrieren. Bei kaum keiner anderen Aktivität wird diese synchrone Identität so sehr gefördert wie beim Unterwegssein des Reisens, da die sich zu verschiedenen Zeitpunkten eröffnenden unterschiedlichen Perspektiven durch das Selbst zu einer Ganzheit integriert werden. Der räumliche Kontext ist ein konstitutiver und integraler Bestandteil menschlicher Lebenswelt. Zahlreiche Metaphern haben eine räumlich konnotierte Bildsprache, die ohne großes Nachdenken funktioniert und einen erheblichen Erkenntnismehrwert gegenüber der bildfreien Umschreibung liefert. Etwas „steht im Raum" und jeder Fußballfan versteht auf Anhieb, was gemeint ist, wenn von der guten „Raumaufteilung" einer Mannschaft die Rede ist oder wenn ein gelungener Pass den „Raum öffnet". Und auch Mindmaps sind exakt deshalb ein so probates wie beliebtes Mittel, um komplexe Zusammenhänge deutlich zu machen, weil sie räumlich, also als topologisches

Modell, strukturiert sind. Räume besitzen eine ausgeprägte und natürliche Affinität zur Wahrnehmung, da der Mensch von Beginn an, hier im onto- wie phylogenetischen Sinne gemeint, Räume durchdringen muss und hierbei seine Fähigkeit zur Wahrnehmung zunächst entdeckt, dann entwickelt.

Von der Geburt an können Orte als vertraut oder fremd, als angenehm, also menschlichen Bedürfnissen entgegenkommend, oder als feindlich erlebt werden. Zu einer derartigen Verortung tragen vielfältige Sinnesempfindungen bei: visuelle, akustische, kinästhetische, taktile, olfaktorische, thermische. Ihr Verwertungsprozess konstituiert das ursprüngliche Land. Dazu gehört auch der Geruchssinn. Orte haben ein Parfüm, einen typischen Geruch. Eine Métrostation in Paris, etwa im Winter, riecht anders als ein Berliner U-Bahnhof zur selben Jahreszeit. Das Aroma als olfaktorische Chiffre. Der Riechsinn wird stets aktiv unter einer starken körperlichen Beteiligung. Denn beim Riechen verleibt sich der Rezipient die Duftmoleküle im Wortsinn ein. Gerüche lassen sich nur schwer disziplinieren. Der Geruch einer bestimmten Markthalle in Paris oder eines Hinterhofs in Berlin ist nicht einzudämmen. Gerüche existieren im Raum, überschreiten Räume, zugleich kann man sich ihnen kaum entziehen. Ihr Beitrag zur Konstituierung eines Ortsgefühls ist enorm, da sie durch ihre enge Verbindung zum limbischen System leicht und schnell starke emotionale Assoziationen auslösen. Der Riechsinn erschließt also auch für das Bezugssystem *Ort* neue und einzigartige Erfahrungsintensitäten. Orte können anregungsreich (durch vielfach verschiedenen sensorischen Input) oder flach und anregungsarm sein. Letztere bieten jedoch mehr Möglichkeiten für imaginative Projektionen, beispielhaft etwa das Phänomen der Fata Morgana in der Wüste, die Geschichten am nächtlichen Lagerfeuer, die *highway hypnosis* auf einer langen Autofahrt mit wenig Abwechslung bietenden Landschaftsformationen; allesamt Beispiele für Situationen, in denen sich eine psychische Präsenz von der physischen abzulösen beginnt und dominant wird. Umgekehrt können Orte auch, wie wir bereits gesehen haben, erlebt und beschrieben werden, ohne dass sich die Person dort jemals physisch aufgehalten hat.

Orte verfügen nicht nur über ein komplexes Gefüge physikalischer Eigenschaften (Merkmale), sondern auch über eine sie prägende Geschichte. Diese Geschichte ist durch materielle Zeitzeugnisse wie Ruinen, historische Stätten, erhaltene Bausubstanz oder durch Erinnerungsstätten, Denkmale und schriftliche Quellen zumeist noch nachvollziehbar. Viel wichtiger für die Verortung ist hingegen das keineswegs statische Bild, das in den Köpfen der Menschen von einem Ort entsteht: seine Aura als Ergebnis einer oft jahrhundertelangen wirkmächtigen Existenz und ihrer kulturellen Vermittlung, wie wir im Exkurs zu den Romreisen im vorigen Kapitel dargestellt haben. Aber auch Gebirge, Steppen und Meeresküsten haben symbolische Wirkkraft.

Isherwood beschreibt dieses Phänomen sehr plastisch am Beispiel von Arequipa, einem Andenort, der seinen beredten Namen seit Inkazeiten trägt: „Läufer, die Fisch in Stafetten vom Meer zum Palast der Inka in Cuzco brachten, sollen gefragt haben, ob sie nicht hier pausieren könnten, um zu verschnaufen. ‚Are quepay', wurde ihnen gesagt – was in der Quechua-Sprache bedeutet: ‚Ja, ruht'. Ich hoffe, das ist wahr, denn ‚ja, ruht' vermittelt auf perfekte Weise das Gefühl, das dieser Ort bei mir auslöst. Die Atmosphäre hat etwas sehr Ergötzliches, etwas Weiches und Luzides, besänftigend, doch stimulierend, was einen sofort einlädt, zu bleiben, sich niederzulassen und zu arbeiten. Ich war hier noch keine zehn Minuten und bekam schon Ideen für meinen nächsten Roman, an den ich seit zehn Wochen kaum gedacht habe" (Isherwood, 2013, S. 222–224). Diese Zeilen ergeben eine sehr präzise Beschreibung dieser Empfindung für einen Ort, für seine Aura – die mehr ist als die Atmosphäre, nämlich die gesamte nachweislich wie mythisch vermittelte Geschichte umschließt sowie die Wahrnehmung seiner daraus resultierenden, mit ihr verwobenen unmittelbaren Gegenwart –, eine Beschreibung der Anwandlung, die dieser Ort an einem bewirken kann. Natürlich muss man sich dieser Empfindung auch hingeben, muss man sich ihm anvertrauen können, damit er bedeutsam werden kann (Smith, 2019).

Vertrautheit ist jedoch ein wesentliches Qualitätskriterium für Orte und Landschaften, die einer Person den Begriff Heimat abdecken. Es hat aussagekräftige Untersuchungen dazu gegeben, wie etwa der Verfall der Innenstädte in vielen Kommunen der DDR dieses Heimatgefühl untergraben hat. Ein Ort ist mehr als ein Wohnort und muss ein solcher nicht sein, um als „Heimat" wirkmächtig zu sein, und sei es erst zum Ende eines Lebens, wenn die Gedanken an dessen Sinn sich auch an Orten festmachen wollen. In dem großartig angelegten Roman *Das Walnusshaus* von Miljenko Jergovic setzt Luka, einer der Protagonisten, alles daran, um in seinem Geburtsort Dubrovnik beerdigt zu werden. Er hat seine Heimat Jugoslawien als junger Mann verlassen und ist niemals dorthin zurückgekehrt. Zuletzt lebt er in Triest, aber sterben will er nicht in der Fremde: „Er wollte zu Hause unter die Erde, auf einem Friedhof voller Bekannter und Grabnachbarn, die mit ihm verwandt, befreundet oder verfeindet gewesen waren, in einer Stadt, in der niemandem irgendetwas gleichgültig war. Am anderen Ende der Welt oder zumindest tausend Meter vom Geburtsort entfernt zu leben ist gut und heilsam, aber im fremden Land aus dem Leben zu scheiden ein Unglück. Jeder Mensch sollte da beerdigt werden, wo er geboren wurde oder sprechen lernte, an dem Ort, von dem fortzugehen er sich einmal entschlossen hat" (Jergovic, 2008, S. 221). So kann es mit einem Globetrotter enden und besser, er kehrt noch lebendig dahin zurück, als dass er tot und im Sarg überführt wird. Speziell auf ihn könnte eine Erkenntnis des englischen

Dramatikers und Dichters George Moore Anwendung finden: „Der Mensch bereist die Welt auf der Suche nach dem, was er braucht. Und er kehrt nach Hause zurück, um es zu finden" (zitiert nach Burton, 2013, S. 312).

Wer seinen Heimatort verlässt, auch nur vorübergehend, sucht anderswo etwas Außergewöhnliches. Trotz oder mehr noch wegen aller Vertrautheit, die Sicherheit im Überschaubaren suggeriert, bedeutet der als Heimat wahrgenommene Ort eine Begrenztheit an Erfahrungs- wie Entfaltungsmöglichkeiten, aus welcher der Reisende einen Aufbruch wagt, der zugleich immer deutlich nach Ausbruch schmeckt. Vertrautheit kann zur Gemütlichkeit herabsinken und im Extrem durchaus auf Gewöhnung und Abstumpfung hinauslaufen.

Fahrtensegler bezeichnen mit der hübschen Metapher ‚Hafenfäule' einen depressiven Gemütszustand, der durch ein zu langes Verweilen, ja Herumlungern, im sicheren Hafen entsteht und der desto schwerer zu überwinden ist, je länger man untätig dort verweilt. Der Raum, und zwar nicht als abstraktes Phänomen wie in Einsteins Relativitätstheorie, sondern als eine mit unterschiedlichen Sinnen und ganzheitlich erfahrbare Erlebenswelt, tut sich als Ausweg auf.

Was sind Sehnsuchtsorte? An dieser Stelle sollte zunächst ein Gedanke an den Begriff Sehnsucht selbst verwendet werden. Begreifen wir Sehnsucht heute als ein inniges schmerzliches Verlangen, so wird der Wortbestandteil – *sucht*, auch in anderen Komposita wie Tablettensucht, Esssucht, Eifersucht – auch eine Reisesucht ist bereits konstatiert worden – semantisch zumeist von *suchen* abgeleitet. Etymologisch betrachtet leitet es sich jedoch ab vom mittelhochdeutschen *siech*, also *krank*, eine Bedeutung, die in dem altmodischen Wort Siechtum manifest wird, die aber auch die Plausibilität alter medizinischer Begriffe wie Schwindsucht oder Gelbsucht erklärt, die beide nichts zu tun haben mit unserem heutigen Verständnis von Sucht. Das mittelhochdeutsche Nomen *senesiech* bezeichnet also ein krankhaft ausgeprägtes schmerzliches Verlangen. Ein solches Verlangen, das zwar schmerzhaft empfunden, aber heute kaum als krankhaft bezeichnet werden kann, wird sich auch auf Orte richten können. Klingt nicht in solcher Sehnsucht der uralte Menschheitsschmerz über die Vertreibung aus dem Paradies nach?

Stellt nicht jeder Aufbruch unterschwellig auch einen Versuch dar, das verlorene Paradies, den ursprünglichen „Naturzustand", wiederzufinden? Als Paradies gilt das, was man nie gesehen hat. Jeder Mensch hat wahrscheinlich seine eigene Vorstellung davon, wird aber wohl mit der vorgenannten Definition übereinstimmen, nach deren immanenter Logik es natürlich ausgeschlossen ist, es jemals zu finden. Jede Vorstellung von einem Paradies wird aus der Vergangenheit gespeist und entfaltet von daher seine Dynamik. Diese These sei deshalb gewagt: Ohne den Verlust des Paradieses und die Vertreibung aus demselben gäbe es wahrscheinlich weder Fern- noch Heimweh.

Manchen Orten eilt ein ausgeprägter Ruf als Sehnsuchtsort voraus, z. B. Rom, das seinen Reiz vorwiegend aus der Vergangenheit und seiner Bedeutung in ihr zieht. Gibt es aber einen Ort, der allein auf mich gewartet hat? Für die einzelne Persönlichkeit bleibt die Beschaffenheit des Sehnsuchtsortes immer hochgradig individuell. Ihre Sehnsucht muss auf einen konkreten Ort beschränkt bleiben. Sie kann sich jedoch voller Unruhe und Getriebenheit auf das Weltenganze richten, kann auf Dauer unerfüllt bleiben. „Ich bin nirgends am Platze, ich bin überall fremd", dichtete der Schriftsteller und Naturforscher Adelbert von Chamisso (1781–1838), nachdem er 1805 in Berlin angekommen war. Sein größter Traum war eine Reise um die Welt, den er hegte, seitdem er, der als Sohn einer französischen Adelsfamilie in der Champagne geboren wurde, 1790 vor den Auswirkungen der Revolution nach Deutschland fliehen musste. Eine solche Reise bedeutete damals den Aufbruch in eine weitgehend unbekannte Welt, ein veritables Abenteuer mit höchst ungewissem Ausgang, zumindest aber in den Augen der Zurückbleibenden mit einer langjährigen Verschollenheit bezahlt. Seinen Lebenstraum erfüllt sich von Chamisso in den Jahren 1815 bis 1818 an Bord der russischen Brigg „Rurik". Er bereist Südamerika, Kalifornien und Alaska sowie Indonesien und die Südspitze Afrikas. Penibel führt er ein Journal und zeigt sich darin als empfindsamer Chronist für die Poesie fremder Lebensarten, die er auf damals nahezu unberührten Inseln wie Honolulu kennenlernt. Als ehemaliger Student der Naturwissenschaften an der Universität Berlin betreibt er – fern jedes romantischen Interesses – ebenso botanische, zoologische und ethnologische Studien. Erst 1836 erscheinen seine Aufzeichnungen als *Reise um die Welt* in Buchform (Chamisso, 1964). Sie bringen dem Ruhelosen neben einem Ehrendoktor der Berliner Universität auch die allgemeine Anerkennung als Naturforscher ein sowie die Mitgliedschaft in der Berliner Akademie der Wissenschaften. Zwei Jahre später stirbt er und die Stadt Berlin richtet ihm auf einem Friedhof im Stadtteil Kreuzberg ein Ehrengrab ein. Dort gibt es heute auch einen Chamissoplatz zur Erinnerung an einen Menschen, der „nirgends am Platze" gewesen ist. Chamisso beweist ein sehr feines Gespür dafür, wie sehr sich bereits in der ersten Hälfte des 19. Jahrhunderts das Reisen und seine Bedingungen verändern sollten.

Am Anfang steht die Exklusivität der Abenteurer und Entdecker, ihnen folgen die schnöden Epigonen und nach ihnen wiederum irgendwann die, die es sich „leisten" können, wie Chamisso im Vorwort seines Buches bedauert: „In meiner Kindheit hatte Cook den Vorhang weggehoben, der eine noch märchenhaft lockende Welt verbarg [...] Ich war wenigstens noch der erste, der eine gleiche Reise von Berlin aus unternahm. Jetzt scheint um die Welt gekommen zu sein zu den Erfordernissen einer gelehrten Erziehung zu gehören, und in

England soll schon ein Postschiff eingerichtet werden, Müßiggänger für ein geringes Geld auf Cooks Spuren herumzuführen" (Chamisso, 1964, S. 294).

So verschwinden endgültig auch die weißen Flecken von der Landkarte und mit ihnen das Abenteuer und der Mythos, die eine Reise verklären können, und Chamissos Schelte klingt ein wenig wie eine vorweggenommene Tirade auf die Auswüchse des heutigen Massentourismus. Seine letzte Bemerkung erinnert an die Bergsteiger unserer Tage, die sich für teures Geld von Sherpas auf den Gipfel des Himalayas tragen lassen, und schon vermag man sich vorzustellen, dass analog zu Chamissos Blaupause bald touristische Reisen zur Raumstation oder zum Mond angeboten werden. Freilich verwahrt sich der Autor auch entschieden gegen den von Bayard favorisierten Typus des sesshaften Reisenden: „… die Berichte älterer Weltumsegler sind in der Regel wahrhaft, aber nur Selbstanschauung kann das Verständnis desselben eröffnen" (ebendort).

An welchem Punkt wird aus dem exquisit Reisenden der privilegierte Tourist? Der Erste zu sein, wenigstens der Erste aus Berlin, darauf kam es auch Chamisso an. Die Entdeckung, das Betreten und die Inbesitznahme des unberührten Ortes scheinen nun typisch männliche Obsessionen zu sein. Wie viele Inseln, Flecken, Landstriche auf der weiten Welt erhielten wohl eine Namensbezeichnung unter Verwendung der Lexeme -*virgin* oder -*jungfrau*? Als Erster einer Landschaft ihre Jungfräulichkeit zu nehmen (besser zu rauben?), bringt Ruhm und Ehre ein. Selbstredend ist diese Vorstellung lediglich eine abendländische Fiktion, denn fast überall dort, wohin europäische Entdecker gelangten, trafen sie auf eingesessene Bewohner. Dass diese – vielfach bis heutzutage – als Eingeborene bezeichnet werden, als wäre das Land auf dem Wege einer unbefleckten Empfängnis an sie gekommen, spricht für sich. Insofern klingt in jeder Klage über die Auswüchse des Massentourismus auch immer noch das späte männliche Bedauern darüber mit, dass die Erde ihre Jungfräulichkeit verloren hat. Natürlich schwingt in dem Begriff auch elitärer Dünkel mit. Wer möchte schon zur schieren Masse gehören? Ebenso gut könnte man von Mengentourismus sprechen, was weniger negativ klänge, oder von einem demokratischen oder demokratisch nivellierten Tourismus, der niemanden per se ausschließt. Zur Unterscheidung Reisender – Tourist hat sich der niederländische Autor Cees Nooteboom (1933), dieser „Nomade aus Überzeugung", anlässlich einer Begegnung mit Rucksacktouristen (Trekkern) in Südamerika geäußert: „Oft werde ich gefragt, ob die Welt nicht klein geworden ist oder worin der Unterschied zwischen Reisen und Tourismus besteht. Der Unterschied ist der: Für diese Trekker ist die Welt nicht klein, sondern groß, und wenn sie, nachdem sie so gereist sind, nach Amerika oder Europa zurückkehren, haben sie etwas über diese Welt gelernt, das sie nie mehr vergessen werden" (Nooteboom, 2011, S. 81). Ausgehend von dieser Distinktion könnte sich der qualitative Unterschied zwischen Reisendem und Tourist vielleicht darin feststellen lassen, dass der Reisende in einem sehr umfassenden Sinn etwas gelernt hat. Er hat eine ihn persönlich berührende Erfahrung gemacht und damit etwas Einzigartiges erlebt. Über diese Option verfügt jeder, der aufbricht zu einem fremden Ort. Er sollte indessen mit wachen Sinnen unterwegs sein, also Augen und Herz offenhalten.

Wie wäre es zudem, eine Stadt mit dem wertschätzenden Auge der Gastgeber zu sehen und nicht zuvörderst darauf zu schauen, wie es mit der Sauberkeit auf den Straßen bestellt ist, ob Busse und Straßenbahnen auch pünktlich fahren?

Eine Reise um die Erde hat seit den Tagen, da sich die Menschheit der Kugelgestalt ihres Heimatplaneten bewusst geworden ist, große Faszination ausgeübt. Der Mythos des „Einmal um die ganze Welt ..." wirkt ungebrochen und die Vorstellung, den Heimatort in eine bestimmte Richtung zu verlassen und sich ihm nach einiger Zeit aus der entgegengesetzten Richtung wieder anzunähern, hat immer noch etwas Fantastisches an sich. Natürlich lässt sich eine solche Weltreise heutzutage auch schnell und relativ bequem mit dem Flugzeug bewerkstelligen, aber die Fahrt auf einem Schiff, gar auf dem eigenen Segelschiff, mutet uns doch entschieden abenteuerlicher an und atmet auch im Zeitalter von GPS und Radar immer noch etwas von jenem Entdeckergeist, der auf den Schiffen Magellans unter der Besatzung, die gleichzeitig unter harten Entbehrungen litt und dezimiert wurde, geherrscht haben muss. Wie wir in vorherigen Kapiteln über die Bedeutung des Körpererlebens beim Reisen und der Handlungsenergie erfahren haben, ist gerade die Reise mit körperlicher Beteiligung dem freien Selbstsein besonders förderlich.

Immer hat es auch die Exzentriker gegeben, die mit der Weltumquerung eine besonders ausgefallene Idee verbanden. Ein besonders hübsches Beispiel aus dieser unerschrockenen Schar von Reisenden ist der 1855 in Hertfordshire geborene Thomas Stevens, der mit seinen Eltern 1871 in die USA zieht. 1883 entwickelt er in Denver die Idee, die Welt auf dem Fahrrad, damals noch als Hochrad, zu durchqueren. Nachdem er 1884 die USA von San Francisco bis Boston durchfahren und darüber berichtet hat, verlässt er am 9. April 1885 New York an Bord eines Schiffes, das 10 Tage später in Liverpool eintrifft. Dort startet er seine Tour auf einem 50-Zoll-Columbia-Hochrad. Quer durch Europa radelnd, trifft er in Istanbul ein und unterhält die Menschen mit Kunststücken auf dem Rad. Über Indien und Afghanistan erreicht er China. Am 17. Dezember 1886 trifft er schließlich in Yokohama, dem Ziel seiner Reise, ein. Seine Erlebnisse auf dieser Fahrt veröffentlicht er in dem damals sehr erfolgreichen und immer noch lesenswerten Buch *Around the world on a penny-farthing* (Stevens, 1991).

Ohne Zweifel stellt auch die Kurische Nehrung im früheren Ostpreußen, heute teils zu Litauen, teils zur russischen Exklave Kaliningrad gehörend, für viele Menschen aus unterschiedlichen Gründen eine europäische Sehnsuchtslandschaft dar, die durch eine wechselvolle Geschichte geprägt ist. In den Jahren 1930–32 verbrachte der Schriftsteller Thomas Mann mit seiner Familie dort die Sommermonate, bis ihn der Machtantritt der Nazis ins Exil, zunächst in die Schweiz, dann in die USA vertrieb. Im Fischerdorf Nidden hatte er ein schön gelegenes Ferienhaus erworben. In seinem Buch *Mein Nidden* beschreibt Thomas Manns Enkelsohn Frido, der selbst 1940 in Monterey/Kalifornien geboren wurde, recht anschaulich, wie sich dieser Ort, kennengelernt als Kind während dreier Sommeraufenthalte, bei seinem Vater Michael (1919), dem jüngsten Kind von Thomas und Katia Mann, in eine innere Landschaft der Sehnsucht verwandelt hat. Noch Jahre später, 1946 in San Francisco, schwärmt sein Vater von unvergesslich schönen Sommerferien. „Er erzählt von einem paradiesischen Strandleben mit selbst gebauten Sandburgen, von Schwimmabenteuern bei hohem Wellengang und häufigen Bootsfahrten zusammen mit seinen Eltern und der jüngsten Schwester, von den Indianerspielen mit Zelten in einem Zauberwald voller Elche und Wildschweine. Und er erinnert sich, dass er und seine Indianer-Freunde beim Mittagessen zu Hause Kostüm und Federschmuck hätten anbehalten dürfen. Das, was er berichtet, erscheint mir als Sechsjährigem wie eine unerreichbar weit entfernte, geheimnisvolle Märchenwelt, wie der Inbegriff von Ferien. Den Ort seines begeistert geschilderten Kindergücks und sommerlichen Freiheitsrausches nennt mein Vater Nidden" (Mann, 2012, S. 22). Nidden, das in seiner Erinnerung zu weit mehr als einem konkreten Ort geworden ist, nämlich zu einer Konfiguration, zum inneren Land, in dem er nach Belieben lustwandeln kann, eben zur Märchenwelt seiner Kindheit, die noch in der schriftlich fixierten Erinnerung seines Sohnes auch als Projektion für die Sehnsüchte anderer Menschen taugt, geradezu eine Einladung darstellt. Eine innere Landschaft stellt ein äußerst komplexes plastisches Gebilde dar.

Darin entspricht es der Plastizität unseres Gehirns, die in der Fähigkeit kulminiert, sich aufgrund von Erfahrungen, Gedanken und Vorstellungen zu ändern. „Wörter und Sätze, Bilder, Gestalten, Beziehungen, Gedanken und Emotionen werden elektrochemisch verarbeitet und die Impulse an die zuständigen Regionen der Hirnrinde weitergegeben" (Benni, 2013). Auf den Spuren seiner Familie und getränkt mit den Erzählungen seines Vaters, begibt sich Frido Mann nach dem Zerfall der Sowjetunion und dem Beginn der litauischen Selbstständigkeit mehrmals in diese Landschaft und lässt sich von ihrem Fluidum verzaubern. Unter dem Eindruck einer durchwachten Sommernacht formuliert er stimmungsvoll deren kontrastreiche Wirkungen auf das Gemüt: „Je dunkler der Himmel wird, desto heller beginnt der Mond zu scheinen, und auch die Sterne blinken so dicht und so greifbar groß vom Himmel herab, wie ich es in Europa nur vom Mittelmeerraum kenne. [...] Ich kann mich vom hiesigen Urfrieden einer stehen gebliebenen Zeit kaum trennen. [...] Auf einmal überfällt mich in dieser fremden und unendlichen Wirklichkeit, in diesem mir plötzlich wie ein Schauplatz von Öde, Leere und Verlassenheit erscheinenden Landschaftstraum, Angst und Beklemmung" (Mann, 2012, S. 24). Die Erinnerungen seines Vaters Michael und seine eigene Aufarbeitung dieser teilt er den Besuchern der zahlreichen gut nachgefragten Seminare und Kolloquien mit, die in dem mittlerweile als Kulturzentrum eingerichteten ehemaligen Ferienhaus Thomas Manns stattfinden.

Dieses Beispiel zeigt sehr präzise, auf welche Weise sich ein Ort mit Bedeutung aufladen kann. Er bekommt einen umfassenden Sinn. Viele Faktoren spielen eine Rolle bei diesem komplexen Prozess: Persönlichkeit, Werk, Kultur, Topographie, Klima, Wechselfälle der Geschichte. Und ausschließlich das Maß an Bedeutung, die er für eine oder mehrere Personen, eine Gruppe oder gar eine Nation erlangt, bestimmt seine Wichtigkeit. Die Ausstrahlung eines Ortes kann bereits recht früh nach dem auslösenden und unter Bezug genommenen Ereignis einsetzen, ihre Wirkung ist abhängig von den Wünschen und Sehnsüchten des Betrachters. In ihrer 1998 erschienenen Autobiographie *Und außerdem war es mein Leben* schreibt die Schriftstellerin Elfriede Brüning (1910–2014), wie sie als kommunistische Aktivistin in tiefster Illegalität im Sommer 1934 über die Grenze nach Litauen fährt: „In Nidden stand ich lange vor dem Haus von Thomas Mann. Mir war plötzlich, als sei die Luft um mich klarer geworden, als könne ich freier atmen. Gleichzeitig war ich beklommen. Würde Thomas Mann je sein Haus wiedersehen? Ich wußte, daß er von einer Vortragsreise in die Schweiz nicht zurückgekehrt war. So viele waren schon gegangen, viele gingen noch immer" (Brüning, 2001, S. 53). Noch als Rückblick eine plausible Beschreibung dessen, was Brüning an diesem besonderen Ort über sich erfährt. Für einen Augenblick überlegt sie unter diesen Eindrücken, ebenfalls „draußen" zu bleiben und zu ihrem Freund nach Prag zu gehen. Die Entscheidung der Familie Mann für den Verbleib in der Schweiz liegt erst ein Jahr zurück und trotzdem stellt der Ort bereits etwas dar.

Beim Reisen interessiert uns zunächst die Bedeutung, die ein konkreter Ort für ein Individuum bekommen kann. Vor allem aber sind es die Aktivitäten, also das, was jemand an einem Ort gemacht hat, die diesem auf Dauer Bedeutung verleihen, einen *sense of place* (Flade, 2012) generieren. „Wie wichtig das Verhalten als ‚Bedeutungsträger' ist, zeigt sich daran, dass von einem Ort häufiger im Gedächtnis bleibt, was man dort gemacht hat, als die architektonischen Details" (Flade, 2012, S. 53). Eine weitere wichtige Dimension der Bedeutung seien die mit diesem Ort verbundenen Gefühle. Flade erwähnt eine empirische Untersuchung B. P. Kaltenborns von 1998, bei der Bewohner Spitzbergens, einer Inselgruppe in der Arktis, gebeten wurden, sieben Items daraufhin zu beurteilen, in welchem Maße sie diese für zutreffend hielten. Die vorgelegten

Aussagen reichten von allgemeinen Feststellungen wie „Ich fühle mich mit Spitzbergen verbunden" über identifizierende Zustimmungen, etwa „Ich erlebe Spitzbergen als eine für mich wichtige Welt", bis hin zu der Engagement einfordernden Verpflichtung „Ich bin bereit, zum Vorteil Spitzbergens Zeit und Geld zu investieren" (s. Flade, 2012, S. 53 f.). Natürlich ließe sich der Name Spitzbergen zur Ermittlung des jeweiligen *sense of place* durch eine beliebige andere Bezeichnung ersetzen. An den Reaktionen auf solche Aussagen ließe sich das Maß der affektiven Bindung an einen Ort ablesen.

Viele Menschen suchten und suchen Ruhe, Natur und Konzentration auf das Wesentliche in ländlichen Gefilden, so nachzulesen bei Rousseau, Thoreau, Heidegger u. v. a. Andere bevorzugen die Stadt, da sie ein Mehr an Anregungen und Handlungsoptionen bietet, also mehr Freiheit und Anonymität, z. B. die Künstlerin Cornelia Erdmann (Hongkong) oder Walter Benjamin („Modernes Denken findet sein Anschauungsmaterial einzig in der Metropole"), der die Figur des großstädtischen Flaneurs in seinem *Passagen-Werk* dargestellt und analysiert hat, ebenso Hegel und viele andere.

Vielen Reisenden geht es allerdings gar nicht um einen persönlichen Sehnsuchtsort, sondern um das Unterwegssein an sich, die Bewegung von Ort zu Ort, den Weg, der auch eine räumliche Figur darstellt. Diese Anmerkungen sollen veranschaulichen, wie subjektiv verschieden grundiert die Bedeutung von Orten sein kann. Die komplexe Realitätsstruktur von Orten, ihr daraus resultierender Sinngehalt, bietet für jede Persönlichkeit zahlreiche Erfahrungs- und Entfaltungsmöglichkeiten sowie vor allem Projektionsflächen der eigenen unerfüllten Bedürfnisse.

Orte werden ganzheitlich wahrgenommen wie Gesichter und haben einen hohen Wiedererkennungswert. Beides kann man nur annähernd präzise beschreiben. Wir erkennen sehr schnell, ob wir an einem bestimmten Ort schon einmal waren.

Wir registrieren auch die Wirkung, die ein bestimmter Ort auf uns hat (*sense of place*) und ziehen unsere Konsequenzen: Wir suchen ihn auf oder meiden ihn.

Wir kommen (heutzutage) fast nirgendwo ohne bestimmte Vorstellungen an, wir gelangen also nicht nur an einem realen Ort an, dessen Realität wir nur sehr beschränkt wahrnehmen können, sondern kommen an (oder nicht an) in der Vorstellung, die wir uns von einem Ort machen. „Der Tourismus zerstört das, was er sucht, indem er es findet", schrieb der Dichter Hans Magnus Enzensberger bereits 1958 (zitiert nach Stuhrenberg, 2016). Entdeckungen werden seltener und persönlicher. Die Fremde war früher befremdlicher, das hieß in der Regel exotischer und somit eine Sache des Standpunkts, als sie uns heute ist.

Wie wäre es hingegen, ziellos durch irgendeinen Ort zu schlendern und ganz unerwartete Entdeckungen zu machen? Oder erläge man einem Trugschluss, käme in dem planlosen und zweckfreien Flanieren nicht auch eine Art von Zielsetzung zum Ausdruck? „Durch die Straßen einer unbekannten Stadt zu gehen, sich dem Zufall zu überlassen, das anzusteuern, was am meisten fesselt. Inzwischen sind das obsolete Gewohnheiten, denen nur wenige anhängen. Heute bedeutet Reisen, ein Ziel zu haben", klagt Roberto Calasso (2019, S. 78). Wir deuten einen Ort vor dem Hintergrund unserer ureigenen individuellen Lebenserfahrung etwa in der Art, wie wir Gesichter und deren wechselhaften Ausdruck deuten. Wollen wir auf den ausgetretenen Routen früherer Entdecker wandeln oder uns auch auf jene Orte einlassen, die dem allgemeinen Ranking unbekannt sind oder keinen Listenplatz erhalten haben? Orte, die dort nicht erscheinen, bilden die weißen Flecken der Gegenwart. Warum nicht einmal eine Reise nach Paderborn buchen? Oder nach Skopje. Gerade weil Orte wie jene, die Paderborner mögen es verzeihen, nicht zu den Hotspots des Massentourismus gehören. In dieser Hinsicht bleiben die

Franzosen das meistbesuchte Volk der Welt und angesichts des neuen Reise-„Weltmeisters" China stellen sie sich die Frage: *Comment faire avec les Chinois?* Die Touristen"flut" aus dem Reich der Mitte sei zwar wirtschaftlich ein Segen, aber diese Leute seien laut, aggressiv und missachten Warteschlangen. Hier scheint es sich um die „Wir/Sie"-Dichotomie (Sapolsky, 2017), vielleicht um Fremdenfeindlichkeit, sicher um Vorurteile zu handeln.

Was zeichnet einen Ort aus, der eine belohnende Wirkung auf uns hat? Was ist ihm zu eigen? Das hängt von der individuellen Bedürfnislage, von den jeweils vorherrschenden Motiven ab! Lege ich gesteigerten Wert auf ein großzügiges Zimmer mit sauberem Bad und Meeresblick oder suche ich die Nähe zur Natur in einem Zelt direkt am Flusslauf, prekäre sanitäre und hygienische Bedingungen in Kauf nehmend? Jeder Einzelne kann für sich selbst immer wieder aufs Neue klären, welches Ziel für ihn in seiner aktuellen Lebensphase der Ort sein könnte, der seinen Bedürfnissen weitestgehend entspricht.

Aber sicher wissen kann man dies im Vorhinein auch durch noch so viele Informationen aus externalen Quellen nicht, denn die eigenen Motive sind entscheidend; sie sind unbewusst und bergen vielerlei Geheimnisse. Die belohnende Erfahrung von Zufriedenheit bis hin zum Staunen ist weder planbar noch von Dauer, eher ist das Gegenteil der Fall. Die Belohnung durch Reisen gibt es nicht als Dividende, sie ist nicht sicher, sondern stellt sich manchmal dann und dort ein, gerade wann und wo man sie nicht erwartet. Der Mut zum Risiko, die Aufsuchung abseits gelegener Orte, wird mit hoher Wahrscheinlichkeit belohnt werden. In Form von Vertrautheit trotz Verschiedenheit, der Entdeckung des Bekannten im Fremden.

Aus jenen Zeiten, als der Kriminalroman seinem Autor noch eine Plattform bot, *en passant* philosophische Betrachtungen an den Leser zu bringen, stammt diese stimmige Erkenntnis von Manuel Vázquez Montalbán (im Original 1976), zu der er seinem Protagonisten Pepe Carvalho verhilft: „Er freute sich, wieder auf die Straße hinauszutreten und das letzte Tageslicht in Amsterdam auszukosten, um bestimmte malerische Winkel und Impressionen wiederzufinden, genau wie ein Tourist, der an einen Ort zurückkehrt, den er verstanden hat" (Montalbán, 2012, S. 128).

2 Ästhetik des Reisens

Jeder, der gerne reist, kennt das Phänomen des „Staunens" oder manchmal sogar des „Trostes" im Zusammenhang mit einem bestimmten Ort oder einer Landschaft. Wie können ein Ort, eine Landschaft oder eine Stadt eine tröstliche Wirkung haben? Dass dem so ist, sagt eher etwas über die Seelenlage des Reisenden aus als über den Ort selbst. Er kann ohne den, der staunt, sich erfreut oder getröstet fühlt, keine erstaunlichen, erfreulichen oder tröstlichen Merkmale aufweisen. Hier findet eine Projektion statt, die einen konkret fassbaren Ort zu einem Bestandteil des inneren Lands macht, in dem sich trefflich wandeln lässt, auch wenn oder besser gerade weil man sich physisch gar nicht (mehr) dort befindet. Wie jede Projektion vollzieht sich auch diese als Anpassung an die jeweilige Bedürfnisstruktur.

Das Ästhetische kann überall (von Menschen) wahrgenommen werden, ist etwas typisch Menschliches (Sapolsky, 2017), wobei auch schon Affen mit Ohrschmuck gesehen wurden. Gibt es überhaupt etwas, was nicht ästhetisch fassbar ist? Hat alles (auch) ästhetische Züge? Ästhetik ist somit ein allgegenwärtiges Überschussphänomen (Därmann, 2013) und setzt sich vom rein Nützlichen ab, kann aber selbst, sofern bewusst eingesetzt, als Instrument zur Gestaltung, Inszenierung oder Verbergung nutzbar gemacht werden.

Die Ästhetik einer Stadt oder einer Landschaft, die eine tröstende oder zum Staunen verleitende Wirkung hat, muss einem Menschen, seinen inneren und ihm unbekannten Bedürfnissen auf eine subtile Weise entgegenkommen, ja entsprechen. Wären die Bedürfnisse der Person reflektiert oder von ihr dechiffriert, explizit, gäbe es nicht das Staunen. Man kann nur unabsichtlich staunen. Es gehört entwicklungsgeschichtlich zu den frühen menschlichen Regungen. Der Philosoph Giambattista Vico sprach von dem „wilden und staunenden Ungeheuer", aus dem sich die menschliche Spezies entwickelt habe (zitiert nach Benni, 2013).

Ästhetik als wissenschaftliche Disziplin beschäftigt sich mit einem allgemeinen Begriff des Schönen, mit den unterschiedlichen Vorstellungen von Schönheit, ihren Wandlungen und deren Ursachen. Schönheit ist eine Kategorie der Empfindsamkeit, die sich auf alle Lebensbereiche erstrecken kann, so auch auf die Wahrnehmung räumlicher Konfigurationen. In etlichen Reisebeschreibungen findet man, wie bereits in Kapitel I dargelegt, eine Wiedergabe und Würdigung des Staunens im Hinblick auf Anschauungen natürlich erscheinender oder zivilisatorisch gestalteter Räume. Selten wird dabei der Begriff der Schönheit ins Spiel gebracht, noch seltener dieser reflektiert. Falls doch einmal, führt dieses wie im Fall von Isherwoods Betrachtung der ecuadorianischen Hauptstadt Quito zu bemerkenswerten Erkenntnissen: „Der alte zentrale Teil von Quito ist ziemlich so, wie ich ihn mir vorgestellt habe: Dächer mit braunen Dachziegeln, Kuppeln, Kirchtürme, sich hinauf- und hinunterwindende Straßen, die eine tiefe schmale Schlucht zwischen den Bergen füllen. Den besten Blick hat man oben vom Panecillo-Hügel, mit den Schneegipfeln der östlichen Gebirgskette als Hintergrund: Cayambe, Antisana, Cotopaxi, alle über 5500 Meter hoch."

Schönheit dieser Art ist so echt, so unmittelbar überzeugend, dass man sie sofort ‚erkennt', wie ein berühmtes Meisterwerk, von dem man bereits zahllose Reproduktionen gesehen hat und vor dem man nun murmelnd steht: ‚Ah ja – natürlich ... Quito', genauso wie man murmeln könnte: ‚Ah ja – die Mona Lisa ...' Der Autor macht für diese Stadt (in den Jahren 1947/48) eine unmittelbare Authentizität des Schönen geltend, die zwingend ist, einen hohen Wiedererkennungswert aufweist sowie leicht und allgemein zugänglich ist.

Eine ästhetische Position, die auch Sichtweise ist und über die sich streiten lässt, die aber zunächst einmal im Zusammenhang des Sprachkunstwerks, das diese Reiseerzählung zweifelsfrei darstellt, plausibel erscheinen mag (Isherwood, 2013, S. 130).

Eine solche unmittelbare Authentizität des Schönen (wie des Hässlichen) behauptet auch Blumenberg in Bezug auf seine Theorie der Lebenswelt: „Es wirkt daher auf den Menschen befremdend, dass es eine Sphäre von Dingen gibt, die ihn nicht zum Handeln herausfordern, aber auch nicht in Ungewissheit darüber lassen, was sie für ihn bedeuten, obwohl sie sich durch hochgradige Unwahrscheinlichkeit aus einer Umgebung der bloßen Indifferenz herausheben, also den Anfangswert von Signalen haben, solche aber gar nicht sind. Diese Dinge sind ästhetische Gegenstände, sowohl der Natur wie der Kunst, und es ist nicht einmal vordringlich, ob sie als ‚schön' oder ‚häßlich' einschlägig werden. Es ist eine der Schlüsselfragen für eine Theorie der Lebenswelt, ob sie die Fähigkeit zur ästhetischen Distanz Lebenswelt belassen oder geben kann. Meine These: Kein Ding, das zu einer Lebenswelt gehört, stellt sich als schön oder häßlich dar. Die Lebenswelt ist eine Welt der Unauffälligkeiten" (Blumenberg, 2010, S. 70).

Demnach wäre das Überschreiten des Lebensweltlichen beim Reisen zugleich der Eintritt in eine Sphäre geschärfter ästhetischer Wahrnehmung. Bemerkenswert an Blumenbergs Position ist ebenfalls der Umstand, dass er beidem, Natur und Kunst, eine ästhetische Kategorie zugesteht. Beide Bereiche sind wesentlich bei der Herausbildung der Ästhetik eines bestimmten Ortes, die sowohl durch Natur wie durch Kunst oder in deren wechselseitiger Durchdringung konstituiert werden können.

Wie vor ihm vielleicht nur noch Caspar David Friedrich (1774–1840) hat sich der amerikanische Maler Edward Hopper (1882–1967) mit der Darstellung von Räumen, Orten und Landschaften abgegeben. Bei den vorgenannten Lebensdaten hat es mich überrascht, dass zwischen Friedrichs Sterbe- und Hoppers Geburtsdatum „nur" 42 Jahre liegen, so vollkommen unterschiedlichen Zeitaltern scheinen beide Künstler doch anzugehören, ihre Werke jeweils verhaftet zu sein. Gilt Friedrich als Maler wie Mensch als ein typisches Kind der Romantik, der in der Natur und in Landschaften ein Spiegelbild menschlicher Empfindungen sieht und diese als Stimmungen auf die Leinwand zaubert, so nehmen wir Hopper gewöhnlich wahr als Porträtisten karg ausgeleuchteter Landschaften, kalt ausgestellter Interieurs und merkwürdig abwesender, vereinsamter Personen, kurz als nüchternen Chronisten einer durch die Zwänge der Kapitalverwertung verwüsteten Seelenlage. Beiden gemeinsam ist, dass ihr Werkeverzeichnis einige Stücke aufführt, die zum ikonographischen Gedächtnis des westlichen Kulturverständnisses zählen, derart bekannt sind, dass sie jedermann leicht zur Belegung der oben skizzierten jeweiligen Sichtweise anführen könnte. Diese wären etwa bei Friedrich *Das Eismeer (Die gescheiterte Hoffnung)* (1823/24) oder *Zwei Männer in Betrachtung des Mondes* (1819), bei Hopper ließen sich entsprechend Titel wie *House by the Railroad* (1925), *Cape Cod Afternoon* (1936) oder *Nighthawks* (1942) benennen. Diese Bilder gelten als Inbegriff des jeweiligen Zeitempfindens und beiden Malern gemeinsam ist, dass ihre Darstellungen einen über das Materielle bzw. Figürliche hinaus verweisenden Zugang in einen metaphysisch-transzendentalen Raum öffnen. Hoppers weltvergessene Sujets, so auch *Rooms for Tourists*

Abb. 7 Edward Hopper: „Hotel Room" (1931)

(1945), beschäftigen sich mit dem Unterwegssein als einem Prozess der Entwurzelung sowie damit, wie sich dieses auf Menschen und ihre Beziehungen auswirkt. In seiner vielleicht intimsten Darstellung, *Hotel Room* von 1931, widmet er sich einem Topos, der für die Entwicklung des Reisens zum Lebensgefühl eine eminente Bedeutung eingenommen hat, ihr unabdingbarer Schauplatz sowie Thema zahlreicher künstlerischer Hervorbringungen und dadurch zur mythischen Ortsbestimmung geworden ist.

Bestimmte Hotels an bestimmten Orten genießen den Ruf einer verklärten Exklusivität. Aufenthalte – real stattgefunden oder erträumte – in solchen Etablissements werden gewöhnlich unter der Chiffre: „Eine Nacht im …!" wie ein Lebenstraum gehandelt. Diese Art sentimentaler Verklärung wird aus unterschiedlichen Quellen gespeist, z. B. aus der Bewunderung puren Luxus oder der Attraktivität einer ästhetisch außergewöhnlichen Architektur. Häufig ist es aber seine Geschichte, und somit etwas wenig Fassbares, die den Ruf eines Hauses begründet und unter Umständen bis zur Legende veredelt hat, und in solchem Verklärungsprozess ausschlaggebend ist zumeist die Auflistung berühmter Künstler oder historisch bedeutsamer Persönlichkeiten, die bereits unter seinem Dach und oft nachweisbar sogar in einem ganz bestimmten Zimmer genächtigt haben. Einen wohl einzigartigen Ruf als Künstlerherberge und -schmiede genießt das Chelsea Hotel an der 23. Straße West in New York, dem Bob Dylan mit seinem Song *Sad-Eyed Lady of the Lowlands* ein musikalisches Denkmal setzte. Andy Warhol drehte hier den Film *Chelsea Girl*. Als die legendäre Absteige im Herbst 2010 zum Verkauf anstand, widmete ihm selbst die *NZZ* einen nostalgisch eingestimmten Artikel (Köhler, 2010). Schriftsteller wie Vladimir Nabokov, Arthur Miller und Thomas Wolfe gehörten zu den Hotelgästen und haben hier, inspiriert vom *genius loci*, geschrieben; von den Idolen der Pop-Musik quartierten sich Janis Joplin, Jimi Hendrix, Jim Morrison, Patti Smith, Leonard Cohen oder Madonna gerne ein. Das Lebensdrama um den Sex-Pistols-Bassisten Sid Vicious, später auch verfilmt, der seine Freundin Nancy in Zimmer 100 erstach und – gegen Kaution freigelassen – selbst an einer Überdosis starb, vollendete sich im Chelsea Hotel.

Dieses Haus bewahrt sich auch eine starke Verbindung zum Themenkomplex Reisen und Literatur. Schließlich verfasste Jack Kerouac hier sein Meisterwerk *On the Road*, selbst eine Inkunabel des Unterwegsseins und Vorlage für den Film *Easy Rider*, und William S. Burroughs schrieb *Naked Lunch*. Mancher Maler beglich seine rückständige Miete mit der Überlassung einiger hier entstandener Bilder, die lange als Pfänder das abgründige Treppenhaus zierten. Über die Jahre wurde das Hotel zum lebendigen Relikt der rauschhaften 60er Jahre, zum Museum der zweiten Moderne, zu einem Ort der Kunst und Kreativität. Soweit der Mythos, welchen zu dekonstruieren Jonathan Lethem in seinem Roman *Der Garten der Dissidenten* gelingt. In dem lesenswerten Buch geht es um die Schicksale der Mitglieder einer linken jüdischen Familie. In einem Kapitel lässt Lethem einen Protagonisten, einen angeheirateten Folksänger irischer Abstammung, Tommy Gogan, im Chelsea Hotel stranden. Genauer gesagt wird ihm der Aufenthalt dort von seinem Manager spendiert, um eine Kreativitätsblockade zu überwinden und die Songs eines neuen Albums fertigzustellen. Das gesamte Arrangement ist also hochgradig ironisch grundiert und das angestrebte Ziel wird natürlich weit verfehlt. Tommy Gogan hockt schlaflos in den kleinen sargähnlichen Zimmern des Chelsea und starrt seine Gitarre an, die anzufassen er sich nicht überwinden kann. Manchmal geht er hinaus, um sich etwas zu essen zu besorgen. „Dann steckte er sich eine Zigarette an und wollte eine Weile Hoteldetektiv spielen, das Kommen und Gehen der disparaten Bewohner des Chelsea verfolgen. Auf der Treppe der geziemend kahl werdende Brite, der sich im Flur vorgestellt und Tommy zugestottert hatte, er schreibe ‚Space Fiction', als müsse er sich gegen ein Missverständnis zur Wehr setzen. An der Rezeption das dem Vernehmen nach exilierte Warhol-Mädchen, das seine Post verlangte, die die Hotelverwaltung wegen der unbezahlten Hotelrechnung nicht aushändigte. Falls es ein Mädchen war. Dafür gab es keine Garantie. In der Ecke am Foyerfenster zur Straße zwei mit Beatles-Frisuren, nächtlichen Sonnenbrillen und gelangweiltem Grinsen, den Koffer einer E-Gitarre und einen kleinen Verstärker neben sich auf dem Boden. Tommy fand, sie konnten die Stones oder die Animals oder sonst eine von der Nacht überraschte Subspezies der Beatles sein. Neben der Telefonzelle im Foyer, deren Nummer er wahrscheinlich einem nicht anrufenden Anrufer durchgegeben hatte, der dauersesshafte Lyriker mit dem Auftreten eines Taschendiebs" (Lethem, 2014, S. 247 f.). Derart hebt eine ziemlich präzis formulierte, mit zahlreichen Anspielungen gespickte Denunziation eines Mythos an. Freilich zu welchem Zweck? Die Frage drängt sich auf, liegt der Verdacht doch nahe, dass mit der Infragestellung des alten Mythos bereits an der Entstehung eines neuen gearbeitet wird, in dem das Chelsea Hotel als Endstation der Gescheiterten und Desillusionierten und als Ort mit neuer Bedeutung aufgeladen wird.

Die Liste der Buchtitel mit dem Wortbestandteil „Hotel" ist beeindruckend lang: Mehr als 50 000 Artikel gab ein bekannter Versandhändler im Oktober 2019 auf das Stichwort hin an. Das Hotel ist also auch ein besonders geeigneter Ort der literarischen Fiktion, die immer als Projektion beginnt und endet. Es wird zum Schauplatz zahlreicher Szenen, Erzählungen und kompletter Romanentwürfe. Es kann Fluchtpunkt werden oder repräsentativ für eine Stadt in einer bestimmten Epoche stehen, wie etwa jenes *Grand Hotel* in Vicki Baums (1888–1960) berühmtem Roman für das Berlin der 20er Jahre (Baum, 2007). In den Schicksalen seiner Gäste materialisiert sich das spezifische Zeiterleben. Hotels tragen Spuren davon, sie sind Gezeichnete ihrer Geschichte. „Hotels sind Monumente von epochen, die an den ornamenten ihrer architektur erkennbar werden und sich an den bröckelnden fassaden verraten. Sie sind die fluchtpunkte jeden zeitalters und ihre zufälligen mittelpunkte zugleich; spuren jedoch läßt allein das zurück, was man pauschal als die geschichte bezeichnet" (Schrott, 1998, S. 5). Zum schlüssigen Ausweis einer mythischen Verklärung des Hotels wird jedoch sein Auftauchen als Leitmotiv lyrischer Verdichtungen. Als besonders eindrückliches Beispiel sei hier Raoul Schrotts Gedichtband *Hotels* angeführt – zu lesen als ein Hohelied auf das Reisen und die Existenzweise des Gastes. In der Einleitung zum Kapitel *hotel irakleion* heißt es: „Die etymologie der wörter *hotel*, *hôtel* oder *host* geht auf die göttin Hestia zurück. Zeus hat ihr die mitte des hauses, den herd zugewiesen, jene kreisförmige feuerstelle im rechteckigen offenen megaron – dem mykenischen innenhof – zu der man den gast wie zu einem altar, einem omphalos, führte, als zeichen, daß er willkommen war" (Schrott, 1998, S. 19). Eine heilige Stätte war dies, deren senkrecht aufsteigender Rauch die dünne Verbindung zu den Göttern symbolisierte.

Im Grunde hat der Herd bzw. die um ihn und aus ihm entstandene Küche diese besondere Aura von Geborgenheit und Geselligkeit bis in unsere Tage bewahrt. Gerade in neuester Zeit geriet es zum Lifestyle, Freunde zum gemeinsamen Kochen in die Küchen einzuladen. Seit jeher ist sie gleichermaßen Arbeits- und Gesprächsort. Dort war es warm, wurde es behaglich, ein Ort wie geschaffen zur Kommunikation. Und wie vielen Partygesellschaften bekannt, wird die Küchenzeile ungeplant zum kommunikativen Hotspot, an dem sich die meisten Gäste – einen *piatto piano* mit Antipasti in der einen und ein Glas Wein in der anderen Hand – aufhalten und wohlfühlen, obwohl dieser die wenigsten Sitzgelegenheiten parat hält. Im Kontext dieser etymologischen Semantik ist also im Begriff „Hotel" eine Vorstellung vom Ankommen, das Gefühl des Aufgehobenseins angelegt. Beide Empfindungen können die Aufwertung des Hotels oder auch eines Ortes mit Geborgenheit bewirken und zu seiner Verklärung als Heimstatt der Sehnsucht beitragen, die den Horizont der Lebenswelt transzendiert. Genauso wie es Menschen gibt, die ihren ständigen Wohnsitz im Hotel nehmen, gibt es solche, die ihren Urlaubsort irgendwann zum Wohnort machen, dort auf Dauer leben. Feuerstellen und Küchen gibt es rund um den Globus, und man könnte, sich um diese versammelnd, sich leicht überall auf dem Globus zu Hause fühlen. Dass dies gar nicht so einfach ist, beschreibt die Schriftstellerin Angelika Overath in ihrem schönen Tagebuch *Alle Farben des Schnees*. Sie zieht mitsamt Familie vom Wohnort Tübingen in den langjährigen Ferienort Sent im Engadin. Verbraucht sich die Schönheit? (Overath, 2010). Ein Versuch, Lebenswelt und Sehnsuchtsort in Übereinstimmung zu bringen? Ein von vornherein zum Scheitern verurteiltes Unterfangen? Wahrscheinlich wird der

Sehnsuchtsort an Strahlkraft verlieren oder die Gewissheit einer Lebenswelt wird sich nicht erneut einstellen. Denn „nicht nach etwas Handgreiflichem strebt die Sehnsucht, sondern nach einer abstrakten Wärme, grundverschieden von der Zeit und einem paradiesischen Vorgefühl nah verwandt", erkennt der Philosoph Emil M. Cioran (zitiert nach Overath, 2010, S. 95).

Eine ebenso anregende wie kritische Einlassung auf den Mythos Hotel ermöglichte das Kunstmuseum der Stadt Thun in der Schweiz seinen Besuchern im Herbst 2013. Die Ausstellung *Chambres de luxe – Künstler als Hoteliers & Gäste*, ideal untergebracht in Räumen des ehemaligen Luxushotels Thunerhof, das, idyllisch am Seeufer gelegen, seit 1948 das Museum beherbergt, gab einigen Künstlern die Gelegenheit, den Mythos Hotelzimmer zu entzaubern und in einen sozialen wie politischen Kontext zu stellen. Die im Gebäude vorgefundenen Räumlichkeiten, allesamt mit hohen Decken und stilvoll mit glänzendem Parkett ausgelegt, einige mit Ausblick auf den See, wurden ausgefüllt von den Ergebnissen unterschiedlicher künstlerischer Zugriffe auf Hotelzimmer. Ihre Vergangenheit als Interieurs eines gehobenen Tourismus wurde kontrastiert mit den Sichtweisen eines Verarbeitungs- und Desillusionierungsprozesses. Die Projektion von Wirklichkeit in die Kulisse einer glanzvollen Vergangenheit. Künstler haben, nicht selten aus Existenznöten, schon immer für kurz oder lang ihren Aufenthalt ins Hotel verlegt. Die Mobilität unserer Tage käme ohne hinreichende Bettenkapazität ins Stocken. Darauf, dass diese oft nicht freiwillig, ja aus nackter Not heraus sich vollzieht, verweist das Projekt *Hotel Gelem* von Christoph Wachter (geb. 1966) und Mathias Jud (geb. 1974), das sich in einem herrlich lichten Raum mit Seeblick präsentiert. Auf das spiegelnde Parkett haben die Künstler mit weißem Band den zugestandenen Wohnraum je Person in verschiedenen Unterkünften abgeklebt. Schnell wird deutlich: Wohnfläche ist Lebensfläche und wie mickrig erscheinen das schmale Rechteck eines Fluchtzimmers im Heim für Asylbewerber in Freiburg/ Br. oder die Zuflucht eines in Montreuil geparkten Wohnwagens gegenüber den großzügigen Umrissen, die den Raumdurchschnitt eines Berners markieren. *Gelem* ist die Hymne der Roma und handelt von ihrer Vertreibung und Ermordung während des 2. Weltkriegs. Auch heute sind Roma zur Migration gezwungen und leben unfreiwillig in illegalen Verhältnissen. Im Sinne eines *embedded tourism*, entwickelt unter Beteiligung der betroffenen Familien, bieten die Schweizer Künstler Gastaufenthalte in Roma-Siedlungen an: Einige Tage Leben, Kochen, Arbeiten in nur geduldeten Camps können allen Beteiligten neue Selbst- und Weltsichten eröffnen. Anmeldungen sind möglich beim Empfang in Thun oder unter www.hotel-gelem.net.

Das siebengeschossige Belgrader Hotel Jugoslavija, ein Zeugnis der ästhetischen und ideologischen Ambitionen einer multiethnischen Staatlichkeit, wurde 1969 eröffnet, verfügte über 350 Betten und Restaurants für über 800 Gäste. Beim Nato-Bombardement 1999 wurde es beschädigt, danach privatisiert. Wie können wir aus Fragmenten der Vergangenheit neue Geschichten entwickeln? Der serbische Künstler Mladen Bizumi (1976) vereinigt Fotografien, Collagen und Originalmobiliar zum Werkkomplex *Hotel Jugolavija: Reunion*. Mit seiner Präsentation in mondäner Umgebung erschafft Bizumi eine Situation mit unterschiedlichen Realitätsstufen, eröffnet ein Spannungsfeld zwischen dem Hier und Dort, Gegenwart und Erinnerung und beschäftigt sich zugleich mit dem vorherrschenden Zustand des Vergessens aufgrund fehlender sozialer Kontinuität: Müssen wir nicht langsam darüber nachdenken, wie ausschlaggebend der kulturelle Gedächtnisschwund für künftige soziale und kulturelle Experimente sein kann? Diese Frage steht nicht nur hier im Raum des Kunstmuseums Thun.

Gemessen an den Zimmerfluchten eines Luxushotels stellt die Unterkunft im Motel geradezu einen Gegenentwurf sowie im ersten Blick eine radikale Denunziation jeglicher Mythenträchtigkeit dar. „Was könnte es schließlich Trivialeres geben als dieses saubere und billige Hotel am Straßenrand? Könnte es etwas materiell Bescheideneres und symbolisch Armseligeres geben als dieses Gebäude, das sich in seiner Funktion erschöpft?" (Bégout, 2013, S. 14). Wie jede nur auf den ersten Blick bedeutungslose Erscheinung unseres Alltags sagt es jedoch weit mehr über uns selbst und den Wandel unserer Existenzbedingungen aus als manch voluminöse Abhandlung zur Urbanität und Stadtsoziologie. Das Motel ist weit mehr als ein Element der urbanen Landschaften Nordamerikas oder ein Dekor aus einem B-Movie oder dem Krimigenre. Mittlerweile hat es sich im Umkreis sämtlicher Metropolen etabliert und es konkretisiert „neue urbane Lebensformen, die ganz von Mobilität, Umherirren und erlebter Armut überwölbt sind" (Bégout, 2013, S. 15). Im Konzept des Motels vollzieht sich die Metamorphose der Stadt, geprägt vom Aufeinandertreffen von Ökonomie, Architektur und Fiktion, findet der Wandel seinen angemessenen Ort, nämlich einen Ort ohne Eigenschaften. Es ist Übernachtung, reine Funktion, repräsentiert keine Idee von Herberge. Moderner Komfort, für den das Praktische zugleich das Rationellste sein muss. Das Motel manifestiert sich als Relais zwischen einem prekär gewordenen Ankommen und dem imperativen „Weiter so!" der Globalisierung. Hier wird nichts verschleiert, kein Paradoxon aufgelöst und die Ruhelosigkeit eines solchen Ortes wird niemals erlöst durch Anhaltspunkte gleich welcher Art. Nicht der charismatischste Prominente kann ihm einen Stempel aufdrücken, niemand verewigt sich hier. Kein Innehalten. Eine Nacht im Motel bedeutet nichts. Ein Ort ohne Gedächtnis, ohne Erinnerung, ausgewiesen lediglich als Posten auf der nächsten Kreditkartenabrechnung. In früheren Zeiten hätte man von einer Absteige gesprochen. Allerdings wie farbig und geheimnisvoll sind noch die Assoziationen, welchen Glanz besitzen jene Bilder, die der Begriff Absteige in uns hervorruft, im Vergleich zur glanzlos nichttönenden Bezeichnung Motel, das selbst in Filmen zumeist als nächtliche Behausung einer ermüdenden Fluchtbewegung auftaucht.

Raoul Schrott kommt in seiner lyrischen Odyssee durch Hotelfluchten auch auf Edward Hopper zu sprechen und zitiert ihn zu seinem Bild *Rooms by the Sea* (1951): „Vielleicht bin ich nicht sehr menschlich. Mein Anliegen bestand darin, Sonnenlicht auf einer Hauswand zu malen" (zitiert nach Schrott, 1998, S. 5). Das angesprochene Bild deckt auf erstaunlich einfache Art und Weise die Ambivalenz eines Sehnsuchtsortes auf, vermittelt die latent spürbare Spannung zwischen Aufgehobensein und dem imperativen „Immer weiter", das zum erneuten Aufbruch drängt. Insofern verweisen die Bilder Edward Hoppers wie auch die Werke seines Vorgängers Caspar David Friedrichs in besonderer Intensität auf die Erkenntnis, dass auch Räume, seien es umbaute oder offene, Interieurs oder Landschaften, ihre eigene und doppelt zeitbedingte Ästhetik besitzen. Wie alles andere auch und wie das Reisen selbst: „Es gibt keine Phänomene und Erfahrungen, keine Habitus, Räume, Dinge und Artefakte, (Kultur)Techniken und Praktiken, keine Theorien und Philosophien, die nicht ästhetische Züge aufweisen" (Därmann, 2013, S. 126). In diesem weit gefassten Sinne ist das Ästhetische – wie bereits dargelegt – ein allgegenwärtiges Überschussphänomen, das über Zweckmäßigkeitserwägungen hinausweist. Daneben gibt es immer auch den Versuch seiner Eingrenzung, der Indienstnahme des Ästhetischen in einen konkreten Verwertungszusammenhang, also in ein ökonomisch, politisch oder kulturell bestimmtes Kalkül. In diesem Bemühen wird es praktisch, wird zu einer Äußerung der Gestaltung, Inszenierung, Darstellung, Verbildlichung, Verbergung oder des rohen Entwurfs, wird zu Nutz und Frommen. Ausschließlich als Überschussphänomen, also unangewandt, hat es dagegen einen nicht zu antizipierenden Ereignischarakter, der auch bei der Idee vom Reisen zum Ausdruck kommen kann und als Wagnis der Anwendung eine Frage der Einstellung ist.

So gesehen muss die Reise in ihrem Kern ein Wagnis bleiben, damit sie authentische Erfahrungen des Selbst ermöglicht. Diese erweisen sich darin, dass sie fast immer, wie Goethe sagt, zur Parodie der Idee werden. Der innere Entwurf etwa von einer Pilgerreise nach Santiago di Compostela, um einen weiteren Sehnsuchtsort zu benennen, wird, trotz eines möglichen Einfließens all der so zahlreich veröffentlichten und aufwändig beworbenen Erfahrungsberichte, immer im schreienden Gegensatz verharren zu den realen Erfahrungen, die eine Person machen wird. Wer behaupten kann, er habe einen Ort genau so (wieder) aufgefunden, wie er ihn sich vorgestellt oder verlassen habe, hat nichts gewagt. Schade um Zeit und Geld? Nicht unbedingt. Denn das ausschließliche Verharren im Bekannten der Fremde wirkt beruhigend und besitzt somit einen Wert an sich.

Orte haben ihre eigene Ästhetik, weil sie von jeher emotive Reaktionen im Menschen auslösen. Die Ästhetik der Orte spricht sämtliche Sinne an und die Reaktion des Wohlfühlens oder Staunens hat damit zu tun, ob sich dieser Ort als einer erweist, der intuitiv das Wohlbefinden erhöht und die Bedürfnisse einer Person, z. B. die Neugier, befriedigt. Ein intensives Wahrnehmen mit allen Sinnen löst positive Gefühle aus, weil damit ein Erleben der bewussten eigenen Existenz ermöglicht wird (vgl. Damasio, 2017) und gleichzeitig eines viel älteren, intuitiven, unbewussten In-der-Welt-Seins. Räume können bei einigen Personen möglicherweise als Bindungsersatz fungieren oder Beziehungsersatz, in denen sie sich spiegeln können und persönliche Bedeutung erleben können, ohne sich auf Beziehungen oder zu viel Nähe einlassen zu müssen. Können Reisende Orten und/oder Räumen begegnen?

Reisen ist keine produktive Arbeit, es wird nichts von bleibendem materiellem Wert geschaffen (so wie die sogenannten niederen Arbeiten nach Adam Smith, z. B. Dienstleistungen, keinen bleibenden Wert produzieren), nichts außer individuellem *memory capital* (Ritz-Schulte & Huckebrink, 2012) und subjektiv bestimmter Zeit, es sei denn, die Reise wird als Reiseerzählung einem Publikum oder einer Leserschaft zugänglich gemacht und bringt dem Autor Tantiemen ein. Die Reiseerzählung ist zumeist aber nur ein mögliches Nebenprodukt, ein Erinnerungsanker, nicht der Zweck der Reise. Das Erlebte zu bewahren ist Sinn und Zweck von (B)Logbüchern oder Reisetagebüchern, denn aus der Perspektive auf eine vergangene Reise unterliegen viele Erlebnisse noch einmal einer anderen (Be)deutung.

Wahrscheinlich ist die Orientierung unseres Körpers im Raum die ursprünglichste Form der Wahrnehmung – die umfassendste aller Verortungen, die uns derart selbstverständlich und allgegenwärtig ist, dass wir ihrer gar nicht mehr bewusst werden. Demnach wäre das Reisen eine ursprüngliche Seinserfahrung des Menschen, die sich in Sehnsuchtsorten materialisiert. Eine der wenigen, auf die wir auch heute noch zurückgreifen können. „Der Leib", schreibt Werner Jung in seiner bemerkenswerten Essaysammlung über Raumkonfigurationen, „ist gleichsam der Nullpunkt, das Gravitationszentrum, um das sich der Raum ‚schichtet'. Er ist der Raum, von dem aus (erste) Orientierungen und Organisation erfolgen: oben, unten, hinten, vorne, rechts und links" (Jung, 2013, S. 13). Diese Aussage beschreibt zugleich eine im 20. Jahrhundert stattgefundene bemerkenswerte Verschiebung der Sichtachse im Hinblick auf den Raum und seine Wahrnehmung. Dieser wird nun in Bezug gesetzt zum Subjekt, und zwar zu dessen Leiblichkeit und Empfindsamkeit: Eine Konfiguration, die von seit der Aufklärung gültigen, naturwissenschaftlichen wie technischen Gegebenheiten, ihren Berechnungen und objektiven Abgrenzungen weitgehend abstrahiert.

V. Goldene Regeln des Reisens

Das Lebenswelt-Konzept des Philosophen Blumenberg (2010) liefert eine gute philosophische Erklärung der Faszination des Reisens, die vor allem deshalb für die Psychologie des Reisens von Bedeutung ist, weil sie so gut mit unserer Psychologie der Selbstentwicklung durch Reisen vereinbar ist.

Blumenberg greift das Konzept der Lebenswelt von Husserl auf, um die Selbstverständlichkeit der unmittelbaren Erfahrungswelt in einer vorsprachlichen prämodalen Welt vorzustellen, die maximal vertraut ist, aber an ihren Rändern „ausfranst" durch die Berührung mit dem Erfahrungshorizont der eigenen Lebenswelt. Will der Mensch diese Lebenswelt verlassen, kann er dies durch Reflexion (er denkt sich über die Ränder hinweg) oder durch die Schaffung von Mythen, die das Nicht-Selbstverständliche erklären, bewirken. Der Verstand beinhaltet eine Möglichkeit, eigene Vorannahmen, die selbstverständlich zur eigenen Lebenswelt gehören, zu prüfen und zu hinterfragen. Dies kann der Verstand aber nur auf Kosten der Unmittelbarkeit, d. h., durch Reflexion oder Wirksamkeitsüberlegungen tritt automatisch eine Distanzierung vom subjektiven Erleben ein.

Ein Reisender hingegen bewegt sich aus seiner vertrauten Lebenswelt, ohne die Unmittelbarkeit des Erlebens aufzugeben! Er stellt immer wieder die Unmittelbarkeit des Erlebens her. Und das ist ein fundamentales Merkmal des Reisens. Der Vorteil der Lebendigkeit bleibt erhalten, während man die selbstverständliche Welt der eigenen Grenzen, Voreingenommenheit und Vertrautheit – zumindest räumlich – verlässt. Hier tut sich die Chance einer gänzlich anderen, qualitativ neuen Bildung auf, vergleichbar mit den Erkenntnissen der Erlebnispädagogik.

Reisen ist der Zugang zu vielfältigen Erfahrungen: Es regt alle Sinneskanäle an, ermöglicht eine ganzheitliche Körperlichkeit, Neugierde, Verschmelzung, Flow, Tätigkeitstheorien, Naturerfahrung und wirkt gegen Rumination. Reisen und Technik eröffnen den Blick auf die Nebenwirkungen des technischen Fortschritts, der mit dem kontrollierten Gebrauch des Feuers und der Werkzeuge begann und mit dem Menschen als Gestalter und Vielflieger seinen Kulminationspunkt erreichte. Um solche persönlich einschneidenden und bereichernden Erfahrungen zu machen, ist man niemals zu alt. Der Philosoph Karl Marx (1818–1883) unternahm im April 1882 eine Reise nach Algier. Zum ersten Mal verlässt er Europa und macht radikale neue Erfahrungen, Impressionen, die er „ohne große Bibliothek und intellektuelle Infrastruktur reflektieren" muss. Er „erfährt Kolonialismus real, verändert sein Aussehen (seine Ikonizität) radikal [...], erlebt das individuelle ‚wie viel Zeit bleibt mir noch?', trinkt Milch mit Branntwein und verschlingt Groschenromane en gros" (Krysmanski, 2014). Am 28. Februar trifft er ein und verlässt Algier wieder am 4. Mai 1882. Er kommt in der Absicht, seine Krankheiten zu kurieren. Kurz vor Antritt seiner Reise, am 2. Dezember 1881, ist seine Frau Jenny gestorben. Gleich nach seiner Ankunft lässt er sich von einem Friseur im Hafen Bart und Haupthaar stutzen. Und er verändert sich nicht nur äußerlich.

Eine *Must-have-* oder *No-go*-Polarisierung entmündigt die Leser sowie die Reisenden und widerspricht dem humanistischen Wert der Selbstentwicklung und Selbstbestimmung wesentlich. Und *no gos* in anderen Kulturen können allenfalls wertvolle Hinweise bieten, einen *cultural clash* oder Missverständnisse zu vermeiden, sind eher nützliche Denkanregungen als Basis für die konkrete Reiseplanung. *Must gos* degradieren Reiseerlebnisse zu Status- und Like- Erlebnissen; schon lange waren Menschen nicht mehr so abhängig von äußerer Bewertung wie im Zeitalter ihrer Inszenierung in sozialen Medien. Diese erscheint so selbstverständlich, dass fast ebenso unbemerkt wie rasant der Kern, der Reichtum und das Potenzial des Reisens verloren gehen können. *Who is living your life?*

Der Reisende wünscht sich, etwas Neues zu entdecken, und nicht, etwas sehen zu „müssen". Das setzt ein „Einlassen auf Neues und Ungeplantes" – ein „Einlassen auf (unvorhersehbare) Erfahrungen", voraus. Will ein Reisender seiner Sehnsucht folgen oder will er undifferenzierten Tipps Beachtung schenken? Sind Reisende als Personen bereits so entmündigt, dass sie für alles einen Trip Advisor benötigen, einen Ratschlag? Wer einfache Ratschläge sucht, wird nicht das Beste für sich am Reisen entdecken können. Die Auseinandersetzung mit eigenen Wünschen und Bedürfnissen kann auch dieses Buch nicht anstelle des Lesers vollziehen, aber dazu anregen und vielleicht ein bisschen anleiten möchte es schon. Sollte man goldene Regeln des Reisens aufstellen? Es gibt eine Fülle feuilletonistischer und philosophischer Reiseratgeber, die keine Regeln aufstellen wollen wie Reiseführer und es doch tun: Reise langsam! Meide Sehenswürdigkeiten! Vergiss Reiseführer! Diese Regeln, seien sie formale *don'ts* oder *must haves*, werden der Vielfalt des Phänomens und der Unterschiedlichkeit reisender Persönlichkeiten nicht gerecht. Da gibt es so viele unterschiedliche Entwicklungspfade, so viele unterschiedliche „Beweg"-Gründe! Fast jeder möchte ein Reisender, aber kein Tourist sein wie die anderen, die er trifft. Wir plädieren für Toleranz und Vielfalt beim Reisen, jeder Reisende hat seine eigenen Wünsche und Träume, nicht jede Pilgerreise zu sich selbst verläuft gleich.

Kann man solch ein komplexes Phänomen, welches sich zugleich hochgradig individuell darstellt, überhaupt erschöpfend erklären? Jede Reise ist einzigartig, jeder Reisende hat individuelle Bedürfniskonstellationen, Kompetenzen, Erfahrungen und Persönlichkeitsmerkmale. Jede Reise findet nicht nur als eine individuelle Person zu einem bestimmten Ort und einer bestimmten Zeit statt, sondern auch in einem einzigartigen Rhythmus, in einer bestimmten Dynamik und Reisegeschwindigkeit. Raum und Zeit sind, wie zu Beginn in diesem Buch bereits erwähnt, wichtige Grunddimensionen des Reisens und des Selbst-Seins. Auch die zur Verfügung stehende Zeit kann nach einer vorgegebenen festen Taktung oder nach der persönlichen Bedürftigkeit eingeteilt werden. Wie wohltuend ist es, sich für einen Besuch einfach so viel Zeit zu nehmen, wie man braucht.

Erste und einzige paradoxe Reise-Regel könnte sein: Vermeide Regeln! Doch keine Regel ohne Ausnahme: Jeder Reisende kann individuelle Standpunkte formulieren, die eher bestimmte Vorlieben beschreiben und auf einer mehr oder weniger langen Reiseerfahrung beruhen und nicht dogmatisch angewendet werden sollten, z. B.: Lerne ein paar Wörter der Landessprache! Studiere die Landkarten! Streife zuerst einmal ohne Stadtkarte durch die Stadt! Besuche vor allem die Museen! Fahre mit öffentlichen Verkehrsmitteln! Diese und weitere Vorlieben sind persönlich geltende Erfahrungsniederschläge, keine Regeln, die für alle Reisenden Allgemeingültigkeit haben. Reisen, so wie wir es verstehen, ist naturgemäß eine antidogmatische Angelegenheit. Folge jeder Reisende seinen eigenen persönlichen Beweggründen, und er wird etwas finden von dem, was er sucht „in der unendlich suggestiven Welt" (Seeßlen, 2019, S. 44). Die Pleite des Reiseunternehmens Thomas Cook im Herbst 2019 wertet dieser Autor als „das Symptom eines globalen Wandels. Es wandeln sich die Kulturen, die Dispositionen der Wahrnehmung und die Verhältnisse zwischen Reisenden und Bereisten." Das Reisen als Konsumgut musste in eine Krise geraten. Neue Subjekte des Reisens haben sich schon längst auf den Weg gemacht und folgen ihren individuell variierenden Beweggründen. Wir würden uns freuen, wenn sich die in diesem Buch dargelegten Erkenntnisse dabei als hilfreich erwiesen.

Anhang

Franz Kafka
Der Aufbruch

Ich befahl mein Pferd aus dem Stall zu holen. Der Diener verstand mich nicht. Ich ging selbst in den Stall, sattelte mein Pferd und bestieg es. In der Ferne hörte ich eine Trompete blasen, ich fragte ihn, was das bedeutete. Er wusste nichts und hatte nichts gehört. Beim Tore hielt er mich auf und fragte: „Wohin reitet der Herr?" „Ich weiß es nicht", sagte ich, „nur weg von hier, nur weg von hier. Immerfort weg von hier, nur so kann ich mein Ziel erreichen." „Du kennst also dein Ziel", fragte er. „Ja", antwortete ich, „ich sagte es doch: ‚Weg-von-hier' – das ist mein Ziel." „Du hast keinen Eßvorrat mit", sagte er. „Ich brauche keinen", sagte ich, „die Reise ist so lang, daß ich verhungern muß, wenn ich auf dem Weg nichts bekomme. Kein Eßvorrat kann mich retten. Es ist ja zum Glück eine wahrhaft ungeheure Reise."

1920

Franz Kafka
Heimkehr

Ich bin zurückgekehrt, ich habe den Flur durchschritten und blicke mich um. Es ist meines Vaters alter Hof. Die Pfütze in der Mitte. Altes, unbrauchbares Gerät, ineinander verfahren, verstellt den Weg zur Bodentreppe. Die Katze lauert auf dem Geländer. Ein zerrissenes Tuch, einmal im Spiel um eine Stange gewunden, hebt sich im Wind. Ich bin angekommen. Wer wird mich empfangen? Wer wartet hinter der Tür der Küche? Rauch kommt aus dem Schornstein, der Kaffee zum Abendessen wird gekocht. Ist dir heimlich, fühlst du dich zu Hause? Ich weiß es nicht, ich bin sehr unsicher. Meines Vaters Haus ist es, aber kalt steht Stück neben Stück, als wäre jedes mit seinen eigenen Angelegenheiten beschäftigt, die ich teils vergessen habe, teils niemals kannte. Was kann ich ihnen nützen, was bin ich ihnen und sei ich auch des Vaters, des alten Landwirts Sohn. Und ich wage nicht an die Küchentür zu klopfen, nur von der Ferne horche ich, nur von der Ferne horche ich stehend, nicht so, dass ich als Horcher überrascht werden könnte. Und weil ich von der Ferne horche, erhorche ich nichts, nur einen leichten Uhrenschlag höre ich oder glaube ihn vielleicht nur zu hören, herüber aus den Kindertagen. Was sonst in der Küche geschieht, ist das Geheimnis der dort Sitzenden, das sie vor mir wahren. Je länger man vor der Tür zögert, desto fremder wird man. Wie wäre es, wenn jetzt jemand die Tür öffnete und mich etwas fragte. Wäre ich dann nicht selbst wie einer, der sein Geheimnis wahren will.

1922

Joseph von Eichendorff
Sehnsucht

Es schienen so golden die Sterne,
Am Fenster ich einsam stand
Und hörte aus weiter Ferne
Ein Posthorn im stillen Land.
Das Herz mir im Leibe entbrennte,
Da hab ich mir heimlich gedacht:
Ach, wer da mitreisen könnte
In der prächtigen Sommernacht!

Zwei junge Gesellen gingen
Vorüber am Bergeshang,
Ich hörte im Wandern sie singen
Die stille Gegend entlang:
Von schwindelnden Felsenschlüften,
Wo die Wälder rauschen so sacht,
Von Quellen, die von den Klüften
Sich stürzen in die Waldesnacht.

Sie sangen von Marmorbildern,
Von Gärten, die überm Gestein
In dämmernden Lauben verwildern,
Palästen im Mondenschein,
Wo die Mädchen am Fenster lauschen,
Wann der Lauten Klang erwacht,
Und die Brunnen verschlafen rauschen
In der prächtigen Sommernacht.

1834

Literatur

Allesch, C. G. (2006). *Einführung in die Psychologische Ästhetik*. Wien: WUV Facultas Verlag.

Allport, G. (1959). *Persönlichkeit, Struktur, Entwicklung und Erfassung der menschlichen Eigenart*. Meisenheim: Hain.

Antonovski, A. (1987). *Unraveling the Mystery of Health. How People Manage Stress and Stay Well*. San Francisco: Jossey-Bass.

Antonovski, A. (1997). *Salutonogenese*. Tübingen: DGVT.

Appleton, J. (1996 (Erstveröffentl. 1975)). *The Experience of Landscape*. Hoboken, NJ: Wiley.

Argyle, M. (2010). *Körpersprache und Kommunikation*. 10. Aufl. Paderborn: Junfermann.

Arnim, E. v. (1995). *Die Reisegesellschaft*. Frankfurt a. M.: Insel.

Balling, J. D. & J. H. Falk (1982). Development of Cisual Preference for Natural Environments. In *Environment and Behavior*, S. 5–28.

Baron, K. (Januar 2013). Kreuzfahrt. Erlebnisse im ewigen Eis. In *doppio. Ideen für das Leben. Das Zeitungsmagazin*, S. 8–12.

Battuta, I. (1974). *Reisen ans Ende der Welt 1325–1353. Das größte Abenteuer des Mittelalters*. 3. Aufl. Tübingen, Basel: Horst Erdmann.

Baum, V. (2007). *Menschen im Hotel*. Köln: KiWi.

Baumann, N., M. B. Chatterjee & P. Hank (2016). Guiding Others for their Own Good: Action Orientation is Associated with Prosocial Enactment of the Implicit Power Motive. In *Motivation and Emotion*, S. 56–68.

Baumann, N., M. Kazén & M. Quirin (2018). How do We Know You Know Your Self? Measures, Causes, and Consequences of Self-Access. In N. Baumann, M. Kazén, M. Quirin & S. L. Koole, *Why People Do the Things They*

Do. Building on Julius Kuhl's Contributions to the Psychology of Motivation and Volition, S. 259-280. Boston: Hogrefe.

Bayard, P. (2013). *Wie man über Orte spricht, an denen man nicht gewesen ist*. München: Antje Kunstmann.

Bedford, S. (2007). *Zu Besuch bei Don Octavio*. München: SchirmerGraf.

Bégout, B. (2013). *Motel. Ort ohne Eigenschaften*. Zürich/Berlin: diaphanes.

Benni, A. (2013, Nr. 201). Nervöse Vorgänge. Über kreative Prozesse, über Schreiben und Lesen sowie andere Hirnaktivitäten. *Neue Zürcher Zeitung*, 30.

Berberova, N. (2003). *Das schwarze Übel*. Berlin.

Berchtold, L. (2012). 13 Regeln für das Reisen. In K. Genschow (Hrsg.), *Kleine Philosophie des Reisens*, S. 84–86. Frankfurt a. M.: S.Fischer.

Berger, J. (1999). *Einst in Europa*. München: Hanser.

Berlyne, D. E. (1960). *McGraw-Hill Series in Psychology. Conflict, Arousal, and Curiosity*. New York: McGraw-Hill.

Bischof, N. (1993). Untersuchungen zur Systemanalyse der Sozialen Motivation I: Die Regulation der sozialen Distanz. Von der Feldtheorie zur Systemtheorie. In *Zeitschrift für Psychologie*, 201, S. 5–43.

Bischof-Köhler, D. (1989). *Spiegelbild und Empathie. Die Anfänge der sozialen Kognition*. Bern: Huber.

Bleistein, R. (1982). *Freizeit ohne Langeweile*. Freiburg: Herder.

Bloch, E. (1985). *Zwischenwelten in der Philosophiegeschichte. Aus Leipziger Vorlesungen*. Frankfurt a. M.: suhrkamp taschenbuch wissenschaft.

Blumenberg, H. (2010). *Die Theorie der Lebenswelt*. Berlin: Suhrkamp.

Bratman, N. G., J. P. Hamilton & G. C. Daily (2012). The Impact of Nature Experience on Human Cognitive Function and Mental Health. In *Annals of the New York Academy of Sciences*, S. 110–136.

Brenner, M. (2008). *Kleine jüdische Geschichte*. München: C. H. Beck.

Brisch, K. (2011). Die Bedeutung von Bindung in der sozialen Arbeit. In V. Begemann & S. Rietmann (Hrsg.), *Soziale Praxis gestalten. Orientierungen für ein gelingendes Handeln*, S. 19–40. Stuttgart: Kohlhammer.

Brüning, E. (2001). *Und außerdem war es mein Leben*. München: DTV.

Buber, M. (1995 (1923)). *Ich und Du*. Frankfurt a. M.: Reclam.

Bucheli, R. (14. 04. 2018). Umwege machen glücklich. In *Neue Zürcher Zeitung*.

Burton, R. (2013). *Die Tagebücher*. Berlin: Haffmanns & Tolkemitt.

Büscher, W. (2003). *Berlin–Moskau. Eine Reise zu Fuß*. Reinbek: Rowohlt.

Calasso, R. (2019). *Das unnennbare Heute*. Berlin: Suhrkamp.

Camus, A. (2013). *Hochzeit des Lichts*. Zürich/Hamburg: Arche Literatur.

Canetti, E. (2004). *Die Stimmen von Marrakesch*.

Catozzella, G. (2014). *Sag nicht, dass du Angst hast. Eine wahre Geschichte*. München: Knaus.

Cendrars, B. (1998). *Die Prosa von der Transsibirischen Eisenbahn und der Kleinen Jehanne von Frankreich*. Basel: Lenos.

Cervone D., W. G. Schadel, R. E. Smith & M. Fiori (2006, 55 (3)). Self-regulation: Reminders and Suggestions from Personality Science. In *Applied Psychology: An International Review*. S. 333–385.

Cervone, D. (2004). The Architecture of Personality. In *Psychological Review*, S. 183–204.

Chamisso, A. v. (1964). Reise um die Welt. In A. v. Chamisso, *Gesammelte Werke*, S. 293–588. Gütersloh: Sigbert Mohn Verlag.

Chatwin, B. (1992). *Traumpfade*. Frankfurt a. M.: Fischer.
Craik, F. I. M. & R. S. Lockhart (1972). Levels of Processing: A Framework for Memory Research. In *Journal of Verbal Learning and Verbal Behavior*, S. 671–684.
Csikszentmihalyi, M. (2010). *Das Flow-Erlebnis*. Stuttgart: Klett-Cotta.
Damasio, A. (1995). *Descartes' Irrtum. Fühlen, Denken und das menschliche Gehirn*. München: List.
Damasio, A. (2010). *Self Comes to Mind. Constructing the Conscious Brain*. New York: Pantheon Books.
Damasio, A. (2017). Am Anfang war das Gefühl. Der biologische Ursprung menschlicher Kultur. München: Siedler.
Därmann, I. (2/2013). Was ist eigentlich kulturwissenschaftliche Ästhetik? In *Forschung & Lehre*, S. 126 f.
Dean, M. R. (17. 11. 2012). Der Mann, der die Sprachen der Welt verlernt. In *Neue Zürcher Zeitung*.
Decety, J. (2011). The Neuroevolution of Empathy. In: *ANYAS (Annals of the New York Academy of Sciences)*, 9, S. 35–45.
Delius, F. C. (1995). *Der Spaziergang von Rostock nach Syrakus*. Reinbek: Rowohlt.
Die besten Reise-Apps für ein höheres Sicherheitsgefühl im Urlaub (04. 05. 2018). In *nd Extra: reisemagazin*, 1.
Easterbrock, J. (1959). The Effect of Emotion on Cue Utilization and the Organization of Behavior. In *Psychological Review*, S. 183–201.
Ferber, M. (2013). *Null-Null-Siebzig: Agent an Bord*. München: dtv.
Flade, A. (2012). *Natur. Psychologisch betrachtet*. Bern: Hans Huber.
Freyer, H. (1966). Landschaft und Geschichte. Abgedruckt in G. Gröning & U. Herlyn (Hrsg.) (1996), *Landschaftswahrnehmung und Landschaftserfahrung*, S. 69–90. Münster: LIT.
Frisch, M. (1957). *Homo Faber*. Frankfurt a. M.: Surhkamp.

Fromm, E. (1988). *Haben oder Sein. Die seelischen Grundlagen einer neuen Gesellschaft.* München: dtv.
Fuchs, T. (2013). *Das Gehirn – ein Beziehungsorgan. Eine phänomenologisch-ökologische Konzeption.* 4. Aufl. Stuttgart: Kohlhammer.
Genazino, W. (2013). *Tarzan am Main. Spaziergänge in der Mitte Deutschlands.* München: Hanser.
Goethe, J. W. (1998). *Italienische Reise.* Werke. Band 11. München: dtv.
Goldstein, J. (2013). Die Entdeckung der Natur. Etappen einer Erfahrungsgeschichte. In *Naturkunden No. 3.* Berlin: Matthes und Seitz.
Gollwitzer, P. (1999). Implementation Intentions: Strong Effects of Simple Plans. In *American Psychologist,* 54, S. 493–503.
Gracq, J. (1993). *Rom. Um die sieben Hügel.* Zürich: Ammann.
Gros, F. (2010). *Unterwegs. Eine kleine Philosophie des Gehens.* München: Riemann.
Großmann, J. (29. 08. 2018). Regelmäßige Urlaube können die Lebenszeit verlängern. In *GEO online,* www.geo.de/reisen/reisewissen/19537.
Hanisch, D. (09. 05. 2019). Kreuzfahrten boomen, die Umwelt leidet. In *Neues Deutschland.*
Hartig, T., R. D. Mitchell, S. Vries & H. Franklien (2014). Nature and health. In *Annual Review of Public Health,* S. 207–228.
Hartlaub, F. (2013). *Italienische Reise. Tagebuch einer Studienfahrt 1931.* Berlin: Suhrkamp.
Hartmann, L. (2009). *Bis ans Ende der Meere. Die Reisen des Malers John Webber mit Captain Cook.* Zürich: Diogenes.
Heckhausen, H., P. Gollwitzer & F. E. Weinert (Hrsg.) (1987), *Jenseits des Rubikon: Der Wille in den Humanwissenschaften.* Berlin : Springer.
Hegel, G. (1986). *Wissenschaft der Logik. 1. Buch.* Frankfurt a. M.: Surkamp.

Hennig, C. (1999). *Reiselust. Touristen, Tourismus und Urlaubskultur.* Frankfurt a. M.: Suhrkamp Taschenbuch.
Hock, D. (2013). *Via del Corso 18, Rom. Eine Adresse mit Geschichte.* Bonn: Arbeitskreis selbständiger Kulturinstitute e. V.
Hohler, F. (2005). 52 *Wanderungen.* München: Luchterhand Literaturverlag.
Hohler, F. (2012). *Spaziergänge.* München: Luchterhand Literaturverlag.
Hunziker, M. (2006). Wahrnehmung und Beurteilung von Landschaftsqualitäten – ein Literaturüberblick. In K. M. Tanner, M. Bürgi & T. Coch (Hrsg.), *Landschaftsqualitäten*, S. 39–41. Bern: Haupt.
Husserl, E. (1936/1970). *The Crisis of European Sciences.*
Isherwood, C. (2013). *Kondor und Kühe. Ein südamerikanisches Reisetagebuch.* München: Verlagsbuchhandlung Liebeskind.
Janich, P. (2012). Das Bild des Menschen in den Wissenschaften. In P. J. Oerter, *Der Mensch zwischen Natur und Kultur.* Göttingen: Vandenhoek & Ruprecht.
Janosch. (2000). *Komm, wir finden einen Schatz.* Weinheim: Beltz.
Jergovic, M. (2008). *Das Walnusshaus.* Frankfurt a. M.: Schöffling & Co.
Jung, W. (2013). *Raumphantasien und Phantasieräume. Essays über Literatur und Raum.* Bielefeld: Aisthesis.
Kaplan, R. K. & S. Kaplan (1989). *The Experience of Nature. A Psychological Perspective.* Cambridge: Cambridge University Press.
Kaplan, S. (1995). The Restorative Benefit of Nature: Towards an Integrative Framework. In *Journal of Environmental Psychology*, S. 169–182.
Kellert, S. (2005). *Building for Life: Understanding and Designing the Human-Nature-Connection.* Washington DC: Island Press.

Kerkeling, H. (2009). *Ich bin dann mal weg: Meine Reise auf dem Jakobsweg*. München: Piper.
Kerouac, J. (2010). *On the Road. Die Urfassung*. Reinbek: Rowohlt.
Kleist, R. (2015). *Der Traum von Olympia. Die Geschichte von Samia Yusuf Omar*. Hamburg: Carlsen.
Köhler, A. (23. 10. 2010). Sad-Eyed Lady. Das Chelsea Hotel wird verkauft. In *Neue Zürcher Zeitung*.
Korpela, K. (2012). Place Attachment. In S. Clayton, *The Oxford Handbook of Environmental and Conservation Psychology*, S. 148–163. New York: Oxford University Press.
Krysmanski, H. J. (2014). *Die letzte Reise des Karl Marx*. Frankfurt a. M.: Westend.
Kuhl, J. (2001). *Motivation und Persönlichkeit*. Göttingen: Hogrefe.
Kuhl, J. (2010). *Lehrbuch der Persönlichkeitspsychologie*. Göttingen: Hogrefe.
Leontjew, A. (1979). *Tätigkeit – Bewusstsein – Persönlichkeit*. Berlin: Volk und Wissen.
Lethem, J. (2014). *Der Garten der Dissidenten*. Stuttgart: Tropen.
Lewin, K. (1935). *A Dynamic Theory of Personality: Selected Papers*. New York: McGraw Hill.
Losos, J. (2018). *Glücksfall Mensch. Ist Evolution vorhersehbar?* Frankfurt a. M.: Büchergilde Gutenberg.
Luxusliner blieb im Hafen (11. 06.019). *Neues Deutschland*.
Mann, F. (2012). *Mein Nidden. Auf der Kurischen Nehrung*. Hamburg: mare.
McLeod, J. A. (2010). *Atlas der legendären Länder. Von Atlantis bis zum Garten Eden*. München: National Geographic.
Metzinger, T. (2003). *Being No One. The Self-Model Theory of Subjectivity*. Bradford: MIT.
Monfreid, H. d. (2013). *Die Geheimnisse des Roten Meeres*. Zürich: Unionsverlag.

Montalbán, M. V. (2012). *Carvalho und die tätowierte Leiche.* Berlin: Wagenbach.

Moritz, K. P. (2013). *Reisen eines Deutschen in Italien.* Berlin: Die andere Bibliothek.

Murphy, G. (1939). The Research Task of Social Psychology. In *The Journal of Social Psychology*, S. 107–120.

Nagel, T. (2009). *Was bedeutet das alles?: Eine ganz kurze Einführung in die Philosophie.* Stuttgart: Reclam.

nd ratgeber (30. 01. 2013). *Neues Deutschland.*

nd ratgeber (08. 05. 2013). *Neues Deutschland.*

nd ratgeber (20. 10. 2014). *Neues Deutschland.*

nd ratgeber (28. 05. 2014). *Neues Deutschland*, S. 8.

Nisbet, E. K., J. M. Zelenski & S. A. Murphy (2009 (41)). The Nature Relatedness Scale. Linking Individuals' Connections with Nature to Environmental Concern and Behavoir. In *Environment and Behavior*, S. 715–740.

Nizon, P. (2003). *Abschied von Europa.* Frankfurt a. M.: Suhrkamp.

Nizon, P. (2013). *Die Belagerung der Welt. Romanjahre.* Berlin: Suhrkamp.

Nooteboom, C. (2011). *Schiffstagebuch.* Berlin: Suhrkamp.

Nortmann, N. R., S. Rekauze, S. Onat, D. König & D. Jancke (2013 (12)). Primary Vidual Cortex Represents the Difference Between Past and Present. In *Cerebral Cortex.* Cercor.ocfordjournals.org/content/early.

Oerter, R. (2000). Activity and Motivation: A Plea for Human Frame Motivation. In J. Heckhausen, *Motivational Psychology of Human Development.* Amsterdam: Elsevier Science & Technology.

Overath, A. (2010). *Alle Farben des Schnees. Senter Tagebuch.* München: Luchterhand.

Parsons, R., L. G. Tassinary, R. S. Ulrich, M. R. Hebl & M. Grossman-Alexander (1998). The View from the Road: Implications for Stress Recovery and Immunization. In *Journal of Environmental Psychology*, S. 113–140.

Petrarca, F. (2016/Erstveröff. 1333). Bei den Barbaren in Köln am Rhein. In R. Wieland, *Das Buch des Reisens*, S. 95–99. Berlin: Propyläen.

Pfeiffer, H. (27. 09. 2013). Auftrieb für den Albtraum. In *Neues Deutschland*, 10.

Piaget, J. (1975). *Der Aufbau der Wirklichkeit beim Kinde*. Stuttgart: Klett-Cotta.

Porombka, S. U. (2012). *Meyers Atlas inspirierender Orte: Manhattan, Südsee oder Badwanne. Eine Entdeckungsreise*. Meyers.

Raith, A. & A. Lude (2014). *Startkapital Natur*. München: oekom.

Ritz, G., A. Jorzik & B. Lünzer (2018). *iPSI als Analysetool im betrieblichen Gesundheitsmanagement*. Köln: Bericht über ein Pilotprojekt in Zusammenarbeit mit dem BARMER BV.

Ritz, G. & A. Huckebrink (in Vorber.). *Kunst und Persönlichkeit*.

Ritz, G. (2017). Personality Oriented Counselling and Psychotherapy. In N. Baumann, M. Quirin & S. L. Koole, *Why People Do the Things They Do. Building on Julius Kuhl's Contributions to the Psychology of Motivation and Volition*, S. 393–410. Boston: Hogrefe.

Ritz-Schulte, G. & A. Huckebrink (2012). *Autor des eigenen Lebens werden. Anleitung zur Selbstentwicklung*. Stuttgart: Kohlhammer.

Ritz-Schulte, G. (2008). Chaos im Gehirn. Risikoreiches Verhalten von Jugendlichen. In *Verhaltenstherapie mit Kindern und Jugendlichen*, 4,1, S. 15-31.

Ritz-Schulte, G. (2012). Persönlichkeitsorientierte Beratung: Von Lebenskunst und Selbstentwicklung. In V. Begemann & S. Rietmann, *Soziale Praxis gestalten*, S. 104–124. Stuttgart: Kohlhammer.

Ritz-Schulte, G. (2014). Die Bedeutung von Naturerfahrung für die kindliche Entwicklung aus der Perspektive der Psychologie. In A. Raith & A. Lude, *Startkapital Natur*, S. 89–99. München: oekom.

Roth, G. (1994). Erkenntnis und Realität. Das reale Gehirn und seine Wirklichkeit. In S. Schmidt, *Der Diskurs des radikalen Konstruktivismus*, S. 229–255. Frankfurt a. M.: Suhrkamp.

Roth, G. (2011). *Bildung braucht Persönlichkeit. Wie Lernen gelingt. [Development Needs Personality. How Learning Succeds]*. Stuttgart: Klett-Cotta.

Rühmkorf, P. (1972). *Die Jahre, die ihr kennt. Anfälle und Erinnerungen*. Reinbek: Rowohlt Taschenbuch.

Sapolsky, R. (1994). Why Zebras don't get Ulcers. New York: Holt Paperbacks.

Sapolsky, R. (2017). *Gewalt und Mitgefühl. Die Biologie menschlichen Verhaltens*. München: Hanser.

Schrott, R. (1998). *Hotels*. München: DTV.

Schulz-Trieglaff, L. (21. 03. 2002): Das Geschäft mit der Sehnsucht. Internationale Tourismusbörse: Zwischen Safari, Kreuzfahrten und „sanftem" Tourismus. In: *Neues Deutschland*.

Scopelliti, M., G. Carrus & M. Bonaiuto (28. 01. 2019). Is it Really Nature That Restores People? A Comparison With Historical Sites With High Restorative Potential. In *Frontiers of Psychology. Environmental Psychology*, https://doi.org/10.3389/fpsyg.2018.02742.

Sebald, W. G. (2003). *Austerlitz*. Frankfurt a. M.: Fischer Taschenbuch.

Seeßlen, G. (2019). Long Journey Home. Vom Reisen und seinem Verschwinden – anlässlich der Pleite von Thomas Cook. In *Konkret*, 12, S. 44–46.

Seume, J. G. (1960). *Spaziergang nach Syrakus im Jahre 1802*. Leipzig: Koehler & Amelang.

Smith, P. (2019). *Hingabe*. Köln: Kiepenheuer & Witsch.

Snyder, G. (2014). *Lektionen der Wildnis*. Berlin: Matthes & Seitz.
Spix, H. (2012). *Ich will in viele Leben schlüpfen. Annäherungen an den Schriftsteller Josef Ippers*. Münster: Damwerth.
Stasiuk, A. (2004). *Das Flugzeug aus dem Karton. Essays*. Frankfurt a. M.: Suhrkamp.
Steinbeck, J. & Capa, R. (2013). *Russische Reise*. Zürich: Unionsverlag.
Steinbeck, J. (2007). *Die Reise mit Charley: Auf der Suche nach Amerika*. München: dtv.
Steinbrink, M., M. Buning, M. Legant, B. Schauwinhold & T. Süßengut (2015). *Armut und Tourismus in Windhoek*. Potsdam: Universitätsverlag Potsdam.
Steinmüller, C. (01. 11. 2013). Gute Reise. In *Apotheken Umschau*, S. 31.
Stenger, K. (05. 03. 2013). Urlaub kennt keine Krise. In *ITB 2013. Beilage der Tageszeitung neues deutschland*, S. 2.
Stern, D. N. (2010). *Die Lebenserfahrung des Säuglings*. 10. Aufl. Stuttgart: Klett-Cotta.
Sterne, L. (2010). *Eine empfindsame Reise durch Frankreich und Italien. Von Mr. Yorick*. Berlin: Verlag Galiani.
Stevens, T. (1991). *Around the World on a Penny-Farthing*. London: Arrow Books.
Stevenson, R. L. (1986). *Reise mit dem Esel durch die Cevennen*. Frankfurt a. M.: Büchergilde Gutenberg.
Strehlau, A. & J. Kuhl (2011). Unterstützung von Persönlichkeitsentwicklung: Anwendung der Theorie der Persönlichkeits-Systeme-Interaktionen (PSI). In V. B. Rietmann, *Soziale Praxis gestalten*, S. 42–56. Stuttgart: Kohlhammer.
Stücke, J. (2013). *Paris, Album II*. Bönen: Kettler.
Stuhrenberg, M. (17. 09. 2016). Wie wir zerstören, was wir begehren. In *Neue Zürcher Zeitung*.
Thesiger, W. (2007). *Arabian Sands*. London: Penguin Books.

Traber, B. (April 2013). Ein Prosagedicht in Form eines zwei Meter langen „Simultanbuchs". In *Orte*, S. 34–45.
Trojanow, I. (2011). *Die Versuchungen der Fremde*. München: Malik.
Tschacher, W., M. Storch, G. Hüther & B. Cantieni (2017). *Embodiment*. Göttingen: Hogrefe.
Tucholsky, K. (1993). *Gesammelte Werke 7, 1929*. Reinbek: Rowohlt Taschenbuch.
Twain, M. (2011). *Reise um die Welt*. Köln: Anaconda.
Undset, S. (10. 06. 2019). *Wikipedia*.
Vining, J. & M. S. Merrick (2012). Environtmental Epiphanies: Theoretical Foundations and Practical Applications. In S. Clayton, *The Oxford Handbook of Environmental and Conservational Psychology*, S. 485–508. New York: Oxford University Press.
Wallace, D. F. (2015). *Schrecklich amüsant – aber in Zukunft ohne mich*. Köln: Kiepenheuer & Witsch.
Walzer, M. (1995). *Exodus und Revolution*. Frankfurt a. M.: Fischer.
Watzlawick, P. (1964). *An Anthology of Human Communication*. Palo Alto: Text and Tape.
Wicland, R. (2016). *Das Buch des Reisens. Von den Seefahrern der Antike zu den Abenteuern unserer Zeit*. 3. Aufl. Berlin: Propyläen.
WN (29. 05. 2019). Elfter Toter in dieser Saison am Everest. In *Westfälische Nachrichten*.
Wolf, K. (2010). *Reisegeschichte und Reisegeschichten. Ein Überblick über die Kultur und Forschungen zum Reisen in der Frühen Neuzeit*. Norderstedt: GRIN.
Wulf, A. (2017). *Alexander von Humboldt und die Erfindung der Natur*. Frankfurt a. M.: Büchergilde.
Zuckerman, M. (01. 12. 1979). Sensation Seeking and Psychopathology. In *Psychiatry Research*, S. 255–264.

Die Autoren

Dr. Gudula Ritz

Dr. Gudula Ritz studierte Psychologie, Ethnologie und Pädagogik in Münster. Sie arbeitet als Beraterin und Expertin für Persönlichkeitsentwicklung, als Wissenschaftlerin und als Buchautorin. Promotion in Persönlichkeitspsychologie an der Universität Osnabrück. Seit 30 Jahren Lehrbeauftragte und Gastprofessorin an verschiedenen Universitäten und Hochschulen.
Seit zehn Jahren ist sie Geschäftsführerin der IMPART GmbH, einem Spin-Off der Universität Osnabrück. Ihre Interessen sind Reisen, Fahrtensegeln, Wandern, Kunst und Fotografie.

Alfons Huckebrink

Alfons Huckebrink, lebt in Laer. Prosa, Lyrik, Literaturkritik.
 Mitveranstalter der Münsteraner Literaturmeisterschaften. 2005–08 Bezirkssprecher des Verbands deutscher Schriftsteller (VS). Mitarbeit an der Literaturzeitschrift AM ERKER; zusammen mit Gudula Ritz verfasste er das Buch *Autor des eigenen Lebens werden* und betreibt die Website www.autor-des-eigenen-lebens.de; zuletzt veröffentlicht *Wie Thomas Bitterschulte sich an der Kunst verschrieb* (Roman, Greven 2018).

Die Website zum Buch

http://www.unterwegs-zum-selbstsein.de

Abbildungsnachweise

Abb. 1 H.-P. Haack, Leipzig 19:41, 7. Jul. 2007 (CEST) – Sammlung H.-P. Haack, Foto H.-P. Haack. Antiquariat Dr. Haack Leipzig. Privatbesitz, Attribution, https://commons.wikimedia.org/w/index.php?curid=37517060.
Abb. 3 Selbst
Abb. 4 Selbst
Abb. 5 Zeichnung von Peter Seiler
Abb. 6 Dguendel, Creative Commons Lizenz